David Kaufmann

Die Spuren Al-Batlajûsis in der jüdischen Religionsphilosophe

David Kaufmann

Die Spuren Al-Batlajûsis in der jüdischen Religionsphilosophe

ISBN/EAN: 9783744629980

Hergestellt in Europa, USA, Kanada, Australien, Japan

Cover: Foto ©Lupo / pixelio.de

Weitere Bücher finden Sie auf **www.hansebooks.com**

ספר

העגולות הרעיוניות

להחכם הערבי אלבטליוסי

העתקת ר' משה אבן תבון

ועוד נוספו עליו

איזה פרקים מהעתקת אבן מטוט מספרו משובב נתיבות

הוצאתים לאור מתוך כתבי היד

אני

דוד קויפמאנן.

BUDAPEST.

GEDRUCKT IN DER KÖNIGL. UNGAR. UNIVERSITÄTS-BUCHDRUCKEREI.

1880.

אמר משה בר' שמואל בר' יהודה בר' שאול בן הבון[1]) מרמון ספרד[2]) ז"ל[3]) אמי השופט המלמד[4]) הנכבד בן עבד האלהים בן מחמד אבי אלסיד[5]) אבי אלבטלמיוס[6]) שאלתני אחי יבאר לך האלהים הנסתרות וינקה[7]) אותך ויצילך מהדמיונות ויניקך באור השכל ויסיר מאור עינך[8]) מחשך הסכלות עד אשר תראה בעין[9]) לבבך סדרי המושכלות כמו שראית בעין נשמך[10]) סדרי המוחשות מה ענין מאמר[11]) החכמים כי סדור הנמצאות מן הסבה הראשונה יחקה[12]) עגולה רעיונית[13]) תתחיל מנקודה ותשוב אליה ותשובתה בצורת[14]) האדם ומה אמרם כי האדם יגיע עצמותו אחר מיתתו אל אשר הגיעה ידיעתו בחייו ושידיעתו תחקה[15]) עגולה רעיונית ומה[16]) אמרם כי בכח השכל החלקי[17]) שיצוייר[18]) בצורת השכל הכללי ומה אמרם כי המספר[19]) עגולות רעיוניות[20]) לכל מדרגה ממדרגותיו[21]) עגולה כעגולת האחרים ועגולת[22]) העשרות ועגולת המאות ועגולת האלפים ומה שהוסיף ומה אמרם כי הארי הבורא ית'[23]) אין ראוי שיתואר בהם כי אם[24]) על דרך השלילה ומה ענין[25]) אמרם כי הבורא ית' אינו יודע כי אם עצמו ומה המופת על השארות הנפש[26]) המדברת אחר המות וזה[27]) יתן לך האלהים[28]) עוז ועצמה להבין ולדעת וישמרך מן ההריסה ומפנע[29]) שאלות[30]) דקות[31]) והרבה מן המעמיקים[32]) בהם[33]) והמציצים ההורסים[34]) לראות יביאו[35]) לאבדון ומות[36]) והנה אומר בהם מה שהגיע[37]) אליו ידיעתי והקיפה בו[38]) הבנתי[39]) ובאלהים אעזר מן השגיאה ואליו אשאל[40]) להישירני אל היושר מן המאמר והמעשה.

---

1) C. אמר משה בר יהודה L., אמר שמואל בר יהודה אבן הבון O., אמר משה בר' שמואל בר' יהודה P., אמר משה בר' שמואל בר יהודה בן שאול בן הבון 2) d. L. 3) F. וצ"ל 4) M. C. התלמיד, d. O³ 5) C. אבי אלסיד M., d. אבי אל פיר, O³ אבי אלסעד P. אבסיר 6) P. O² L. F. אבי O, d. אבי בטלמיוס P, אלבטלמיוס 7) O³ וינחה 8) O. O² עיניך 9) F. בעיון 10) M. C. בעיניך נשמיך L, O. O² בעין נשמיך 11) M. L. C. מאמרם 12) M. C. יחוקה 13) L. [כמין עגולה מרומה] in marg. 14) O. M. F. בצורת 15) M. F. C. תחוקה O, שידיעתו 16) O² ומה — l. 10 ומה d. 17) P. F. החלקי 18) F. וישיצוייר 19) M. בכח המספר P, במספר 20) P. O² L. עגולה רעיונית 21) O² מן מדרגותיו 22) O² והעגולת 23) d. P. 24) O³ ישיתוארו אלא על 25) d. M. C. 26) d. F. 27) P. O³ L. ואלו השאלות 28) C. ה' M. L. האל 29) F. O² P. מהריסה ומפנע 30) C. שאילות 31) d. P. O². קשוה דקוה 32) P. מהמעמיקים 33) C. בהם — l. 17 בהם d. 34) d. O² 35) M. יביאן O², יבאו P, יבינו 36) F. ומות O. d. אבדון ומות P. לאבדון והמות 37) O. שהגיעה 38) d. C. 39) P. במה שהשינה בהם ידיעתי ובאלהים אעזר 40) d. M. C.

השער הראשון

בביאור אמרם כי סדור הנמצאות מן הסבה הראשונה יחקה[1]) עגולה רעיונית[2]) כלומר נמשל[3]) דרך הקוי לעגולה מדומה[4]) דרך מחשבה[5]) ורעיון[6]) תשובתה אל התחלתה[7]) בצורת[8]) האדם. אומר ובאלהים אעזר מספר[9]) כונותיהם ורצוניהם ואע״פ שאעשה[10]) על צד הקירוב מילות[11]) זולת מילותיהם כי הבורא ית׳[12]) והוא אשר יקראו[13]) הסבה הראשונה[14]) ויקראוהו[15]) העלה[16]) הראשונה ויקראוהו עלת[17]) העלות מפני שהיה[18]) הוא אשר השפיע הנמצאות ונתן לכל נמצא[19]) מהם חלקו מן המציאות ואי אפשר מן הנמצא בחכמה שיהיו כולם במדרגה אחת היו קצתם יותר[20]) גבוהים מקצתם[21]) וקצתם יותר[22]) שפלים מקצתם והיה מציאות[23]) הקרוב מהם במדרגה ממנו סבה למציאות הרחוק ולא ימצא הרחוק[24]) מהם כי אם במציאות הקרוב ואמצעותו[25]) ואיני רוצה באמרי[26]) הקורבה והרוחק[27]) לקיים מקום כי הבורא ית׳ לא יתואר[28])

הפרק השני באמרם כי סדר הנמצאים מאת הסבה הראשונה[1]) דומה לעגולה[2]) מחשבית שנעיין סופה בתחלתה בצורת האדם והטעם[3]) שהבורא ית׳ והוא שקראוהו הסבה הראשונה והעלה הראשונה ועלת[4]) העלות לפי שהוא המשפיע הנמצאים ונתן לכל נמצא מהם[5]) חלקו מן המציאות לפי שלא יתכן בחכמה[6]) להיות כלם במעלה אחת נהיו[7]) קצתם למעלה מקצתם וקצתם למטה מקצתם ונהיה מציאות[8]) הקרוב מהם ממנו אמצעי למציאות הרחוק ואין הטעם בקרוב וברחוק קיום מקום כי הוא ית׳ לא יתואר ולא יסופר במקום ולא בזמן וכן כל מושכל שאין לו חומר אמנם הטעם בקרוב וברחוק[9]) על מעלותיהם במציאות וכבר ראית שהקרוב שיוכל האדם למשל סדר מציאות הנמצאים ממנו ית׳ הוא סדר המספר ומציאותו[10]) מן האחד אף כי הבורא ית׳ למעלה מכל זה ובמעלתו לא יעבור לדמות[11]) שום דמות ואמנם נאמ׳ על דרך הקירוב וראית שהני לא ימצאו מן

1) M. F. C. יחוקה 2) O^2 העיונית 3) O^3 נמשך 4) P. רעיונית 5) O. דרך d. במחשבה 6) O^3 M. C. ויעיון M, נ״א רעיון supra 7) P. O^3 ההתחלה 8) O. M. F. כצורת 9) M. C. כי מספר 10) M. F. C. שאפשר, O^2 שנעשה 11) M. F. C. מלה 12) d. P. O. 13) O^3 יקראוהו, P. הוא אשר חשבו 14) F. O. M. L. ראשונה 15) M. C. ויקראוהו — ויקראוהו d. 16) O^3 ויקראו העגולה 17) C. M. גם כן עלת 18) F. שהיא. O^2 שהאל ית׳ 19) L. אחד [נמצא] in m., O^3 א׳. P. F. הנמצא 20) d. P. O^2 F. 21) O^3 מקצתם — מקצתם d. 22) d. P. F. 23) P. O. L. המציאות 24) C. הריחוק 25) P. O. C, d. F. ואמצעיתו 26) O. M. L. F. C. באמרו 27) O^2 הקרוב והרחוק 28) O^3 לא במקום.

1) $H.^3$ ראשונה 2) $H.^3$ לעגולת 3) $H.^3$ d. 4) $H.^3$ ועלות 5) P. בהם 6) P. מהחכמה 7) $H.^3$ והיו 8) P. המציאות 9) P. בקרוב וברחוק d. 10) H^3 ומציאתו semper 11) $H.^3$ לראות.

במקום ולא בזמן וכן כל מושכל אין הומר לו ואמנם ארצה בזכרי הרוחק והקורבה מדרגותהם[1]) במציאות והיותר קרוב ממה[2]) שימשילו בו המצא הנמצאות[3]) מאתו המצא המספרים מן האחד[4]) ואם היה הבורא ית'[5]) אין ראוי שידומה לדבר[6]) וכן תאריו ופעולותיו אבל[7]) הוא על צד הקירוב כי כמו שהשלשה לא ימצאו מן[8]) האחד כי אם באמצעות מציאות[9]) השנים ולא ימצאו הד' כי אם באמצעות מציאות[10]) הג' והב' ולא ימצאו ההמשה כי אם באמצעות מציאות[11]) הד' והג' והב' וכן שאר המספרים ולכן[12]) היה מציאות כל מספר סבה למציאות מה שאחריו עם היות האחד סבה למציאות כולם[13]) כי היה בלתי[14]) אפשר שימצא[15]) הרחוק אלא באמצעות מציאות הקרוב כן נמשיל על דרך הקרוב[16]) מציאות הנמצאות מהבורא ית'[17]) לא לפי האמת וידוע כי הדבר לא ידמה[18]) לזולתו מכל צדדיו אכנם ידמה[19]) לו בקצת עניניו ותאריו ומפני שהיה מציאות הנמצאות מאתו ית' על התאר[20]) הזה היה שלמות כל נמצא לפי קורבת מדרגתו ממני במציאות והיה המציאות היותר שלם

האחד אלא באמצעות הב' וכן הד' לא ימצאו אלא באמצעות הב' והג' וכן שאר המספרים ונהיה כל מספר עלה למציאות[1]) מה שאהריו עם היות האחד עלה למציאות כלן כן המשל על דרך הקירוב במציאות הנמצאים ממנו ית' לא על דרך האמת והדבר לא ידומה[2]) לזולתו מצד שדומה אליו בכל צדדיו אלא[3]) ידומה מצד שדומה[4]) אליו בשום ענין ולפי שנהיה מציאות הנמצאים ממנו ית' על הדרך הזה נהיה שלמות כל נמצא כשיעור מעלתו במציאות ונהיה השלם בהם[5]) במציאות והמחוסר מעט המציאות[6]) השני ונהיה הוא השלם שבהם והוא במעלת השנים דרך משל וכן הג' מחוסר מן הב' וכן הד' מחוסר מן הג' וכן לא סרו הנמצאים הסרי מעלה כשיעור ריחוקם מן המעלה הראשונה כמו שראית[7]) עד שהגיעו[8]) אל הפחותה שבמעלות כי הנמצאים בפועל הם בעלי התכלית ומה שאין לו תכלית אי אפשר שימצא בפועל אלא בכח ובאיפשרות ואחר שהגיעו הנמצאים יורדים הלוך והסור מתהפכים לעלות מעלה אחר מעלה ומתחילים מן השפלה[9]) שבמעלות והולכים ועולים עד שמגיעים אל המעלה השלימה

1) P.O.M.C. ממדרגותיהם, O^2 הקורבה 2) d. O^2 3) F. הנמצא 4) F. והאחד 5) d. P., F. האל ית' 6) O. לדבר מנבראיו 7) O. הכל 8) M. F. מין, O^2 מן האחדים 9) d. O^2 10) d. M. 11) d. M. O. F. C. 12) d. P. 13) L. מה שאהריו כולם 14) P. הבלתי 15) P. O^2 O. להמצא 16) M. L. C. קרוב 17) P. semper d. 18) O. M. L. C. ידומה 19) C. ידומה, O^2 F. לו d. 20) M. C. הסדר.

1) P. H. למציאות — l. 5 למציאות d. 2) P. ידמה 3) H. B. אמנם 4) P. שהוא דומה 5) P. מהם 6) H^3 מציאות 7) H^2 כאשר ראית, P. שראיתם 8) P. שהגיעה 9) H^3 משפלה.

ואשר הסרונו יותר מעט הנמצא השני אשר הוא במדרגה הב׳ דרך משל וקרוב כמו[1]) שהקדמנו זה מן המספר ואחר[2]) השלשי יותר הסר מן השני עוד הרבעי יותר הסר מן השלשי וכן לא יסורו הנמצאות יהסרו מדרגה אחר מדרגה לפי שיעור מרחקם[3]) מן המדרגה הראשונה עד שיכלו[4]) אל המדרגה היותר הסרה אשר[5]) אין יותר הסרה[6]) ממנה כי היו[7]) מדרגות הנמצאות יש להם תכלית כי מן השקר לקיים מה שאין לו תכלית[8]) בפועל אבל אפשר לקיים אותו בכח והאפשרות[9]) ואחר כן יתהפכו הנמצאות עולות מהמדרגה היותר שפלה אל הגבוהה[10]) עד שיכלו אל היותר שלמה מן המדרגות אשר הושם להם בטבע להגיע אליהם וילכו בעליתם[11]) המהלך אשר הלכו בירדתם כלומר שלא יעלו אל המדרגה השלישית אלא אחר[12]) עליתם[13]) אל המדרגה השנית[14]) ולא אל[15]) הרביעית אלא אחר השלישית וביאור[16]) זה כי הבורא ית׳[17]) יש לו המדרגה[18]) הראשונה[19]) במציאות והוא מתיחד במציאותו ולא[20]) ישתתף[21]) עמו במציאותו שותף כמו שלא ישתתף[22]) עמו בדבר[23]) מתאריו והנמצא הראשון

שהושם בטבעם להגיע אליה והולכים בעליתם הדרך שהלכו בירידתם והטעם שאין עולים אל המעלה השנייה אלא אחר הראשונה ולא אל השלישית אלא אחר השניה ולא אל הרביעית אלא אחר השלישית והבורא ית׳ הוא במעלה הראשונה והעליונה מן המציאות והוא מתאחד[1]) במציאותו ולא ישתתף עמו במציאותו שום נמצא כמו שאין במציאותו שום צד מתארי[2]) הנמצאים והמציאות[3]) הראשון שהמציא האל ית׳ הם השכלים הנפרדים שקראום שניים לקרב אל הדעת ולהמשיל שהם כביכול במעלה השנייה לו וקראום שכלים נפרדים[4]) לפי שהם נפרדים ונבדלים מן החומר ואמרו[5]) שהם ט׳ כמספר האחדים וסדרם כסדרם א׳ ב׳ ג׳ עד הט׳ שהוא תכליתם והראשון שבהם ערכו אצל הבורא[6]) כערך מעלת[7]) הב׳ מן הא׳ על הדרך[8]) משל וערכו אצל שאר הנמצאים שתחתיו כערך הא׳ במעלתו כי הבורא ית׳[9]) למעלה מכל אלה הנמצאים ובלתי מתואר מתאריהם וכל אחד מאלה הט׳ נמצא מאתו ית׳ ובאמצעות מציאות כל אחד מהם נמצאת המעלה העשירית מעלה השכל

1) d. O^3 2) L. ואחר׳ 3) O. מדרגתם 4) F. שיגיעו 5) d. F. 6) P. חסרה אל יותר הסרה 7) d. O. 8) P. הכלית לו 9) M. C. אפשרות, O. F. האפשרות 10) O^2 השניה 11) O^2 L. בעלותם. M. F. בעליתם 12) d.F. 13) P. עלייהם 14) O. M. C. שנית 15) d.P. 16) F. באור 17) d.P. 18) d. F. 19) F. .d. O^3 ראשונה 20) O^2 F. לא 21) P. ישתף 22) F. כמו שישתתף 23) O^2 ברבריו.

1) P. מתיחד 2) P. מתאר 3) H.^{2} ומציאות 4) P. שכלים הנבדלים והנפרדים 5) H. ואח׳ 6) H.^{2} אל הבורא ית׳ 7) H.^{2} ערך כמעלת 8) P. בדרך 9) d. H.^{2}

אשר המציא וברא ית' הנמצאות אשר יקראו השכלים המשוללים[1]) מן החומר והם אשר יקראו אותם[2]) השניים והם תשעה לפי מספר האחדים התשעה יסודרו במציאות מאתו[3]) במדרגות[4]) המספר[5]) ראשון[6]) ושני ושלישי עד התשעי אשר הוא תכליתם כמו שהיה[7]) התשעי[8]) מן המספר תכלית האחדים והראשון מאלו השניים ביחס[9]) אל הבורא ית' במדרגת השנים[10]) על צד הקירוב וביחס אל הנמצאות הנבראות במדרגת האחד כי הבורא ית' נבדל מן הנמצאות בלתי מתואר בדבר[11]) מתאריהם וכל אחד מן הט'[12]) גלגלים[13]) נמצא מן הבורא ית' באמצעות מציאות[14]) כל אחד מאלו התשעה ועוד יבוא אחר מדרגת אלו השניים[15]) התשעה במציאות מדרגת[16]) השכל הפקיד בעולם היסודות והוא[17]) אשר יקראו אותו[18]) השכל[19]) הפועל והוא אשר[20]) ישהוה[21]) אל המצואים השניים הט' באשר[22]) הוא שכל משולל[23]) מן החומר ואמנם הבדילוהו מהם ושמו[24]) אליו מדרגה עשירית ביחוד[25]) לשני פנים אחד מהם כי התשעה שניים פקידים על

הפועל והוא שקראוה בביאור רוח הקדש ומלכות והמעלה הזאת דומה למעלת הנמצאים השניים שעליה כאשר היא שכל נפרד מחומר כמותם אבל הפרידוהו[1]) מהם ושמו לו מעלה עשירית לבדו לשני טעמים האחד כי השניים הט' ממונים בט'[2]) הגלגלים והשכל הפועל ממונה בעולם השפל והטעם השני כי השכל הפועל הזה הוא כחו בגרמים המשכילים אשר תחת גלגל הלבנה[3]) כדמיון מה שהוה[4]) בהם מאור השמש ובגללו יפול הדבור וההוגה[5]) בכל הוה מעותד לקבל כח הדבר וכל משכיל שמזדכך ומתדבק שכלו בשכל הוא[6]) מגיע אליו ומשיג אותו והענין הזה אינו בשניים ואמרו שאצילות השכלים הנפרדים מן החומר פסק ועמד[7]) אצלו ושאין אחר מעלתו אלא מעלת הנפשות המשכילות[8]) ונתחייב[9]) שיפסק אצילות השכלים בשכל הפועל הזה לפי שנתקבצו בו כחות כל הט'[10]) ונהיה הוא התחלה לאשר למטה ממנו מן הנמצאים כמו שנתקבצו כחות כל הט' אחדים מן המספר בעשר[11]) ונהיה העשר בעבור כך התחלה[12]) למה שתהיה מן העשרות

---

1) O^3 M. C. הנבדלים 2) d. P. 3) O. מאתו במציאות 4) C. המדרגה, M. במדרגה, L. P. במדרגנת, O^3 O. במדרגות, F. כמדרגנת 5) O^3 M. C. במספר 6) O^2 O. M. L. C. הראשון, O^2 והשני 7) F. שיהיה 8) F. התשיעי, P ט' 9) P. בערך 10) P. השניים 11) P. מדבר 12) L. מתשעה 13) P. L. הגלגלים 14) d. P. 15) O^2 M. C. השנים 16) d. P. 17) P. והוא — והוא d. 18) C. O^3 M. F. d. O, יקראוהו 19) P. שכל 20) d. L. 21) O^3 ישהנה 22) L. כאשר 23) F. נפרד 24) M. C. ושמוהו 25) d. O.

1) H^3 הפרידו 2) H^2 בתשעת 3) H^3 לבנה 4) H. שהווה 5) H^3 וההנה, P וההוא 6) H^3 הנה הוא 7) P. ועומד 8) H^2 ומשכילות 9) P. ונחייב 10) P. H^2 כל כחות התשעה 11) d. H^3 12) d. H^2

הס׳ גלגלי׳ והשכל הפועל פקיד על עולם[1]) היסודות והשני כי זה השכל[2]) הפועל יתפשט כחו בנשמים המדברים אשר למטה מגלגל הירח כמו שיתפשט אור השמש ומאתו[3]) יגיע הדבר בכל מתוקן ומוכן לקבל הכח הדברי וכל מה שיתעצם[4]) מן הנמצאות הטבעיות הנה במה שיבא אליו ממנו וישיג[5]) אותו והענין הזה[6]) בלתי נמצא בשניים[7]) וזכרו כי השפעת השכלים[8]) הנפרדים מן החומר נפסק[9]) אצל השכל הפועל ואין אחר מדרגתו כי אם מדרגת הנפש הדברית ואמנם התחייב[10]) שיפסק השפעת השכלים הנפרדים מן החומר אצלו מפני שהוא התקבצו בו כחות[11]) השכלים התשעה כולם והיה[12]) התחלה למה שלמטה ממנו מן הנמצאות כמו שהתחברו כחות האחדים התשעה מן המספר בעשרה והיה בזה התחלה[13]) למה שאחריו מן העשרות ולכן שמו השכל הזה הנפרד[14]) מן החומר במדרגת העשרה מן המספרים הלא תראה כי[15]) העשרה במדרגת האחד והעשרים[16]) במדרגת השנים והשלשים[17]) במדרגת הג׳ עד שיהיו[18]) הצ׳ במדרגת הט׳ ויכלה מציאות העשרות בצ׳ ויהיו[19])

. . . .

. . . .

ואחר מעלת השכל הפועל במציאות היא מעלת הנפש והיא מצד אחד[1]) במעלת השכלים הנפרדים מן החומר באשר אינה גוף[2]) ולא כח[3]) בגוף כמו שהם אינם גוף ולא כח בגוף והיא במדרגה[4]) מהם באשר[5]) נמצאת עם הגוף ונצמדת בו ומחמתו לא[6]) ימלט שניפל עליה כדמות חשכה ולכן נהיתה נפש האדם סכלה ובלתי יודעת עצמה עד שתאור באור השכל והיא בזה כדמות אדם שנכנס במקום חשך ואינו רואה בו את עצמו ולא את זולתו וכשבאיר לו האור והגיע בראית עיניו אור השמש רואה אז את גופו וכל אשר סביביו מן הגשמיות כן דמיון ענין[7]) הנפש ימנענה הסכלות מלהשיג את עצמה ומלהשיג[8]) הצורות השכליות הנפרדות וכשמאציל ומשפיע עליה השכל את אורו אז רואה עצמה וזולתה מן המושכלות ויש לנפש מעלות רבות כמו שיש לשכלים הנפרדים הנזכרים כי הנפש אש־[9]) בגלגל העליון עליונה ונכבדת מאשר בשני וכן אשר בשני נכבדת מאשר

1) P. לעולם על היסודות 2) O^2 שכל 4) F. מאותו 4) F. שיעצם 5) O^2 P. ישיג 6) P. מזה 7) F. M. O. O^2 בשנים 8) C. הגלגלים 9) O. נפסקת 10) F. O^2 P. יתחייב

1) P. אחר 2) B. חומר גוף 3) H^2 כח — l. 7 d. כח 4) P. המדרגה 5) P. H^2 באשר היא, H^2 כא׳ 6) P. ולא 7) H^2 ענין דמיון 8) H^2 וגם מלהשיג 9) B. d.

11) C. L. M. O. O^2 הכחות. F. כח 12) O^2 והוא. P. והם, C. והיה — l. 19 והיה d., O. כולם והעשירי התחילו ממנו מן הנמצאים כחות האחדים עד העשרה והיה בזה. F כולם. d. והיו 13) P. L. [ראש] in m. 14) F. L. M. O. O^2 נפרד 15) P. והיה כי [הלא תראה] in m., C. F. M. O. והיה 16) F. ועשרים ושלשה במדרגה השלשים L. ועשרים 17) L. ושלשים 18) C. M. שהיו 19) P. ויהיה הק׳.

המאה במעלת האחד והנה נוסיף[1]) בזה ביאור עם זכרינו[2]) מעלות המספרים הרעיוניות בנ״ה.[3]) עוד[4]) יבא אחר[5]) מדרגת השכל הפועל במציאות מדרגת הנפש והיא נאותה[6]) לשכלים הנפרדים מן החומר באשר היא אינה גשם כמו שהם אינם גשמים[7]) והיא מתחלפת מהם שהיא נמצאת עם הגשם ומתחברת עמו[8]) והקנה אותה[9]) זה עבירות[10]) וחשכה ולכן היתה נפש האדם[11]) תסכל עצמותה[12]) ולא תראה אותו[13]) עד שתאיר באור השכל והוא כמו אדם שהושם בחשך שהוא לא יראה גופו ולא[14]) זולתו ובאשר האיר לו האויר[15]) והתפשט לפניו אור השמש יראה אז גופו ואשר סביבו מן המוחשים וכן הנפש ימנענה חשך[16]) הסכלות מראות[17]) עצמותה וראות הצורות השכליות[18]) הנפרדות ובאשר נשפע[19]) עליה[20]) אור השכל ראתה עצמותה וזולתה מן המושכלים ולה[21]) מדרגות רבות[22]) כמו שיש לשכלים הנפרדים הנזכרים[23]) מדרגות ויש מן החכמים מי שסובר כי מדרגותיה[24]) שתים עשרה מדרגות בני וכן בשאר הגלגלים ובאשר תחת גלגל הלבנה ואחר מעלת הנפש במציאות מעלת הצורה ואחר מעלת הצורה מעלת העצם הנושא הצורה והעצם שני מינים[1]) עליון ושפל והעליון שבהם החומר הנושא הצורה אשר למעלה מגלגל הלבנה והעצם הב׳ הוא החומר[2]) הנושא הצורות אשר תחת גלגל הלבנה שקוראים[3]) אותו היולי והפרד זה החומר מהחומר הנושא צורות[4]) הגלגלים ואשר בם[5]) מן הכוכבים לפי שצורות[6]) הגלגלים והכוכבים קימות בנושאיהן וצורת[7]) החומר הזה צורה בלתי קימת כי הוא ילבש צורה פעם וישתנה[8]) פעם והוא מתחולל ומשתנה בכללו והאחר אמנם[9]) תשתנה בו הצורה מצד המקום ומצד שנוי הערכים וכבר ראית שההיולי הוא השפל שבכל הנמצאים והמעלה הגרועה שבהם וממנה מתחילים הנמצאים הטבעיים לעלות אצל[10]) המעלה העליונה שבמעלותיו ואמנם יהיה זה בתנועת[11]) הגלגלים עליו ללבוש הצורות שהיו בכח ויוצאות לפועל בתנועות[12]) ההם ברצון בוראם

---

1) O. נוסף 2) M.C. בזכרינו, F. עם זכרוננו 3) Cf. Zunz. *Ges. Schriften* III. 268—9. L. P. בע״ה O, בנה״ו 4) L. ועוד 5) P. אחר זה 6) L. P. משתוה 7) L. נשמיים 8) O^2 בו 9) d. P. 10) M. C. העבירות. F. עבירות מחשבה 11) P. הנפש 12) O^2 עצמו 13) O. M. עצמותו, C. עצ׳ 14) C. אלא 15) O^2 האור 16) L. מחשך 17) d. P. 18) F. השכליות הצורות 19) P. תשפע 20) O. אליה 21) L. ולנפשות P, ומה 22) d. L. 23) d. P. 24) L. מדרגותיהן.

1) H^2 P. מינין 2) H^2 חומר 3) H^2 שקוראין P, שהוא קורא 4) H^2 צורת 5) P. גם 6) H^2 שצורת 7) H. וצורות 8) H^2 וישנה 9) d. P. 10) H^2 אל 11) H. בתנועות 12) H^2 בתנועת.

תשע לגלגלים[1]) ושלש למה שתחת גלגל[2]) הירח והן[3]) הנפש הצומחי'[4]) והנפש החיונית והנפש המדברית ומהם מי שישים אותה[5]) ט"ו מדרגות תשע לגלגלים וחמש למה שלמטה מגלגל[6]) הירח והן[7]) הנפש הצומחת והיא היותר שפלה[8]) במעלה ולמעלה ממנה הנפש[9]) החיונית ולמעלה ממנה הנפש[10]) המדברית ולמעלה ממנה הנפש[11]) הפילוסופית ולמעלה ממנה הנפש[12]) הנבואית הנה אלו ארבע עשרה[13]) מדרגות והמדרגה החמש עשרה הנפש הכללית ואנחנו נזכור[14]) סגולת כל אחת[15]) מאלו הנפשות[16]) והבדליהן[17]) כדי שיתבאר אמתת החלוקה הזאת[18]) בסוף השער הזה[19]) בע"ה[20]) ונשוב למה שהיינו בו ממדרגות הנמצאות ונאמר כי אשר תבא אחר[21]) מעלת[22]) הנפש[23]) במציאות מעלת הצורה עוד תבא אחר[24]) מעלת הצורה מעלת העצם הנושא[25]) לצורה ואמנם הושמה מעלת[26]) הצורה קודם מעלת העצם הנושא אותה לשני פנים אחד מהם כי

יתי[1]) והצורה הראשונה שלבש[2]) ההיולי הם צורות[3]) היסודות שהם הארץ והמים והאויר והאש וזהו[4]) השלמות הראשון שהשיג ההיולי ואחר כן נתלבש בצורת הדומם באמצעות צורות[5]) היסודות ואחר כן צורות הצמח[6]) באמצעות הדומם והיסודות ואחר כן צורת בעלי חיים בלתי מדבר[ים][7]) באמצעות צורות[8]) הצומח וצורות הדומם וצורות היסודות ואח"כ צורת האדם שהוא החי המדבר באמצעות צורות הבעלי חיים הבלתי מדבר[ים][9]) וצורות הצומח וצורות הדומם וצורות היסודות ונהיתה צורת האדם השלימה שבצורות הטבעיות ואין אחריה מעלה אלא שיזדכך ויתעצם האדם בידיעות[10]) וישיג מעלת[11]) המושכלות הנפרדות מן ההיולי והחומר הדומה אל ההיולי ר"ל הנושא צורות הגלגלים ומה שבהם וכשמגיע האדם בהשתכלו אל מעלת המושכלות[12]) הנה הגיע למעלה אשר ממנה ירדה[13]) הנפש המדברית אל

---

1) O^3 d., P. גלגלים 2) d. P. 3) P. F. והם, O^3 בהם 4) O. הצומחת — l. 6 הצומ' d. 5) P. אותם 6) O^2 וחמש ממטה גלגל, P. מן גלגל 7) P. והם 8) F. עולה 9) L. נפש 10) L. נפש 11) L. d. P. נפש 12) d. O. M. L. F. 13) P. עשר 14) P. lacuna 15) L. F. אחד 16) C. מהן M. מהן [מאלו הנפשות] in m. 17) P. והבדליהם 18) P. אמת זאת בסוף ונשוב 19) d. L. 20) O. בנ"ה 21) C. אשר אחרי 22) O^3 מדרגה, F. מעלת — l. 21 העצם 23) d. O. M. C. הנפש הצומחת 24) d. P. 25) C. P. הנושא — l. 23 הנושא d. 26) O^3 d.

1) H^3 ודע לשון היולי לשון ערבי דבר שאין בו עדין צורה רק הוא חומר המוכן לקבל צורה והוא הסוד של תהו פרש' בראשית ורבינו בחיי בן בקודי מפריש טעמו לשם — false pro Bachja b. Ascher Gen. 1,2. 2) H^3 שלובש 3) H^3 היא צורת 4) H^3 וזה, B. והאש והאויר 5) H^3 צורת 6) H^3 צורת הצומח 7) H^3 הבעלי של חיים בלתי מדברים. B. בלתי מדבר 8) H^3 צורת semper 9) H^3 צורת בלתי מדבר, H. B. הבלתי מדבר 10) H^3 בידיעת. P. בידיעת הנמצאות 11) H. מעלות 12) P. המושכלות הנפרדות 13) H^3 תפרד.

אנהגו התחלנו מן היותר גבוהה ממעלות הנמצאות יורדים אל היותר שפלה מהם והיתה הצורה על הסדר הזה קודם העצם הנושא אותה ואלו[1]) התחלנו מן היותר שפלה ממדרגות הנמצאות עולים אל היותר גבוהה מהן[2]) היה העצם הנושא הצורה[3]) קודם הצורה במדרגה והעצם הזה הנושא את הצורה[4]) שני מינים הגבוהה משניהם העצם הנושא צורות[5]) הגלגלים ומה שבהם והשפל העצם אשר ישא הצורות אשר תחת גלגל הירח וזה העצם הוא[6]) הנושא צורות הנמצאות אשר למטה מגלגל הירח יקרא אותו ההיולאני ואמנם הובדל העצם הזה מן העצם הנושא צורות[7]) הגלגלים ומה שבהם מן הכוכבים ואעים שהם משתוים בהיות כל אחד משניהם[8]) עצם נושא הצורות[9]) מפני כי צורות הכוכבים והגלגלים צורותיהם[10]) קיימות בנושאיהם והעצם הזה האחר[11]) צורותיו בלתי קיימות כי הוא ילבש הצורות[12]) פעם ויפשיטם פעם והוא משתנה ומתחלף בכללו[13]) וזה אמנם ישתנה ויתחלף במקום ומה שבו מחלוף[14]) היחס וזה ההיולי[15]) אצלם הוא היותר פחות שבכל הנמצאות והיותר חסר במעלה וממנו יתחילו הנמצאות הטבעיות בעליה[16]) עולים אל היותר גבוהה ממעלותיהם[17]) בהפך עניניהם[18]) בעת ירידתם אל היותר שפלה ממדרגותיהם ואמנם יהיה זה בסבוב הגלגלים סביבו וילבישוהו[19]) הצורות[20]) אשר היו כי בכח יאחר יצאו בסבוב הגלגלים אל הפועל[21]) כמו שרצה[22]) בוראו[23]) ית' וית'[24])

הגרמים העליונים והיא מעלת[1]) השכל הפועל ונהיו הנמצאים לפי זה כדמות עגולה שנתעגלה עד שפגשו קצוותיה באדם ונהיה האדם אחרית העגולה הנעוץ סופה בתחלתה אלא שהאדם לא יגיע בהשתכלו אל הראשון שבשניים שהוא המעלה העליונה מהם ואמנם תכלית שלימותו כמו שראוית להגיע למעלה העשירית והיא מעלת השכל הפועל ואם תאמר איך יצטיירו[2]) הנמצאים בדמיון עגולה בצורת האדם והוא לא יגיע אלא עד מעלת השכל[3]) הפועל והיא המעלה העשירית והיה[4]) דינו שיחזור אל השני[5]) שהוא המצוי הראשון שהתחיל ממנו השפע יש לומר כי השכל האנושי אין התחלתו מן השניים ואמנם התחלתו מן השכל[6]) הפועל ובשחוזר אליו הוא גמר התחלתו.

---

1) P. ואולם 2) O. גבוה מהם, P. מהם 3) F. P. אותה 4) F. O^2 P. לצורה, O. את d. 5) M. O^2 יסודות 6) L. d. 7) O. P. צורת 8) M. C. P. מהם 9) L. O^2 P. לצורות 10) d. P. O^2 11) C. האחת, L. האחד 12) O. צורה 13) M.; בגלגלו supra, O^2 בגללו P. בגלגלו 14) P. מחלק. C. F. M. O. מחליף 15) O^2 והוא ההיולני (!) 16) C. בעילה 17) O^2 ממדרגותיהם 18) L. עניניהם 19) P. M. L. F. C. ילבישוהו 20) P. M. L. C. היצורות 21) P. F. פעלם, F. אל d. 22) d. P. 23) L. הבורא 24) L. O^2 P. d.

1) P. מעלת הנפש הכל שתחת השכל הפועל ונהיו 2) B. נצטיירו 3) H^3 שכל 4) P. והיא 5) P. מעלת השני 6) H^3 מהשכל.

אין אלוה בלעדיו[1]) והצורה הראשונה שלבש[2]) ההיולי[3]) צורות היסודות[4]) אשר הם[5]) הארץ והמים והאויר והאש והיה זה השלמות[6]) הראשון שהשיג ואחר כן לביש צורת המחצבים באמצעות צורת היסודות ואחר כן צורות הצמחים[7]) באמצעות צורת המחצבים וצורת היסודות ואחר כן צורות הבעלי חיים בלתי[8]) מדברים באמצעות צורות הצמחים וצורות המחצבים וצורות היסודות ואחר כן צורת האדם אשר הוא בעל חי מדבר[9]) באמצעות צורות ב"ח בלתי מדברים ובאמצעות[10]) צורות[11]) הצמחים וצורות המחצבים וצורת היסודות והיתה צורת האדם יותר שלמה מכל הצורות הטבעיות ואין מדרגה אחר זה אלא שיתעצם האדם בידיעות האמתיות האלהיות וישיג במעלת[12]) המושכלות הנפרדות מן ההיולי והחמר המתדמה[13]) להיולי כלומר נושא[14]) צורת הגלגלים ומה שבהם וכאשר הגיע בהתעצם במעלת[15]) המושכלות הגיע במעלה אשר בה[16]) ירדה הנפש המדברת אל הגרמים והיא מעלת[17]) השכל הפועל[18]) והיו הנמצאות בהשתכלות הזה כעגולה התעגלה עד אשר נתדבקו[19]) שני[20]) קצותיה והיה האדם סוף העגלה אשר תשוב אל ראשיתה אבל[21]) כי האדם אצלם לא ישיג עם התעצמו כראשון[22]) שבשניים אשר היא המעלה העליונה[23]) ואמנם הכלית שלמותו שישיג במעלה העשירית והיא מעלת השכל הפועל זהו[24]) דרך ארסטו[25]) ואפלאטון[26]) וסקראט[27]) וזולתם מן המפורסמים מן הפילוסופים[28]) וחכמיהם[29]) האומרים[30]) ביחוד ואולם הפילוסופים האמגושים[31]) סוברים כי השכלים הנפרדים מן החומר יעלו קצתם גם כן אל מעלת קצתם עד שיהיה העליון[32]) מהם במעלת הבורא ית' ויתי'[33]) האל[34]) ממה שיאמרו[35]) הסכלים ההולכים חשך ולא[36]) אור עליו רב והמאמר הזה כפירה אצל ארסטו וכל מי שזכרנו כי הוא יחייב[37]) השתנות הבורא ית' האל מדבריהם ואם יאמר אומר איך היה[38]) אדם כעגולה[39]) ואמנם השיג במעלת השכל הפועל לפי דעת ארסטו והיא[40]) המעלה העשירית ואמנם היה משפטו אם היה כעגולה[41]) שישיג הבורא[42]) ית' אשר הוא נמצא[43]) ראשון התחיל

---

1) F. מבלעדו, P מבלעדיו 2) M.L. אשר לבש 3) P.M.F.C. היולי, O² ה(ח)היולני semper 4) C. מיסודות 5) O² הם צורת 6) O² שלמות 7) L. הצמחים — l. 4 ואחר כן d. 8) P. הבלתי 9) P. מדברים 10) d. O² O.L.F. 11) O² O.L.F. וצורות 12) F. במעלות 13) P. המדמה 14) M.L.C. לעצם נושא 15) F. במעלות 16) O² ממנה 17) M.C. ממעלת 18) d. P. 19) O. נתקבצו, O² נדבקו 20) P. שתי 21) d. L. 22) M.C. הראשון, P [בראשוני השניים אשר הם במעלה] in m. 23) O.C. הראשונה העליונה, M העליונה [הראשונה] supra P, הראשונה 24) L. זה 25) C. ארסהו 26) O.F. ואפלטון 27) d. P. 28) M.C. מן הפילוסופים מן המפורסמים 29) P.F. והחכמים 30) C. המודים, M המורים 31) P. האמגושיים, C. המעשים. O² ואמנם הפ' המג' שסוברים שהשכלים 32) F. עליון, P. L. [וס"א עד שתהיה עליהם במעלה] P, in m. קצת העליון 33) d. P. O² 34) d. O² L. 35) P. שאמרו 36) P. ולא ראו 37) O.F.C. יתחייב 38) d. O. 39) P.M.F.C. בעגולה 40) O.M.L.C. והוא 41) P.M.C. בעגולה 42) M.L.C. השם 43) O. הנמצא.

ממני השפע[1]) והמציאות והתשובה[2]) על זה משני פנים אחר[3]) מהם כי השכל הפועל אשר הוא[4]) במעלה[5]) העשירית אצלם הוא אחרון[6]) מן המושכלות הנפרדות עם ירידת המציאות והוא הראשון[7]) מהם עם עלית[8]) הדברים וכאשר הגיע השכל[9]) האנושי המעלה ההיא היה[10]) בדרך[11]) שוב אחד מקצות העגלה אל האחר[12]) והשני כי השכל האנושי[13]) אין התחלתו מן השניים אצלם אבל התחלתו אצלם מן השכל הפועל וכאשר שב[14]) אליו היה כמו עגלה[15]) והנה ראוי לנו שנבדיל בשער הזה סגולות הנפשות החמש אשר הקדמנו זכרם כדי שיתבאר ההפרש אשר ביניהם כי היתה הסגלה עומדת במקום ההבדל העצמי במה שיהיה נעדר גדרו:

וסגולות הנפש הצומחת והקרא המתאוה סגלה הנפש הזאת ההתעודדות[16]) אל המזון ובקשתו והתענגו[17]) במציאותו כשימצאהו והצטער[18]) להעדרו כשיעדר ממנו ובקש[19]) הנאות מן המזונות ודחות המתחלף ושמירת הדבר באישו ומינו[20]) אולם[21]) שמירת אישו הנה הוא יהיה במזון ואולם[22]) שמירת מינו יהיה בהולדה ותקרא השמירה הזאת הקיום הטבעי ויש לה מן המקומות הבלתי בשריות והאברים המתדמים החלקים ולה ז׳ כחות מושך ומחזיק ומעכל[23]) ודוחה[24]) וזן ומגדל ומצייר ולה מן האומר[25]) וההרגש הבית הצדדים הששה והשלחת השרשים אל המקומות[26])

הפרק השלישי ··· וסגולת הנפש הצומחת והיא המתאוה לתאו[1]) ולתאב המזון ולבקשו וליהנות ממנו כשתמצאנו ולהצטער כשתפקדנו ובוחרת הנאות לה ממנו ועוזבת הבלתי נאות ושומרת אישי הדברים אשר תהיה[2]) בהם ומיניו ושמירת האישים הוא במזון ושמירת המין[3]) בהוריעה הזרע והוא הנקרא התקון הטבעי להוליד הדמות והמקומות המיוחסות לנפש הזאת מן הגוף הם המקומות שאין בהם בשר והאיברים המתדמים ויש לה ז׳ כחות והם המושך והמחזיק והמעכל והזן והדוחה והמפרדה[4]) והמצייר ויש לה[5]) קצת הכר וקצת מיחוש כי מכרת הפאות ופושטת[6]) הערקים[7]) לנגד המקומות

[1]) L. השפע האלהי [2]) O.M.C. התשובה, O² על זה d. [3]) O. האחד [4]) d. M. C. [5]) L. במדרגה [6]) O² P. האחרון [7]) P. הראשונה [8]) O. M. C. עלות, F. עליות [9]) d. P. F. [10]) P. L. היא [11]) L. כדרך [12]) L. האחד [13]) M.C. הפועל [14]) P. ישוב [15]) O. L. F. O² העגולה [16]) L. התעודדותה. P. ההתעבדות [17]) F. C. O. M. והענג, L. והעגנו [18]) O. M. C. והצטער F. ויצטער L. והצטערו, O² ומצטער [19]) L. ובקשה [20]) F. ובמינו [21]) O² ואולם — l. 18 d. ואולם [22]) L. אילם [23]) M. L. C. מחזיק מעכל [24]) M. C. דוחה למותרות [25]) M. F. C. האומר [26]) P. M. F. C. המקומות — p. 12. l. 2 המקומות d.

[1]) P. לתאות [2]) P. והחיה [3]) P. שמירת המזון הוא [4]) P. והמכיר [5]) H. להם [6]) H² ופושטות [7]) P. הערקים והשרשים.

הלחים ולישלה הברים והפאות אל המקומות הרחבים[1]) ולנסות מן המקומות הצרים. **סגולת הנפש החיונית** ותקרא[2]) הכועסת סגולת הנפש הזאת תאות המשגל ותאות הנקמה ותאות השררה[3]) וההתגברות ויש לה מן המקומות הבשריים הדמיים[4]) והנה ימצא ממקומותיה[5]) מה שאין דם לו[6]) ולה האיברים[7]) הכליים והתנועה הרצונית[8]) והבחירייה ולה החושים החמשה ומהם מה שיחסר מכנו קצת החושים ולה ההנאה והצער וימצא[9]) לקצתם הדמיון והרעיון. **סגולת הנפש האנושית** והיא המדברת סגולת הנפש הזאת הדעת והתבונה ואהבת החכמה וכל שכן החכמות האלהיות והידיעות האמתיות וההשגות השכליות ויש לה מן המקומות נצבי הקומה והמעשה[10]) בידים. **סגולת הנפש החכמה הפילוסופית** סגולת הנפש הזאת אהבת[11]) החכמות העיוניות אשר אין הנרצה מהם זולת העמידה על אמיתותם[12]) לבד וההריצות לדעת סבות[13]) הדברים ועלותיהם ולקיחת[14]) ראיה[15]) מגלויי[16]) הדברים על תכונותיהם[17]) ולדעת מדרגות הנמצאות במציאות[18]) ואיך[19]) נשתלחו מאת

הלהים ופשטת הפאות והשרשים לרוחב המקומות ובורחת[1]) מן המקומות הצרים. **וסגולת הנפש החיונית** והיא שיקראוה הכעסנית הם תאות המשגל והנקמה והנשיה והשררה והניצוח ויש לה המקומות שיש בהם בשר ודם וגם מקומות שאין בהם דם ולה האיברים המלאכותיים והתנועה הרצונית ולה ה'[2]) החושים שהם השמע והראות והריח והטעם והמישוש והיא הנהנית והמקבלת ההנאה והצער ובעלי הנפש הזאת יש בקצת מהם כח שמדמים בו ותוהים. **וסגולת הנפש המשכלת** ההרהור והמחשב ואהבת החכמה והדעת ולה המקומות הנצבים ומעשה הידים. **והנפש החכמה הפילוסופית** סגולותיה הם אהבת החכמות העיוניות אשר אין החפץ בהם רק לדעת שהן אמת ומשתדלת לדעת סבות הדברים ועלותיהם ולהביא ראיה מן הנגלה על הנסתר וידיעת מעלות[3]) הנמצאים במציאות ואיך נשתלחו מאת הבורא ית' ואיך נשתלחו קצתם מקצתם אשר נהיה בהם האחדות מאת הבורא ית' אשר הגיע לכל מצוי שיבדל בו מעצמות מצוי אחר[4]) ובו יהיה מציאות הצורות בהיולי ובנושא הדומה אל ההיולי והוא העצם הנושא

1) M. C. הרוחים ; supra 2) O. ויקרא 3) M. L. C. ההתגברות והשרירה 4) F. המדמיים 5) O. M. L. C. ממקומותיהם 6) F. O² P. לו דם 7) O. M. L. F. C. O² איברים 8) P. הרצונייה 9) P. ימצא 10) L. ומעשה 11) O² d. 12) L. אמיתהם 13) O. d. 14) P. F. ולקחת 15) P. d. 16) F. מגלוי 17) C. שהתבונותיהם L. תוכותיהם, O² סבותיהם 18) P. במציאות כהבורא 19) P. ואיך — p. 13. l. 1 ואיך d.

1) H² ובורחות 2) H² חמשת 3) H² מעלת 4) P. אחר.

הבורא יתׄ ויתׄ[1]) ואיך נשתלחו קצתם מקצתם במה שהתפשט בהם[2]) מאחדות הבורא יתׄ[3]) אשר בו[4]) הגיע לכל נמצא עצמות יובדל בו מעצמות נמצא אחר ובו יהיה מציאות הצורות בהיולי[5]) ובנושא[6]) הדומה[7]) להיולי והוא העצם[8]) הנושא צורות הגלגלים והכוכבים ואם העולם קדמון או מחודש ומה ההבדל בין הנצחי והמחודש ומה ההפרש[9]) בין הנצחי המוחלט והנצחי הסמוך ומה[10]) ההפרש בין הנברא והמהוה[11]) ואיך[12]) היה הנברא אמצעי בין הנצחי והמהוה[13]) ואם בורא העולם[14]) אחד או יותר מאחד והעמדת המופתים על שהוא בלתי אפשר שיהיה כי אם אחד לא ידמה לדבר ולא ידמה אליו דבר ומה החכמה במציאות הדברים על מה שהם בו[15]) ומה המתהוה[16]) מהם ומה הנברא ומה ההפרש בין הפועל לפי האמת והפועל[17]) על דרך ההעברה והפועל המוחלט[18]) והפועל הסמוך ומה אופן החכמה בסבוב[19]) הגלגלים תנועה סבובית בלתי ישרה ומה המחוייב ומה האפשר ומה הנמנע ואיך היה מה[20]) שלמעלה מן היסודות[21]) הארבעה[22])

1) O³ d. L. יתׄ ויתׄ d. 2) P.F. שיתפשט מהם 3) P. האל F, O³ הישי״ת 4) O³ d. 5) F. היולי 6) O³ d. 7) M.F.C. O³ ובדומה, P. והדומה 8) M. L.F.C. עצם 9) P. M. F. הפריש 10) F. מה 11) P.O³ המתהוה, L. [נ״א המתהוה] in m. 12) O.F.C. ואיך — l. 13 ואם d. 13) L. O³ והמהווה 14) C. d., O² עולם. M. עולה (!) supra 15) L. על אמתתם ר״ל על הדרך שהם בו 16) F. שמהווה, O² ההוה P. המהוה 17) O. ובין הפועל. O³ לפועל 18) L. במוחלט 19) F. בסבוה 20) M.F.C. על מה 21) O. מהיסודות 22) P. הארבעי

צורות הגלגלים והכוכבים ואם[1]) העולם קדמון או מחודש ומה ההפרש בין הנצחי הגמור ובין הנצחי המצורף[2]) ומה ההפרש בין הנברא שלא מדבר ולא באמצעות דבר אל המהווה ואיך נהיה הנברא שלא מדבר ולא באמצעות דבר אמצעי[3]) בין הנצחי והמהווה ואם בורא עולם אחד או יותר מאחד ולהקים המופתים על שלא יתכן שיהיה אלא אחד שלא ידמה[4]) לדבר ולא ידמה לו דבר ומה החכמה במציאות[5]) הדברים על פי מה שהם ומה ההווה[6]) מהם ומה הנברא מלא דבר ובלא דבר ומה ההפרש[7]) בין הפועל לפי האמת והפועל כלשון העברה והפועל סתם ומה החכמה בתנועות[8]) הגלגלים תנועת הסיבוב[9]) ולא תנועה ישרה ומה הראוי ומה האיפשר ומה הנמנע ואיך נהיה מה שלמעלה מדי יסודות ממחוז הראוי ומה שתחת היסודות ממחוז האיפשר ומה הנמצאים[10]) שבאו בשלמותן בעצמן ובמעשיהם ומה הנמצאים שלא באו כן וכל אחד בקצהו ומה הנמצאים שהובאו שלמיותיהם בעצמיהן ולא בפעולותיהם ונהיו אמצעיים[11]) בין הקצוות ולמה ינוח המין הראשון ולא

1) H³ והם 2) H³ ומה הפרש אשר בין הנצחי המצורף ומה הפרש 3) H³ d. 4) H³ d. 5) H³ במציאת 6) H³ המהווה 7) H³ הפרש 8) H³ בתנועת 9) P. הסובב 10) H³ הנמצאים — l. 22 הנמ׳ d. 11) P.H. הנמצאים.

מכת[1]) המחייב ומה שההת הגלגלים מכת האפשר ומה הנמצאות אשר הגיע[2]) שלמותם[3]) בעצמיותיהם[4]) ובפעולותיהם[5]) ומה הנמצאות אשר לא[6]) הגיע[7]) שלמותיהם[8]) בעצמיותיהם ולא בפעולותיהם[9]) והם שתי הקצוות ומה הנמצאות אשר הגיע[10]) שלמותם בעצמיותיהם ולא הגיע שלמותם בפעולותיהם והיו אמצעיים בין שתי הקצוות ולמה ינוח המין הראשון ולא יהיה לו תנועה ויתנועעו שני המינים האחרים ומה החכמה במציאות הנימוסים והנבואה בעולם ההויה וההפסד ומה ההפרש[11]) בין הנבואה והקסם[12]) והכשוף[13]) והפילוסופיא ואיך ישפע כח הנבואה על הנביאים ומה ההפרש בין האדם אשר תשרה עליו רוחה[14]) נבואה ובין מי שלא תשרה בו ולמה היה האדם מצווה מוזהר[15]) בלתי זולתו ומפני מה נקרא האדם[16]) עולם קטן[17]) ונקרא העולם[18]) אדם גדול[19]) ומה ההנהגה[20]) וכמה מיניה הנה אלה[21]) הדברים כולם מסגלת הנפש הפילוסופית שתדעם[22]) קצתם על צד הציור וקצתם על צד האמונה בלתי[23]) ציור אבל אין כל נפש נתנה לה

יהיה לו תנועה ויתנועעו המינים האחרים ומה החכמה במציאות הדתות[1]) והנבואות בעולם ההויה וההפסד ומה הפרש בין הנבואה והכישוף והכיהון[2]) והפילוסופיא ואיך נאצל כח הנבואה[3]) על הנביא ומה ההפרש בין האדם אשר ינובא ואשר לא ינובא ולמה נהיה האדם מצווה ומוזהר מזולתו ולמה נקרא[4]) עולם קטן ונקרא העולם אדם גדול ומה החוקים וכמה מיניהם ואלה הדברים כלם הם מסגולת הנפש הפילוסופית על צד הציור וקצתם על צד ההצדק מבלי[5]) ציור ואמנם לא לכל נפש שתרצה להתפלסף יתכן לה לדעת כל זה האמנם הדע[6]) קצתו ויתכן לדעת אלה[7]) הענינים על השלמות לנפש שנזדמן לה ביצירתה[8]) והויתה שנתעתדה בה הכנה לקבל ומואסת משבעה ההנאות[9]) וממיתה התאוות ופורשת מקנייני[10]) העולם אוהבת הטוב ובעליו ושונאה[11]) את הרע ואת בעליו ומתדבקת בחקים וקונה החכמה ועוזבת הפחיתות[12]) ונתקבין בה הדעת והמעשה וזהו הפילוסוף השלם[13]) אצל ארסטו ואפלטון וראשי הפילוסופים[14]) ומי

---

1) F. מכת — l. 2 מכת d. 2) M. F. C. הגיעו 3) F. שלמותיהם 4) M. בעצמותיהם 5) P. O. F. ופעולותיהם 6) d. P. 7) M.F.C. הגיעו 8) P. L. שלמותם 9) P. O^2 בפעולה — l. 9 בפע' d. 10) M. F. C. הניעה 11) O^2 הפרש semper 12) O. ובין הקסם 13) d. P., F. והכישוף והקסם 14) d. O. L. 15) L. ומוזהר P, מוזהר ומצווה 16) P. אדם 17) O^2 L. האדם העולם 18) M. והעולם [ונקרא] in m. P, ומפני מה נקרא 19) F. O^2 האדם עולם גדול, L. עולם גדול 20) P. הנהגה 21) P. O^2 O. אלו 22) O^2 שתראה 23) P. L. מבלי, F. האמנם מבלתי, O^2 בלי.

1) P. התורות 2) H^2 ר"ל אחיזת עינים 3) H^2 של הנבואה 4) P. נקרא האדם 5) H^2 מבל 6) H^2 אם תדע 7) H^2 כל אלה 8) H^2 ביצירה 9) H^2 ההכנות 10) H^3 מקניינה 11) P. ושנאה 12) H^2 הפחיתת 13) d. B. 14) H^2 של הפילוסופים.

הפילוסופיאה ומוכנת[1]) לדעת זה כולו[2]) אבל תדע קצתו ואמנם יתכן[3]) ידיעת אלו הדברים בשלמותם לנפש[4]) אשר קרה[5]) לה בבריאתה והיותה שנבראה ובה הכנה[6]) לקבל אותו[7]) ושהיא מואסת ההנאות ממיתה התאוות נועלת[8]) הכסף והזהב אוהבת הטוב ועושי הטוב שונאת הרע[9]) ועושיו נקשרת בנימוסים והדתות קונה המדות הטובות מרחקת המדות הרעות כבר התחבר[10]) בה החכמה והמעשה הנה זהו הפילוסוף[11]) האמתי אצל ארסטו ואפלטון[12]) וחכמי הפילוסופים כי מי שלא יהיה בתואר הזה הנה אינו אצלם פילוסוף אמתי ולכן אמ' ארסטו אין הכונה שתדע בלבד רק[13]) הכונה שתדע ותעשה ותהיה אוהב אותם[14]) החסידים והצדיקים[15]) הנקשרים[16]) בנימוסים ואמ' גם כן הרנו מי שאין לו דת ואמ' אפלטון מי שירצה לקרות[17]) הפילוסופיה[18]) הטהורה יטהר[19]) מדותיו מן המדות הרעות כי הנה לא ילמד הפילוסופיה הטהורה[20]) מי שיהיה[21]) טמא[22]) כמו שהוא בלתי[23]) אפשר שיראה האדם פניו במראה כהה[24]) או במים עכורים סגולת[25]) **הנפש הנבואית** סגולת זאת הנפש[26]) הנכבדה[27]) לקבל הנבואה שלא יתואר בתואר הזה אינו פילוסוף ולכן אמר ארסטו אין הכונה[1]) שנהיה יודעים לבד אלא שנהיה יודעים ועושים ונהיה טובים וחסידים מתקשרים בחקים ואמר הרנו לאשר אין לו[2]) תורה ואמר אפלטון מי שרוצה ללמוד הפילוסופיא יטהר את מדותיו מן הפחיתות כי לא יתלמד הפילוסופיא הטהורה מי שהוא טמא[3]) כמו שלא יתכן לאדם לראות את[4]) פניו במראה כהה או במים עכורים. ו**סגולת הנפש הנבואית** לקבל הנבואה והזכרון וההתדבק בשכל הפועל ותיקון שאר הנפשות הנוטות מדרך האמת ולהכריח האדם עד שיעשה מה שצריך על הדרך שצריך ובעת שצריך ולהשלים הנפשות החסרות בהציע להם הדינין[5]) והאיום והאזהרות[6]) והודעת הדברים אשר אין בכח הנפש הפילוסופית לדעתם לפי שהנפש הפילוסופית לא תשתדל לעיין אלא בכללים[7]) לבד ולכן[8]) היה ארסטו מצוה להאמין מה שבאו בו התורות ומצווה ליסר מי[9]) שמגלה פנים[10]) במצותיהן ואזהרותיהן ואמר אפלטון נלאים אנו[11]) להבין מה שבאו בו התורות אמנם נדע ממנו מעט ונסכל[12]) הרבה והנפש הזאת היא

---

1) O^2 ומזאת 2) C. כולני 3) L. התכן 4) O.M.C. בנפש 5) L. קנה 6) P.M.L.C. הוכנה 7) O^2 אותה 8) O^2 תועלת 9) P. רע 10) O^2 התחברה 11) P. זה היא פילוסוף

1) P. תבונה 2) P. בו 3) d. B. 4) H^3 d. 5) H^3 B. הדינים 6) H^2 והזכרון 7) H^2 כללם 8) B. ולזה 9) B. למי 10) d. H^3 11) H^3 אנחנו 12) B. ונסכל מהן.

12) P. ואפלאטון, C. ואפלתון 13) P.O. אמנם אמנם. F. ואמנם, O^2 לבד רק 14) d. O^2 L. 15) P. O^2 F. הצדיקים והחסידים 16) F. נקשרים 17) C. לקראת. P. O^2 לקרא 18) P. מן הפילוסופיא 19) O^2 ירחיק מדותיו הרעות 20) C. הטהורה יטהר מדותיו מן המדות מי 21) P. שהיה 22) d. C. 23) L. כמו שאי אפשר 24) L. [שעלתה בה הלודה] in m. 25) C. d. O. M. 26) d. P. F. 27) P. נכבדת.

ורוח[1]) אלהים והדבקה בשכל הפועל והישיר[2]) שאר הנפשות הנוטות מן האמת ולהנביל האדם עד שיעשה מה שראוי לו לעשות בעבור מה שראוי בעת שהוא[3]) ראוי והשלים הבריאה החסרה ולתת דתות וחוקים ותוכחות ייעודים ולספרי[4]) הדברים[5]) אשר אין[6]) בכח הנפש הפילוסופית[7]) לדעת אותם כי הנפש הפילוסופית אמנם נתן לה העיון[8]) בכללים[9]) בלבד ולכן אמר אפלטון אנחנו לואים[10]) מהבין[11]) מה שבא[12]) בתורות על ידי[13]) הנביאים ואמנם נדע ממנו[14]) מעט ונסבל הרבה ולכן היה[15]) ארסטו[16]) מצוה לקבל ולהאמין לכל[17]) מה שבא[18]) בתורות[19]) וצוה[20]) ליסר מי שמעמיק לבקש[21]) טעמים וסבות למצותיה ואזהרותיה[22]) ולגעור מי שיקשה בה והנפש הזאת היותר[23]) נכבדת מן הנפשות[24]) אשר בעולם[25]) היסודות והיותר עליונה והיא האדונית[26]) המנהיגה לשאר הנפשות ולא יקרה[27]) שתמצא הנפש הזאת הנכבדת כי אם בבעל הבריאה השלמה והנפש הזאת לא תצטרך לקנות הידיעות[28]) והחכמות בהקשים והקדמות כמו שהצטרך[29]) הנפש הפילוסופית כי ההקשים המדעיים אמנם[30]) הם

היקרה והנכבדת מהנפשות אשר בעולם היסודות והעליונה והיא החוק המנהיג שאר הנפשות ולא יזדמן שתמצא הנפש היקרה הזאת אלא בבעלי[1]) הטבעים השלימים והנפש הזאת אינה צריכה לקנין הידיעות והחכמות וההקשים[2]) וההקדמות כמו שצריכה הנפש הפילוסופית כי ההקשים המורגלים בחכמה אמנם הם כמו מסורות ששמום למסורת[3]) בעלי הטבעים השלמים לתקן ולישר לבעלי הטבעים החסרים ואם יזדמן אל האדם בשורש מולדו שינתן לו סברה[4]) שלימה לא יצטרך לאותן[5]) ההקשים וימצא הדברים השכליים כאלו הם מצויירים בנפשו וכמו שאנו מוצאים בסבירות בני אדם שהם בתכלית החסרון קרובים מטבעי הבהמות כן בלי ספק שיש מהם בתכלית השלמות קרובות[6]) מדעות המלאכים ויהיו הסבירות אשר באלה[7]) בלתי צריכות שום הקש ודי להם בשום רמז ומשל והבורא ית' משלים הנפשות אשר באלה בשרש יצירתן בבטן[8]) להנהיג העולם באמצעותן וזהו המחייב[9]) להיות הנבואה השנה נאצלת ולא קנין וסגולת הנפש הכללית ומעלתה היא

1) P. ורואה 2) P. O. והיישיר 3) d. O^3 שראוי 4) F. לספר 5) L. הדבר 6) d. O^2 7) O. הפילוסופים 8) O. עיון. O^2 הענין 9) O^2 בכלליה, P. בכללם 10) d. F. 11) F. אין להבין 12) d. P. 13) F. על יד 14) d. O^2 15) d. O. P. היתה 16) d. P. 17) d. O^3 18) F. d. P. 19) P. O^3 L. F. בדתות 20) L. ומצוה 21) O. כי שמבקש 22) C. d. O^2 23) C. O. M. יותר 24) P. O^2 F. שבנפשות, L. בנפשות 25) O^2 שבעולם 26) P. האדנות 27) C. יקרא 28) O. M. L. C. הדיעות 29) C. שמצטרך 30) d. O.

1) H^3 בבעלי חיים הטבעים 2) P. וההקשות 3) H^2 למסורות 4) H^3 סברא 5) H^3 אל אותם 6) H^3 קרובת 7) H^2 כללנו 8) H^2 בבניין 9) H^3 המחייב.

סדרים[1]) הניחם בעל הבריאה השלמה נדרים והישרות[2]) לבעלי הבריאה החסרה וכאשר קרה[3]) לאדם בעיקר בריאתו שיהיה נברא בריאה שלימה לא יצטרך אל ההקשים ההם וימצא הדברים השכליים כאלו הם מצויירים[4]) בנפשו כי כמו שאנחנו נמצא בבריאה[5]) האנושית בריאה בתכלית החסרון קרובה[6]) מבריאת הבהמות כן בלא ספק יתחייב שימצא בהם מי שנברא[7]) בתכלית השלמות קרובה מבריאת[8]) המלאכים ותהיה הבריאה הזאת בלתי צריכה אל ההישרה בהקשים המדעיים כמו[9]) שלא יצטרכו המלאכים אבל יספיק להם מעט רמז ומעט השתכלות והאל ית' כבר השלים הבריאה הזאת בעיקר בריאתה להנהיג העולם באמצעותה[10]) וזה יתחייב[11]) שתהיה הנבואה הכרח מבלתי[12]) קנין. **סגולת הנפש הכללית**[13]) מדרגת הנפש הזאת הכללית אצל מי שקיים[14]) אותה

לאשר מורים[1]) בה תחת השכל הפועל מקיף אותה מכל צדדיה והיא מקפת בדור הגלגלים ויש לה לפי מה שאמרו שתי עגולות וקו ישר והעגולה הראשונה דבוקה בגלגל המקיף והוא הקצה העליון והעגולה השנית היא הקצה השפל ומקומה מרכז הארץ וזהו[2]) משל לקרב מקרב[3]) הדבר להבין כי העצמים המושכלים לא יתוארו להם מקומות ולא תיוחס להם קצה[4]) משש הקצוות והקו הישר שאמרו הוא בין הקצה העליון שלה והקצה השפל יורד ודבק בעגולת השכל נמצאו שתי העגולות האחת בראש הקו והשנית בסופו וקוראים אותו סולם העליה והירידה ובו יגיע הכח הנבואי[5]) אל הנפש הפרטית הטהורה ובו יורדים המלאכים להנהיג העולם ועולים[6]) הרוחות הזכות אל העולם העליון והטעם אל העגולה העליונה ויש להם בזה מאמר ארוך.

מן הפילוסופים תחת אופק[15]) השכל הפועל[16]) והשכל מקיף בה מכל צדדיה והיא מקפת בכדור הגלגלים ולה[17]) לפי מה שסוברים שתי עגולות וקו ישר והעגלה[18]) הראשונה רבקה בגלגל המקיף והוא[19]) קצה העליון והעגלה השנית היא הקצה השפל[20]) ומקומה מרכז הארץ וזה קרוב כי העצמים המושכלים לא יתוארו במקומות[21]) ולא בצדדים הששה וסוברים כי בין הקצה העליון ממנה והקצה התחתון קו יגיע בין שתי העגולות יקרא אותו[22]) סולם החניות[23]) ובו

1) O[2] חברים 2) O[2] והיישרים לבעל
3) L. נזדמן 4) O[2] מצויים 5) F. בבריאה
— l. 9 הבהמות d. 6) C. קרובה — l. 11
קרובה d. 7) L. שיברא P. שברא. O[2] מי
שנ' d. 8) C. מבריאות 9) O. M. L. C. אבל כמו 10) C. באמצעותם 11) F. היב 12) M. C.
בלתי O. 13) C. בכללית 14) M. C. שמקיים, L. שיקיים 15) L. אופן 16) O[2] d. 17) P. ולזה.
L. [ס"א ולזה] in m. 18) M. F. C. ועגלה 19) O[2] והוא הקצה, P. והיא 20) P. d. 21) O[2]
במקומותם 22) M. L. F. C. אותם 23) O[2] L. העלייה, L. [ס"א ההגוריה] in m.

1) H[2] למודים בה, P. היא אשר לומדים
2) H[2] והוא 3) B. d. H[3], P. המשל מקרב
4) H. קצוה. H[2] ומקומו' קצה 5) H[3] כה נבואיי
6) P. ועולות.

תדבק הנבואה בנפש הפרטית הטהורה ובו[1]) תעלנה היחידה[2]) הנקיות אל העולם העליון ובו ירדו[3]) המלאכים ולהם בה[4]) דברים ארוכים הסתפקנו ממנו בכלל הזה כי כוונתינו בספר הזה זולת הענין ההוא[5]).

השער השני

בביאור אמרם כי חכמת האדם ידומה עגולה רעיונית ושעצמותו יגיע אחר מותו אל אשר הגיעה[6]) ידיעתו בחייו כבר השתכלתי[7]) יישירנו האל ויישירך אל יושר המאמר והמעשה וישמרנו מן החטא ומן הטעות[8]) וה[9]) אשר אמרו והתבוננתי מה שזכרו[10]) ומצאתי אותו סובל שני פירושים אחד מהם כי האדם יפתח[11]) עיונו בדבר שאין לו חומר ויכלה[12]) עיונו אל דבר שאין[13]) לו חומר[14]) ויהיה הורת עיונו וחכמתו[15]) אל כמו התחלתו וכמו שהתהלת[16]) צורת האדם מדבר[17]) אין חומר לו[18]) כן תכליתו שישוב אל דבר אין חומר לו[19]) ואיני רוצה בתהלה[20]) צורתו הנשמית[21]) אשר היא תמונת היולי שלו כי זאת ההתחלה מן החומר[22]) ואמנם ארצה ההתחלה[23]) צורתו המדברת אשר בה היה האדם אדם ונבדל מן שאר ביה אשר אין דבר להם[24]) כי הצורה הזאת התהלהה מן השכל הפועל

הפרק הרביעי[1]) שחכמת האדם תדמה לעגולה מחשבית אמרו הפילוסופים שחכמת האדם תדמה[2]) לעגולה מחשבית ושעצמות האדם יגיע אחר מותו אל מקום שהגיעה[3]) חכמתו בחייו וביארו הדבר הזה בשני פנים האחד שהאדם יתחיל עיונו בדבר שאין לו חומר ויהיה[4]) מחזור חכמתו ועיונו אל מקום התחלתו וכמו שהתחלת צורת האדם מדבר שאין לו חומר[5]) והתכלית המבוקש[6]) לו שיחזור דבר[7]) שאין לו חומר כן[8]) חכמתו ועיונו ואין הטעם בהתחלת צורת גופו אשר הוא[9]) תבנית היולאנית כי ההתהלה של זאת[10]) הוא החומר אמנם הטעם על התהלת צורתו המשכלת אשר בה נהיה אדם אדם[11]) ונבדל מן הבהמות לפי כי זאת הצורה[12]) התהלהה השכל ומחזורה[13]) אליו וביאור זה שהתחלת חכמת האדם המספר אשר אין צריך להבנתו אל החומר[14]) ויתעלה מן המספר לעיין

1) L. d., P. ובה 2) L. יעלו הנפשות 3) C. ירדון 4) O² ולהם d. ובהרבה. P. d. 5) L. הזה 6) O² הניע 7) O² השתכלנו 8) O. O² והטעות 9) F. P. הזה 10) O. אשר זכרו 11) O² יפכה 12) F. L. יעלה 13) P. אין 14) O. חומר לו, O² — l. 17 לו d. 15) F. P. הכמתו ועיונו 16) C. שהתהלתה 17) F. d. 18) P. לו הומר 19) L. לו הומר 20) F. O. O² בהתחלה 21) P. בהתחלתו הנשמית 22) F. התהלתה החמר, O² התהלת ההומר P. 23) ההתחלה O² התהלת 24) O² בהם.

1) H² הרביעי — l. 6 אמרו d. 2) H² d. 3) H² שהגיע 4) H² ויהיו 5) H² חומר — l. 16 חומר 6) P. המבוקשת 7) B. אל דבר 8) H² רק 9) H² היא 10) B. זו 11) H² נהיה האדם 12) P. כח הצורה 13) P. ומחזירה 14) H הומר. H² ההומר — p. 19. l. 2 כי d.

ותשיבתה אליו וביאור הכלל הזה כי התהלת ידיעת האדם המספרים אשר לא יצטרכו[1]) בהבנתם אל הומר[2]) ואחר יעלה מהם אל העיון בגדולים אשר יצטרך[3]) בהבנתם אל הומר זולת שהוא יצטרך בקצתם אל ההומר פחות ממה שיצטרך אליו בקצתם כי התהלת הגדולים הנקדה אשר היא תהלת[4]) הקו אשר אין[5]) מרחק לה ואחר הקו אשר הוא התהלת השטה ואחר השטה אשר הוא התהלת הגשם ואלו[6]) יצטרך[7]) בהבנתם אל[8]) הומר מעט וכאשר הגיע אל העיון בגשם נשתקע בהומר והגיע[9]) בעיונו בחכמה[10]) הטבעית ואחר יתהיל להחלין[11]) מן ההומר ולהפשיטו מעליו מעט מעט על מדרגות שעלה[12]) אליו מעט מעט בעת[13]) עיונו בנקודה והקו והשטה ולא יסור כן[14]) עד שיהיה נבדל מן ההומר לגמרי וזה שהוא כאשר עיין ביסודות והמהצבים הנה אמנם יעיין בגשמים גמורים אין בהם התהלה זולת הטבע וכאשר בא אל העיון בצמחים מצא בהם ההתהלה מהתהלות הנפש ותקרא[15]) הנפש הזאת נפש[16]) הצומחת ויהיה כבר התהיל[17]) להיות נפשט מן החומר מעט וכאשר בא אל העיון בב״ח בלתי מדבר(ים) מצא ענין[18]) הנפש בו יותר

בענין הגודל[1]) והגודל צריך להבינו אל הומר כי לא יתכן שום גודל[2]) אלא בהומר רק[3]) שיש ממנו שצריך אל ההומר[4]) מעט ויש ממנו שצריך לו יותר וזה כי התהלת הגדולה הנקודה שהיא התהלה הקו ואחריו הקו אשר הוא התחלת השטה ואחריו השטה שהוא[5]) התהלת הגשם ולזה צריך בהבנתו מעט מהומר וכשמגיע העיון בגשם הנה עיונו נשקע בהומר ואז יגמר עיונו בתבנית והרי הוא נכנס בכך בעולם הטבע ואחר כן[6]) יתהיל להפשיט עצמו מן ההומר מעט מעט על מדרגות כמו[7]) שעולה אליהן[8]) מעט מעט בעת עיונו בנקודה והקו והשטה ולא יסור עד שיפשר מן ההומר מעט מעט וזה כי הוא כשיעיין ביסודות והמהצבים אמנם יעיין בגופים ברורים שאין להם ההתהלה[9]) מלבד הטבע וכאשר יגיע אל הצמח ימצא בו התהלה מהתהלות[10]) הנפש ונקראת אותה ההתהלה הנפש הצומחת ויהיה כבר מתהיל להפשיט[11]) מן ההומר מעט וכשמגיע עיונו אל בעל(י) היים[12]) הבלתי מדבר ימצא אות[13]) הנפש בו יותר חזק ונקרא האות הזה הנפש החיונית ויהיה כבר נפשט מן ההומר יותר וכשמגיע עיונו בבעל(י)

1) C. הצטרכו, הומר — l. 5 הומר d. 2) P. ההמר 3) O. יצטרכו 4) O. O² ההתהלת 5) F. O² P. שאין 6) C. M. O. P. ואליו. O² אליו F. ואליה 7) F. L. O² P. צריך 8) C. אל l. 11 בחכמה d. 9) O. והגיע — l. 16 מעט d. 10) F. אל ההכמה 11) O² להחלק 12) L. כמו שעלה עליו 13) O² בכה 14) O² בו 15) O² ונקרא 16) P. O. F. הנפש 17) O² יתהיל 18) O² עינן.

1) P. גודל העיגול 2) B. עיגל 3) H² רק מה 4) H חומר 5) H³ אשר הוא 6) B. כך 7) P. עד 8) H² אליהם 9) B. ההתהלה — l. 21 התחלה d. 10) H² מהתחלה 11) H² d. 12) H² כ״ה 13) P. את.

חזק ותקרא הנפש הזאת נפש[1] החיונית ויהיה כבר הופשט[2] מהחומר[3] יותר[4] וכאשר בא אל העיון בב״ה[5] המדבר[6] מצא ענין הנפש בו[7] יותר חזק ומצא בו התחלה אחרת זולתי[8] הנפש והיא ההכנה לקבל הדברים השכליים ואח״כ[9] ילך בעיון בענין הנפש ויהיה ממוצע בין הדברים השכליים הנפרדים מן החומר ובין הדברים הגשמיים בעלי החמרים[10] וכאשר התחזק בעיון בענין הנפש אז יופיעו עליו ההתחלות[11] השכליות אשר אינם בחומר ויהיה כבר הופשט מן החומר כולו והגיע[12] במדרגה הראשונה ממדרגות החכמה[13] האלהית אחר כן ילך בעיון בדברים השכליים הנפרדים מן החומר במושכל הראשון שיופיעהו[14] בהשתכלותו בעת עליתו[15] והוא השכל הפועל וכאשר השלים העיון בו וידע מעלתו מן המושכלות הנפרדות ושהוא במעלה העשירית עלה[16] בהשתכלות אל העיון בתשעי ואחר כן[17] אל השמיני ואחר כן[18] אל השבעי עד שיגיע במחשבתו אל המושכל הראשון[19] אשר הוא במדרגת האחד ומצאהו תכלית הנמצאות אשר חנן[20] לכל דבר המציאות[21] וכל נמצא

חיים המדבר ימצא בו ענין הנפש יותר חזק ונקרא הענין הזה הנפש המדברת וימצא בו התחלה אחרת מלבד הנפש והוא[1] העתיד[2] לקבל הדברים המושכלים ואחריו יוסיף העיון בנפש וישוב אמצעי בין הדברים השכליים הנפשטים מן החומר ובין הדברים הגשמיים בעלי החמרים וכאשר יואל בעיון השכלי בענין הנפש יופיעו אליו ההתהלות השכליות אשר אינם בחומר ויהיה כבר נפשט מן החומר כלו ונהיה במעלה הראשונה מהחכמה האלהית ואחריו יוסיף בעיון בענין השכלים הנבדלים מן החומר והראשון מן המושכלים שיפגע בו בהתבוננותו ועליתו[3] הוא השכל הפועל וכשמשלים עיונו בו וידע מעלתו מן המושכלות המובדלות[4] ושהוא במעלה העשירית יעלה בהתבוננותו[5] לעיון בתשיעי ואחריו אל השמיני ואחריו אל השביעי ואחריו אל הששי עד שיהיה במחשבתו אצל המושכל הראשון אשר הוא במעלה האחד ומצאנו שהוא תכלית הנמצאים[6] הנותן לכל דבר המציאות וכל מצוי נצרך אליו לקבל המציאות ממנו[7] ויהיה כבר נפשט מן העיון בשניים והשכל הפועל והוא כבר הגיע

---

1) O² הנפש. P. d. 2) C. נפשט, F. התפשט, P. ההפשט, [הנפשט] in m. M, הנפשט 3) C. L. M. מחמר 4) P. d. 5) O. בנפש הב״ה 6) C. M. O. המדברים 7) P. d. 8) L. O. O² P. זולת 9) C. F. אח״כ 10) L. חמרים. O³ בבעלי הח׳ 11) P. התהלות 12) P. כאלו הגיע 13) L. חכמת 14) P. שיופיעהו 15) F. O² עלייתו 16) F. יעלה 17) O. כך 18) O. כך 19) L. d. 20) L. P. d. 21) C. F. M. O. הנמצאות.

1) H³ והיא 2) P. העתיד 3) H² בהתבוננתו ועלתו 4) H³ המושכלת המובדלת 5) H² בהתבוננתו 6) H³ בשל הנמצאים 7) B. ממנו ואינו נצרך להם.

צריך אליו קונה המציאות ממנו ויהיה כבר הופשט מן העיון בשניים התשעה והשכל הפועל ואלו אשר יקראו המלאכים הקרובים[1]) והכרובים ויהיה כבר הגיע במחשבתו[2]) והשתכלותו אל הבורא ית' וילך[3]) אז בעיון בתאריו ומה שמותר ונכון שיתואר[4]) בו ומה שאינו מותר[5]) ואיך נשלחו[6]) הנמצאות ממנו ית' ועל אי זה פנים ראוי שיאמר שהוא פועל אותם וסבתם עד[7]) שלא ישיגהו חסרון[8]) ואיך הנהיג[9]) עולם[10]) הגלגלים באמצעות השניים[11]) הנבדלים מן החומר והנהיג מה שתחת הגלגלים באמצעות השניים והשכל הפועל וסביב הגלגלים סביב היסודות הרי נפל בחכמת ההנהגה והגימוסים ולא יסור לרדת עד שישוב אל האישים המוחשים אשר מהם התחיל בעיון[12]) בעת עלותו בהשתכלותו[13]) ודמו החכמים מדרגת[14]) העיון הזה וההשתכלות[15]) לעגולה מפני שהוא יעיין בנמצאות[16]) בעת ירידתו[17]) זולת העיון אשר יעיין בהם בעת עלותו כמו שיתהיל קו העגולה מן הנקודה ואחר כן ישוב אליה על זולת הצד אשר הלך ממנה ויקרא העיון הראשון[18]) העיון האנושי והעיון השני העיון[19]) האלהי ויקראו הראשון הדרך

בהשתכלו ומחשבתו אל הבורא ית'[1]) כי יראה האחרון עלול למחוייב[2]) המציאות ויתחיל אז לעיין בתאריו ומה הראוי להאר אותו בו[3]) ומה שאינו ראוי ואיך נשתלחו הנמצאים ממנו ועל אי זה צד יתכן לאמר שהוא פועלם והוא עלתם בענין שלא ישיגנו חסרון ואיך מנהיג עולם הגלגלים באמצעות השניים והשכל הפועל ותנועת הגלגלים סביב הארבע יסודות והרי הוא נכנס בחכמה הגימוסית[4]) והחקית ולא יסור לרדת עד שישוב אל פרטי המורגשים אשר מהם התחיל העיון בעת עלותו בהשתכלות ודמתה החכמה העיון הזה בהשתכלות לעגולה לפי שיעיין בנמצאים בעת ירידתו בעיון אחר מאשר יעיין בהם בעת עלותו כמו שמתחיל קו[5]) העגולה מן הנקודה ומחזורו[6]) אליה על צד אחר ויקראו העיון הראשון[7]) האנושי והשני האלהי ויקראו העיון הראשון הדרך אל הבורא ית' וכמו שהתחלה האדם ממושכל ותכליתו אל מושכל והוא בין שתי[8]) הקצוות מוחש כן חכמתו מתחיל ממושכל ויגיע אל מושכל ומה שביניהם הידוע והמוחש ויהיה תכלית חכמת האדם הוא תכליה עצמותו ויגיע אל עולם השכל בחייו

---

1) P. מלאכים קרובים 2) P. מחשבתו, M.L.F.C. אל מחשבתו 3) O² ויחל 4) O² d. 5) M.C. מיהר ונבון 6) L. נמצאו, O נשתלחו 7) P. על 8) O² החסרון 9) O² הוא בעולם 10) O. העולם 11) O. O² השניים — l. 14 השניים d. 12) P. עלותו בעיון 13) F. בהשתכלות 14) O² מדרגה אשר יעיין העיון 15) M. C. O² והשתכלותו. L. והשתכלות, O. והשתכלותו 16) P. d. 17) O² רדתו, P. ידיעתו 18) F. d. 19) F. d.

1) H² השי' 2) B. ומחוייב 3) H² d. 4) H² הגמוסיו 5) B² d. 6) H. H² P. ומחזירו 7) H² הראשון הראשון 8) B. שני.

אל האל ית' וכמו שהתחלת האדם[1] ממושכל ותכליתו אל מושכל והוא מה[2] שבין שתי[3] הקצוות מוחש כן[4] ידיעתו תתחיל ממושכל ותכלה אל מושכל ומה[5] שבין שניהם הידוע המוחש ויהיה תכלית ידיעת האדם הוא[6] תכלית[7] עצמותו ויגיע אל עולם השכל בחייו[8] ויכלה אל מושכל ומה שבין שניהם הידוע המוחש ויהיה תכלית ידיעת[9] האדם הוא תכלית עצמותו הראשון בידיעתו ועיוני[10] ובחיי השניים בעצמותו ועצם[11] נפשו הנה זה הוא[12] הנרצה במאמר מי שאמר כי עצמות האדם יגיע אחר מותו אל אשר יגיע[13] ידיעתו בחייו אבל שהוא לא יעבור ממדרגת[14] השכל הפועל והיא המעלה העשירית[15] ממעלת הסבה הראשונה ואמרו[16] קצתם כי תכליתו שישיג[17] במעלת הנפש הכללית ומעלתה למטה ממעלת השכל הפועל כמו שזכרנו במה שקדם הנה זה במה שנראה[18] לי בפירוש[19] מאמרם אשר שאלת[20] עליו ויש בו פנים אחרים והוא[21] כי כל נמצא יתואר[22] בעיון הנה עצמו[23] לא ישלם אלא שישכיל הסבה הראשונה אשר ממנה[24] נשתלחו הנמצאות אלא כי[25] כל נמצא תרחק[26] מדרגתו

הראשונים בחכמתו ועיוני ובחיים השניים בעצמותו ועצמו וזה טעם המאמר שעצמות האדם יגיע אחר מותו אל מקום שהגיעה אליו חכמתו בחייו אלא שלא יעבור ממעלת[1] השכל הפועל שהוא המעלה העשירית וקצת מהם אומרים כי אינו משיג אלא למעלת הנפש הכללית ומעלתה למטה ממעלת השכל הפועל כמו שכבר ראית והפך[2] השני כי כל מצוי משכיל לא יתעצם על השלמות אלא בשישכיל הסבה הראשונה אשר ממנה[3] נשתלחו הנמצאים אלא שכבל[4] מצוי תתרחק מעלתו מהמעלה שלא יתכן להשכיל עד שישכיל מה שיש בינו ובינה מהנמצאים הקודמים לו במעלה והמצוי השני שהוא הקרוב אליו במעלה אינו צריך בתשלום עצמו אל אמצעי אך המצוי השלישי צריך כי הוא לא ישכיל הראשון אלא באמצעות השני וכן המצוי[5] הרביעי לא יתכן לו להשכילו אלא באמצעות השלישי והשני[6] וכן כלם וצריך המצוי מאלה המצויים[7] המשכילים בתשלום העצמי בהשכילו[8] מה שעליו ומה שתחתיו ולכן נצרך האדם בתשלום העצמי להשכיל כל הנמצאים יען[9] שמעלתו מן המצוי העליון הנאצל מן הסבה

1) P. שתהלת אדם 2) d. P. 3) O. F. d. P. 4) O² כי 5) O. ומה — l. 6 המוחש d., O² שביניהם 6) O. היא 7) M. בתכלית 8) O² בחייו — l. 11 הראשון d. 9) d. P. 10) O² ובעיוני 11) P. ובעצם 12) d. P. 13) O² הגיע 14) P. O² F. מדרגת 15) F. מעלה עשירית 16) P. ואמר 17) d. F. 18) O² זה הנראה, P. במה נראה 19) M. F. בפי', O² מאמרך 20) P. אמרת 21) O. וזה 22) P. לא נמצא יבואר 23) P. בעצמו 24) d. O² 25) d. F. 26) P. כל מרחק תמצא.

1) H² ממעלות 2) B. והפרק, H² והפך 3) H. B. ממני 4) H² שכל 5) d. H² 6) d. H² 7) H² המציאים 8) H² להשכיל 9) H² יען כי שמעלתו.

מדרגת הראשון אי אפשר לו שישכילהו עד שישכיל מה[1] שבינו ובינו[2] מן הנמצאות הקודמות במעלה ואולם הנמצא השני אשר הוא היותר[3] קרוב שבכל[4] הנמצאות אליו במעלה לא יצטרך בהשלים עצמו אל אמצעי ואולם הנמצא השלישי הנה הוא לא ישכיל הראשון אלא באמצעות השני וכן הנמצא הרביעי אי אפשר לו שישכילהו[5] אלא באמצעות השני והשלישי[6] וכן מה שאחר זה ולא יצטרך כל נמצא מאלו הנמצאות המדברות בשלמות עצמו[7] אל שישכיל כל מה שלמטה ממנו במעלה זולת האדם לבדו שהוא יצטרך בשלמות[8] עצמו[9] אל[10] שישכיל מה שהוא למטה ממנו בגדולה ובמדרגה[11] כמו שיצטרך[12] שישכיל מה שעליו ולכן הוצרך[13] בשלמות עצמו אל[14] שישכיל מה שהוא[15] למטה ממנו בגדולה מכל הנמצאות והסבה בזה כי מדרגתו במציאות הנשפע מן הסבה הראשונה המדרגה האחרונה כי הוא אמנם יהיה[16] אחר קדימת ב״ח בלתי מדברים והצמחים[17] והמחצבים והיסודות[18] וההיולי והיו אלו הדברים יותר[19] קודמים[20] ממנו במדרגת המציאות ואעפ שהוא יותר נכבד מהם כי הראשונה האחרונה[1] שבמעלות כי האדם לא נהיה אלא אחר שקדמו הבעלי חיים שאינם מדברים והצמח והדומם והיסודות וההיולי ונהיו כל אלה קודמים לו במציאות אף כי הוא נכבד מהם כי הנפש המשכלת צורה בנפש החיונית והנפש החיונית צורה בנפש הצומחת והנפש הצומחת צורה במחצבים והמחצבים צורה בהיולי ולפי שנהיו אלה הדברים קודמים לו במעלת המציאות ולא יתכן לו להשכיל הסבה הראשונה עד שישכיל מה שיש בינו ובינו מן האמצעיים נצרך להשכיל מה שתחתיו כמו שנצרך להשכיל מה שעליו ולפי שנהיו הנמצאים הנאצלים מן הסבה הראשונה תבניתם כתבנית עגולה שסופה האדם כמו שראיה נצרך האדם כשיעלה על[2] סדר מציאותו שיהפך העגולה בעת המבחן וירד ממעלתו במציאות אל מעלת הבעלי חיים שאינם מדברים שהיא המעלה השפלה אליו[3] ואחריה[4] אל הצומח ואחריה[5] אל הדומם ואחריה [אל] הד׳ יסודות ואחריה אל ההיולי וכשמגיע אל ההיולי הרי הוא כבר הגיע אל המעלה השפלה שבכל המציאות ומתחיל[6] לעלות ממנה עד התחלתה העליונה ויהיה[7] עלויו[8] הראשון אל

1) d. O. 2) O³ ובין הג׳ הקדומות 3) d. P. 4) O² שבכלל 5) F. הרביעי לא ישכילהו 6) O² השל׳ והשני 7) O³ עצמו — מה d. 8) P. השלמות 9) d. P. 10) P. אלא 11) O. L. בגדולה ובמעלה, F. בגדולה — l. 20 בגדולה d. 12) P. כמו שיצטרך d. 13) O.M.F.C. כן יצטרך 14) P. שלו; cf. praef. p. 16 n. 1 15) O³ שלמטה 16) d. O³ 17) d. P. 18) O³ ויסודות 19) d. P. 20) O³ O. קדומים.

1) H³ והאחרונה 2) H² אל על 3) d. B. 4) H³ אחריה 5) H² ואחריה — l. 25 הגיע d. 6) P. H. ותתחיל 7) H³ ויהא 8) P. H. B. עלוי.

הנפש המדברת צורה בנפש החיונית והנפש החיונית צורה בנפש הצומחת והנפש הצומחת צורה במחצבים והמחצבים צורה ביסודות[1] הרי[2] והיסודות הרי[3] צורה בהיולי ומפני שהיו אלו הדברים כולם[4] קודמים לו[5] בסדר המציאות ולא היה לו דרך שישכיל הסבה הראשונה עד שישכיל מה שבינו לבינה[6] מן הנמצאות[7] היה צריך שישכיל[8] מה שלמטה ממנו כמו שהוא צריך שישכיל מה שעליו.

הצורה ואחר כן אל הנפש ואחריו אל השכל הפועל ואחריו אל השניים התשעה ואחריו אל הבורא ית' זולתי כי כשיגיע אל מעלת השכל הפועל נגמרה העגולה ואינו צריך להשלימה לעבור למעלה מן השכל הפועל[1] לפי שכח נפשו המשכלת ממנו התחיל ואליו חוזר ואמנם יצטרך לדעת מה שיש למעלה מן השכל[2] הפועל לתשלום עצמותו והתעצמו[3] לא לתשלום עגולת חכמתו ועיונו.

ומפני[9] שהיו אלו הנמצאות הנשפעות מן הסבה הראשונה תמונתם תמונת עגלה סופה[10] האדם[11] כמו שזכרנו בשער הראשון היה צריך האדם כאשר הלך ממדרגת מציאותו[12] שיהפך העגלה[13] עם[14] ההשתלשלות וירד[15] ממדרגתו בנמצאות[16] אל[17] מדרגת ביה בלתי מדברים אשר היא המעלה היותר קרובה אליו מלמטה ואחר כן אל הצמחים ואחר כן אל המחצבים ואחר כן אל היסודות ואחר כן אל ההיולי וכאשר הגיע אל ההיולי[18] כבר הגיע אל[19] היותר שפלה[20] ממדרגות[21] הנמצאות ויתחיל בעליה ממנה[22] אל ההתחלה[23] הראשונה ויהיה תחלת עליתו[24] אל הצורה ואחר כן אל הנפש ואחר כן אל השכל הפועל ואחר כן אל התשעה שניים אשר יקראו המלאכים[25] הקרובים ואחר כן אל הבורא[26] אבל שהוא כאשר הגיע אל מדרגת[27] השכל הפועל נשלמה העגלה ולא יצטרך בשלמותה שיעבור השכל הפועל כי כחו הדברי[28] ממנו התחיל ואליו ישוב ואמנם יצטרך לדעת מה שלמעלה מן השכל הפועל להשלים עצמותו והתעצמו לא להשלים עגולת ידיעתו ועיונו ואנחנו נשלים השער הזה בשנקיף[29] עגלה[30] נמשיל בה מה שזכרנו ונחלקה לפי הלקים על מדרגות התשעה אחרים[31] ונשים ההתחלה[32] בשכל[33] הפועל[34] ונמשיך אחריו

---

1) ליסודות 2) d. O. 3) d. F., הם O. — 1) B. הפועל — l. 9 הפועל 2) d. H.
4) d. F. 5) d. P. F., O² קדומים לו 6) O² — 3) מהשכל H² והתעצמו.
ובינה 7) O² הנ' — l. 12 הנ' d. 8) P. שישכיל — l. 11 שישכיל d. 9) P. מפני 10) O²
סבב 11) F. האדם — האדם d. 12) P. המציאות, O. M. C. מציאות אל מדרגת — O.
למדרגת — מציאות כמו 13) P. O. M. C. בעגולה 14) O. M. C. בעת 15) P. ויביר
16) L. במצאות 17) F. ואל 18) P. היולי 19) L. אל ההתונה 20) P. שפל 21) O. F. O²
P. ממעלות 22) P. ממנה בעלייה 23) d. F. 24) M. עליתו 25) d. C., s. M. 26) P. O.
הבורא יתי 27) O. למדרגת 28) L. הדברית, P. הדברים 29) M. בשנשקיף 30) L. העגלה
31) M. אחרים 32) C. ההתלה 33) C. שכל, L. O. O² השכל 34) P. d.

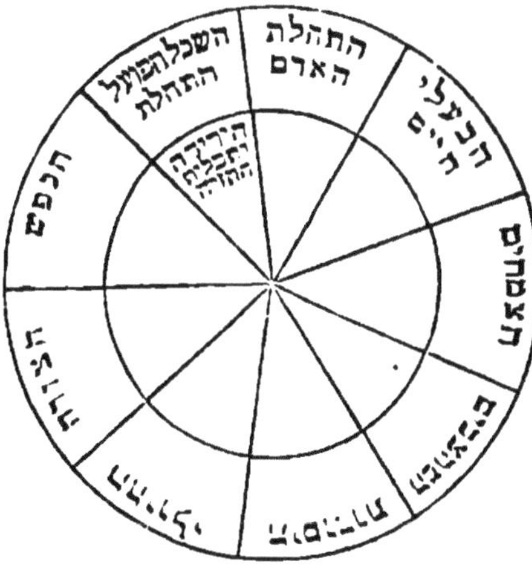

מה שיתדבק מדרגתו במציאות[1]) עם מדרגתו ואחר כן מה שילוה לו[2]) יורד ועולה[3]) עד שיחזור האחרון[4]) שבכלל הנמצאות עליו[5]) ולא נזכיר בעגלה הזאת כלום ממה שעל השכל הפועל כדי שיתבאר למי שיראה אותה[6]) כי האדם תשובתו אל השכל הפועל ענין[7]) אמרו התחלת הירידה ותכלית החזרה כי האדם יעיין התחלה[8]) מן החי בלתי מדבר ויכלה אל השכל הפועל וכאשר ירצה[9]) בעיונו בהפך השכל הפועל[10]) כמו שאמר התחלת הירידה ואם נשאר על עיונו הראשון הנה יהיה תכליתו או[11]) החזרה כי ממנו יעלה בעיון בעת שישוב[12]) אל הדברים השכליים ומהם יתחיל בעיון[13]) בעת שישוב לעיין בעניינים המדעיים.

השער השלישי

בבאור אמרם כי[14]) בכח השכל החלקי שיצוייר בצורת השכל[15]) הכללי יבאר לך האל[16]) העלומות הכמה ויערך להבין סודות הנמצאות הענין הזה[17]) דבר רק תחתיו ענין נכבד ורצונם בזה כי האדם מוכן בבריאתו כשישפע עליו אור השכל הכללי ויצאה[18]) צורתו העיונית[19]) אל הפועל שיצייר[20]) כל הנמצאות ויגיע בשכלו החלקי הצורות אשר בשכל הכללי וזה כי הבורא ית'[21]) כשברא השכל הכללי השפיע עליו צורת הדברים אשר רצה להמציאם פתאום[22]) בלי[23])

1) O. M. C. במציאותו 2) L. לא 3) F. C. יורד עולה P. עולה ויורד 4) F. d.,
O¹ אחרון שבכלל 5) O² אליו 6) L. d. 7) ענין — l. 9 השער d. in ar. 8) P. d.
9) L. וכאשר ירצה d., O² בעיונו d. 10) P. F. d. 11) P. L. d., O¹ תכלית או 12) L. F.
O² P. בעת שישוב d., O² אלו 13) L. בעיון בעת d. 14) F. d. 15) O² d. 16) O. אלהים,
P. האלהים 17) F. d. O² d. 18) F. יצאה 19) O² רעיונית 20) O² שיצוייר 21) P. d.
22) F. d. 23) F. O. P. בלא, P. בלא — p. 26 l. 2 בלא d.

זמן ובלא[1]) תנועה[2]) והשפיעם השכל הכללי על הנפש הכללית פתאום גם כן בלא תנועה ולא[3]) זמן והשפיעה אותם[4]) הנפש הכללית על ההיולי בזמן ובאמצעות תנועת הגלגלים כי לא היה בכח[5]) ההיולי שיקבלם כולם פתאום ואמנם יקבלם זה אחר זה וברא השם ית' האדם אחרון הברואים וקבוץ[6]) בבריאתו כל מה שבעולם והיה מקוצר ממני[7]) ומפני זה נקרא עולם קטן[8]) וקראו[9]) אותו מקוצר מן הלוח השמור ושם אותו גבול בין עולם החוש ובין[10]) עולם השכל[11]) והוא האחרון[12]) מן הנמצאות הטבעיות[13]) וראשון הנמצאות השכליות והוא מזומן שיעלה וישיג[14]) בעולם העליון וישפל[15]) וישיג בעולם השפל[16]) וכבר נאמר בזה שהוא אמצעי[17]) מה שבין שני[18]) הספכים[19]) כלו׳ כי האדם[20]) הורכב[21]) צורה בהיולי אם ימאס[22]) התאוות יעלה למעלה ואם ירדף[23]) התאוות ירד למטה ומפני[24]) שהוא קבץ מה שבעולם הגדול היה מוכן בבריאתו[25]) הנכבדת מזומן בכחו המושכלת שיצייר כל מה שבעולם הגדול וביאור זה כי מושגות האדם שני[26]) מינים מושכלים[27]) ומוחשים[28]) והנה האשים[29]) הם המורגשות ומיניהם וסוגיהם והתחלותיהם הם המושכלות ויש לו שתי השגות השגה בחוש לדברים[30]) המורגשים[31]) והשגה בשכל לדברים המושכלים[32]) כי כל דבר אמנם ישיג בדוגמתו[33]) והדומה[34]) לו והנה השגת המורגשות יקרא[35]) שלמותו[36]) הראשון וחיי הראשונים[37]) והשגת המושכלות יקרא שלמותו[38]) השני וחיי האחרונים ואחר שהיה העולם כולו שני מינים מורגש ומושכל והיה שלמות עצם[39]) האדם בהשגת[40]) שניהם יחד והיה מוכן בבריאתו[41]) לזה היה האדם כאשר השיג המורגשות והמושכלות[42]) הנה כבר צייר[43]) בצורה העולם הגדול[44]) הנה האדם אם כן ראוי שיקרא עולם קטן משני צדדים אחד מהם[45]) מצד בריאתו אין מעשה לו בה והשני קניין יקנהו כי[46]) הצלחתו אמנם היא בקניין[47]) והגעת השכל[48]) הנקנה ואולם[49]) הבריאה אמנם[50]) היא[51]) תכונה והכנה השם מזומן

1) F. ולא 2) C. תנועה — l. 2 תניעה d. 3) L. ובלא 4) O³ d. 5) O² כח בהיולי 6) F. לקבין, O¹ נקבין 7) L. ממנו — l. 6 מן d. 8) P. F. העולם הקטן 9) F. יקראו 10) d. P. F. 11) O. בין עולם השכל ובין עולם החוש 12) O³ F. אהרון 13) P. השכליות והוא ראשון 14) P. וישיג 15) O² L. וישפיל 16) L. התחתון 17) O. M. C. אמצעי 18) d. P. O² F. 19) P. ההפכים 20) P. O² O. F. שהאדם 21) P. מורכב 22) L. מאם 23) F. ירדפם ירד 24) F. מאשר הוא 25) O³ בריאתו 26) d. C. 27) O² L. מושכלות 28) P. O² L. F. ומוחשות 29) L. האשים המוחשים 30) O. שבהם 31) M. C. המוחשים 32) P. המושגים 33) P. L. בתמונתו 34) L. ובדומה 35) P. קרא 36) O. שלמות 37) P. הראשונים l. 18 ואחר d. 38) O. שלמות 39) O. M. C. עצם שלמות 40) O³ O. F. בהשגת 41) L. לבריאותו 42) P. המושכלות והמורגשות 43) P. d. O. צייר 44) M. F. C. גדול 45) P O² אחד מהם d. 46) d. F. 47) O. L. הוא בקנין P. הוא קניין 48) F. הפעיל. O. השכלי 49) O. M. C. ואמנם 50) L, d. O. M. C. אמנם הוא בקנין ובהעדר והגעת השכל הנקנה 51) d. L.

בה להשיג ההצלחה אם הבין עצמותו[1]) וידע מדרגתו[2]) מן העולם אי זו מדרגה היא[3]) השיג והצליח ואם יסכל עצמותו ולא ידע מדרגתו מן העולם אי זו מדרגה היא ומה הכונה[4]) בהיותו אחרון לכל הנמצאות החטיא וטעה ויארך צערו ולכן אמר[5]) הכתוב כי לא יראני האדם וחי[6]) ואמרו רז״ל[7]) אבל רואה אותו בשעת מיתתו ואמר אחד[8]) מבעלי הדתות האנשים ישנים וכאשר מתו הקיצו ואמרו גם כן דעו נפשכם תדעו אלהיכם ואמרו אולי תקרב[9]) אל האל בשכלך כאשר תקרב[10]) האנשים אליו בעשותם ומפני זה אשר הקדמנו היה העולם חמשה מינים מן המציאות זולת מציאותו בידיעת[11]) הבורא ית׳ וית׳[12]) מציאות בשכל הפועל ומציאות בנפש[13]) הכללית ומציאות בהיולי ומציאות בכח המדמה מן האדם ומציאות[14]) בכח הדברי מן האדם כאשר הגיע לו השכל הנקנה והיה[15]) בהשתלשלות הזה כעגולה[16]) אשר תתחיל[17]) מנקודה ותשוב אליה מפני כי[18]) התחלתו שיהיה צורה משוללת בשכל[19]) ותכליתו שישוב[20]) צורה משוללת בשכל ואז[21]) יצייר השכל החלקי[22]) בצורת השכל הכללי ויהיה האדם[23]) נושא לצורת העולם[24]) כלומר שישא צורתו בעצמותו כמו שישא ההיולי הצורות[25]) הנה האדם כאשר השתכלל בו ההשתכלות הזה היותר נפלא מכל הבריאים במעשהו[26]) ואומנותו[27]) יותר וזה ולכן אמרו החכמים[28]) כי הכונה[29]) במציאותו שלמות החכמה כי הוא חבר[30]) בבריאתו שתי קצוות העולם והיה אמצעי ביניהם ושלמות שתי הקצוות באמצעי אשר יחברם רצו בזה כי הבורא ית׳[31]) ברא[32]) עצם מושכל ועצם מורגש והיה שלמות החכמה[33]) כשברא עצם שלישי יגיע בין שני[34]) העצמים ויחבר שני הטבעים ויהיה האדם גבול בין עולם השכל ובין[35]) עולם ההויה והיה מצד צורתו השכלית[36]) בעליון מדרגות הצורות הטבעיות ומצד צורתו הטבעית[37]) בשפל מדרגות[38]) הצורות השכליות ובספרי בני ישראל כי האדם נברא על התהום[39]) בין הטבע המימי והטבע[40]) אשר הוא בלתי[41]) מימיי ויורה גם כן[42]) על שהוא אמצעי בטבע[43]) שהוא מחלק האפשרות[44]) והאפשר טבעו אמצעי בין המחויב והנמנע[45]) ואמרתי בזה על[46]) דרך הוכחה

---

[1]) O² עצמו [2]) L. מעלתו [3]) O² הוא, P. F. היא — l. 3 היא d. [4]) M. F. ומה תבונה — F. הבינה — בבריאתו O, ובאי תבונה. O² להיותו [5]) P. L. F. אמר — l. 5 אחד d. [6]) Exod. 33.20. [7]) O. רבותינו ז״ל; cf. Jalkut Ps. 22, §. 688 [8]) d. L. [9]) d. O² [10]) O² L. תקריב [11]) M. C. מן ידיעת O. בידיעת [12]) P. d. O F. ית׳ וית׳ d. [13]) O² הנפש [14]) O² ומציאותו [15]) M. והיה [לו L.] [16]) M. בעגולה [17]) L. ההחיל [18]) P. O. M. F. C. כי מפני [19]) P. בשכל — l. 13 d. [20]) O² שישיב [21]) P. ואם [22]) O. F. ההלקי [23]) M. C. האדם נמצא [24]) O. צורת הגלגלים, O² צורת העולם [25]) O² הצורה [26]) P. במעשיהם [27]) P. L. F. ואמונתו [28]) d. P. F. [29]) F. תבונה [30]) d. P. O² [31]) d. P. [32]) d. F. [33]) F. החכמות [34]) L. שתי, O² עצמים [35]) d. P. O² ועולם [36]) P. O. הטבעית [37]) P. O. השכלית [38]) d. P. [39]) C. על ההחום d. [40]) O² ובין הטבע [41]) F. המימי והבלתי P. והטבע הבלתי [42]) d. P. [43]) M. C. בין הטבע [44]) O² האפשרי והאפשרי [45]) O² ובין הנמנע [46]) d. F.

חזור בך וכבר התאמת לך שאתה[1]) אפשר ואיך אלו התאמת לך שאתה מחוייב היש לך טענה[2]) ומפלט כאשר תמות או תברח מאותו היבדיל ויכסה מהאל[3]) מסך ועניין היות האדם מן האפשר כי הוא צורה מהצורות[4]) אשר נושאה[5]) ההיולי ובהיולי עמד טבע האפשר[6]) כי הוא ילביש הצורה פעם[7]) ויפשיטנה פעם אחרת ותהיה הצורה פעם בכה ופעם[8]) בפועל ולולי ההיולי בטל טבע[9]) האפשר ולא היה נמצא לדברים כי אם שני יסודות מחוייב ונמנע.

השער הרבעי

בביאור אמרם כי המספר עגולה רעיונית[10]) לכל מדרגה ממדרגותיו עגולה[11]) בעגולת האחדים ועגולת העשרות ועגולת המאות ועגולת[12]) האלפים ומה[13]) שהוסיף דע כי האחד עקר המספר[14]) והתחלתו והוא סבה למציאות המספר[15]) ואינו מספר וכל מספר מיוחס אליו וחוזר עליו חזרת סוף העגולה על תחלתה ולמספרים אליו שני יחסים אחד מהם יחס כפל[16]) ורבוי[17]) והשני יחס חלוק[18]) והמעטה ואולם[19]) יחס[20]) הרבוי כאמרך אחד שנים ג' ד' ה' ומה שהוסיף ואולם יחס המעטה[21]) הנה הוא יחס השברים כאמרך חצי שליש רביע חמישית והדומה לו והחצי ראשון[22]) מדרגות החלוק וההמעטה כמו שהשנים[23]) ראשון מדרגות הכפל והרבוי והוא

הפרק הראשון אמרו הפילוסופים כי מעלות המספר בעגולות[1]) מחשביות והטעם כי האחד עיקר החשבון והתחלתו והוא[2]) סבת מציאות המספר והוא אינו מספר וכל מספר מיוחס אליו והוזר ומתהפך אליו כחוזרת[3]) העגולה על התחלתה[4]) ויש לכל המספרים[5]) עמו יחסים ואחד מהם יחס כפל ורבוי ואחריו יחס הלוק ומיעוט ויחס הכפל הוא אמרנו[6]) אחד שנים והרבוי הוא אומרנו שלשה[7]) ארבעה חמשה[8]) וכן עד אין חקר ויחס המיעוט והוא יחס החילוק כאומרנו חצי ורביע וחומש ושתות וכדומה לזה והחצי הוא תחלת המעלות אשר בחילוק ומיעוט[9]) כמו שהשנים תחלת כפל ורבוי[10]) ועל הדרכים האלה ילך החילוק לאין הקר[11]) זולתי שכפל ורבוי[12]) מתחיל

---

1) O² שאתה — ישאתה d. 2) L. סערה [טענה in m.] 3) F. מאל 4) O. מן הצורוה 5) O² נישא 6) P. d. 7) P. פעם הצורה ופעם יפשיטנה ותהיה אחרת פעם בכה 8) F. פעם 9) O. הטבע 10) O² P. עגלה רעיונית 11) C. עגול 12) M. L. C. d. 13) C. M. כמה 14) O³ כל מספר 15) O² מספר 16) P. L. הכפל 17) L. והרבוי 18) L. חלוק 19) O. ואולי 20) L. O³ ערך 21) O. ההמעטה 22) O. M. C. O³ P. הראשון 23) L. F. C. M. השנים P, ששנים.

1) H³ בעגולות 2) H³ והיא 3) H³ כחיזרת 4) H² התחלת 5) H³ מספר עמו יחסים ולכל המספרים עמו יחסים 6) H³ d. 7) H² d. 8) H³ והמשי 9) P. והמעוט 10) P. הכפל והרבוי 11) H² תכליה עד כי חדל לספור 12) P. והרבוי.

ילך אל כל אחד משני הצדדים אל לא תכלית[1] אבל כי הרבוי יתחיל מהמעט שבכמות וילך ברבוי אל לא תכלית[2] וההמעטה יתחיל מרוב הכמות והוא החצי וילך[3] בחלוק אל לא תכלית הנה אם כן כשתשתכל[4] המספרים כולם והאחד[5] תמצאם נולדים ממנו ושבים אליו אולם הולדם והיותם[6] צומחים[7] ממנו כי כח האחד[8] יתפשט אל המספרים[9] ויעמידם באמצעי ובזולת[10] אמצעי והמספר אשר יתילד ממנו[11] בזולת אמצעי הוא השנים ואולם השלשה הנה[12] לא ימצאו מן האחד אלא[13] באמצעות השנים וכן הד׳ לא ימצאו ממנו אלא באמצעות הג׳ והב׳[14] וכן כל מספר לא ימצא מן האחד אלא באמצעות מה שבינו ובינו[15] מן המספרים ויהיה המספר[16] אשר[17] בין שניהם הוא אשר יביא[18] אליו כח האחדות ויהיה נמצא במה שיתפשט אליו מן הכח ההוא[19] הנה השנים יביאו כח האחד אל השלשה והב׳ והג׳ יביאו כחו[20] אל הד׳ והב׳ והג׳ והד׳[21] יביאו כחו[22] אל הה׳ וכן מה[23] שהוסיף

לעולם מן המועט[1] שבסך והולך ומתרבה לאין תכלית והמיעוט בהפך מתחיל מרוב הסך שהוא החצי והולך הלוך ומתמעט לאין תכלית וכאשר יתבונן[2] האדם במספרים כלם ימצאם יוצאים מן האחד וחוזרים[3] אליו וכח הוה[4] בכל המספרים ויש ממנו שלא באמצעי והרוב באמצעי ואשר בלא אמצעי[5] הוא השנים אבל השלשה לא ימצאו[6] מן האחד אלא באמצעות השנים וכן הד׳ לא[7] ימצאו אלא באמצעות הג׳[8] והב׳ וכן הה׳ לא ימצאו אלא באמצעות הד׳ והג׳ והב׳ וכן כל מספר לא ימצא מן האחד אלא באמצעות מה שיש[9] בינו ובינו מן המספרים ויהיו[10] המספרים האמצעיים הם הנותנים[11] כח האחדות בכל המספרים והב׳ נותנים כח הא׳ אל הג׳ והב׳ והג׳ יתנו כח האחד אל[12] הארבעה והב׳ והג׳ והד׳ נותנים כח האחד אל החמשה וכן עד תכלית המספר[13] נמצאת שומע איך יצא ויתילד המספר מן האחד וחזרתו והתהפכו[14] אליו כהתהפך[15] קצוי העגולה האחד על חברו אמנם יהיה

1) P. O² F. תכלית — l. 4 תכלית d. 2) L. תכלית — l. 6 תכלית d. 3) M. C. וילך אל 4) L. כשתסכל P. M. כשתשכל, F. כשתסתכל כל המ׳ כלם 5) L. ואחר 6) F. d. 7) L. צומחים נולדים 8) M. C. האחרי, O² כח א׳ פשט 9) L. במספרים P. d. אל המספר 10) M. C. ובזולתי

1) P. המעוט 2) H² יתבונן בו 3) P. וחוזרים כולם 4) H² ההווה, P. היה 5) H² לא באמצעי 6) P. ימצאון 7) H² כן לא 8) B. d. 9) P. משיש 10) H² ויהיו כל 11) H² נותנים 12) H² אל — l. 21 אל d. 13) P. המספרים 14) P. וההתהפכותו 15) H. בהתהפך, H² כמו שיתהפך.

11) O. d. 12) M. F. C. d. M, [הנה] supra 13) C. אלא — l. 16 אלא d. 14) P. השנים והשלשה 15) F. ובין המספרים 16) P. המספרים 17) C. d. 18) P. O. M. F. יבא 19) O² d. 20) P. O² O M. F. C. כח 21) P. d. 22) P. M. F. C. כח 23) M. C. ומה.

מגיע[1]) מה שהגיע[2]) הנה זה איכות צמיחת המספר[3]) והולדו מן האחר ואולם איכות חזרתו[4]) אליו כחזרה אחת משתי קצוות העגלה על[5]) הקצה האחר הנה הוא לא יהיה אלא[6]) אחר היולד המספרים ממנו[7]) וישלמו מדרגות האחדים הט' אשר יסובבו עליהם מדרגות[8]) המספרים ואין למספר אחר התשעה[9]) מדרגה אבל כל עת שיגיע מספר אל מדרגת[10]) התשעה יחזור אל מדרגת האחד[11]) והיתה עגלה רעיונית ביאור זה כי האחד יצמחו ממנו השנים ויביאו השנים[12]) כחו אל השלשה ויהיו[13]) השלשה מן האחד[14]) באמצעות השנים ושניהם עלה למציאות השלשה אבל[15]) כי השנים סבה קרובה והאחד סבה רחוקה ואחר כן יביאו השלשה מה[16]) שהתפשט עליהם מכח השנים וכח האחד[17]) אל הד' ויהיו[18]) הד' מן האחד[19]) באמצעות השלשה והשנים ויהיו למציאות הד' שלש סבות וילך הענין כן[20]) עד שיהיו[21]) התשעה במה שנתפשט[22]) עליהם[23]) מכח האחד[24]) באמצעות השמנה ויכלו[25]) מדרגות המספרים התשעה עם[26]) מציאות התשעה וכאשר עבר[27])

1) M. C., d. O. מהמגיע 2) L. שמגיע. F. וכן מה שהגיע שהוסיף 3) M. L. C. המספרים 4) L. התעטפו 5) L. אל, P. עד 6) d. F. 7) O² ממה 8) d. P. 9) O. M. C. תישעה 10) P. מדרגת — l. 11 מדרגת d. 11) P. האחת 12) L. ויביאו השנים d. O², והביאו 13) O² ויהיה 14) C. האחה 15) O² אלא 16) d. F. 17) C. האחת. O² והאחד 18) O. ויהיו 19) C. האחת 20) d. O² 21) P. O² O. F. שיתהון 22) O² שהתפשט 23) P. אליהם 24) O² האחדות 25) P. O. M. C. ויפלו 26) F. עד, O² התישעה p. 31 l. 1 התישעה P. d. התישעה — התישעה d. 27) d. O.

אחר[1]) שנולדו ממנו המספרים והגיעו לט' אחדים שעליהם סובבים מעלות כל המספרים ואין[2]) למספר אחר התשע שום מעלה אלא שחוזר אל האחד והנה נהיה במחשבה כמו עגולה וזה כי האחד[3]) נולדו ממנו הב' ונותנים הב' כחו אל הג' ונהיו[4]) הג' מן האחד באמצעות הב' ושניהם הא' והב' סבת מציאות הג' שהב' סבה קרובה והאחד סבה רחוקה והג' נותנים מה שהגיע להם[5]) מכח הב' ומכח הא' אל הד' ונהיו הד'[6]) מן הא' באמצעות הג' והב'[7]) ונהיו אז למציאות הד' ג' סבות וכן הדבר נוהג עד שיהיו הט' במה שהגיע להם מכח האחד באמצעות הח' ותכלית מספר האחדים במציאות הט' וכשיעבור כח האחד מן הט' נתהוו העשר באשר עבר כח האחד להם עם כח הט' ונתגלגל המספר עגולות במחשב עד האחד ונהיו עשרה באחד ועשרים בשנים ול' בג' עד שנהיו צ' בט' ונקראו אלו עגולות המאיים[8]) והט' מאות גמר מעלות הט' האחדים[9]) ונוסף[10]) עליהם צט' להתקיים בהם טבע הק' ומתקבצים מזה[11]) ט' מאות וצט' וכשיעבור כח האחד ההוה בכל

1) H² האחד 2) H² והגיעו 3) P. כשהאחד 4) B. ונהיה 5) H² אליהם 6) B. ד' ה"א 7) B. הב' והג' 8) P. המאות 9) H² אחדים 10) P. B. ונוספה. H² ונוסיף אז 11) P. מהם,

כח האחד התשעה יהיו העשרה[1] בעבור כח האחד[2] אליהם עם[3] כח התשעה ונתעגל המספר[4] עגולה רעיונית אל מדרגת האחד להשלמת המעלות והיו[5] עשרה[6] כאחד ועשרים כשנים ושלשים כשלשה עד שהיו התשעים[7] כתשעה ויקראו אלו עגולות[8] העשרות אחר כן תוסיף על התשעים התשעה להעמיד טבע[9] העשרה[10] אשר בהם יתכן מציאות המאה[11] ויהיה[12] המספר צ"ט[13] וכאשר עבר כח האחד המתפשט במספרים התשעה והתשעים[14] עמד טבע המאה במה שהגיע אליהם מכח האחד וכח[15] הט' והצ' ונתעגל המספר עגול רעיוני אל[16] מדרגת האחד[17] והיו[18] מאה[19] כאחד ומאתים[20] כשנים וג' מאות כשלשה וד' מאות כארבעה עד שהיו[21] ט' מאות כתשעה ויקראו אלו עגולות המאות וכאשר הגיע המספר אל[22] ט' מאות נשלמו מדרגות האחדים הט' ונוסף אליהם צט' להעמיד בהם טבע המאה ויהיה המחובר מזה ט' מאות וצט' וכאשר עבר כח האחד המתפשט במספרים זה המספר יהיה אלף במה שיתפשט אליו מכח האחד וכחות המספרים אל המספר הזה יהיה אלף במה שהגיע לו מכח הא' ומכחות המספרים שבינו לבינו ונתעגל[1] המספר עגול מחשבי וחזר אל האחד ונהיה[2] האלף במעלת[3] האחד ואלפים[4] כשנים וג' אלפים כג' עד שיהיו ט' אלפים כט'[5] ויקראו עגולות האלפים ועל זה הדרך[6] הולכים ומתרבים המספרים כאשר יגיע להם מכח האחד באמצעות המספרים שקדמו לו ויהיה כל מספר שקדם במציאות עלה למי[7] שנתאחר מציאותו והנה יהיה לרחוק ממעלת האחד עלות רבות כל אחת[8] מהן סבה למציאותו ונהיה האחד סבת[9] הסבות ועלת העלות וכל מה שישתלמו מעלות הט' מהעגל המספר והוזר אל האחד ונהיו[10] מזה במחשב עגולות נקראו עגולות מחשביות וכשיעור מרחק המספר מן האחד יהיה גודל[11] העגולה או קטנותה ולחכמי הודו וזולתם באלה העגולות רמזים ולנוים[12] נלאו בני אדם להבינם ורואים הכמים שידיעת תולדות המספר[13] מן האחד וערכו[14] אליו והזרתו[15] והתהפכו על מעלות ט' האחדים סבה לידיעת סדר[16] העולם ואצילות

1) C. העשרה P, עשרה 2) F. P. d. כהו
3) O² d. 4) L. מספר 5) F. O² ויהיו 6) P.
העשרה 7) P. התשעים 8) C. F. M. P.
עגולות התשעים 9) F. כח 10) O² העשרות
11) C. M. O. המאות 12) O² ויהיו 13) F.
P. צ"ט — l. 15 והצ' d 14) L. והתשעים.
O² והת' — l. 15 והצי d. 15) L. וכחות
16) O² עגולה רעיונית על 17) O² מאה, P.
אחד 18) F. ויהיו 19) M. L. C. הק' 20) F. C. L. M. והמאתים 21) O שיהיו 22) d. P. O. F.

1) H² והנה כשתתעגל 2) H² נהיה אלף
3) B. כמעלת 4) P. והאלפים 5) H² כתשעה
אחדים פשוטים במחשבה לספור ויקראו
6) H² ועל הדרך הזה 7) P. למ' 8) H² P.
אחד 9) H² סבות הסבות ועלת העלות
10) H² ונהיה 11) H² גדול 12) H² ולנוומתם
13) H² המספר תולדותו 14) H² וערכו
15) H² והורתו אליו 16) H² d.

המספרים אשר בינו ובינו ונתעגל המספר עגול רעיוני[1]) ושב אל מדרגת האחד ויהיו אלף כאחד ואלפים כשנים וג׳ אלפים כשלשה עד שיהיו ט׳ אלפים כט׳ ויקראו אלו עגולות האלפים וכן[2]) תמיד תוליד המספרים במה שיתפשט אליהם[3]) מכח האחד באמצעות המספרים[4]) אשר לפניהם ויהיה כל מספר[5]) קודם מציאותו סבה למה שהתאחר מציאותו ויהיו למה שהקדה[6]) מדרגתו ממדרגת האחד עלות[7]) יבות כל אחד מהן עלה למציאותו[8]) ויהיה האחד[9]) עלת העלות וסבת הסבות וכל עת[10]) שישלמו מדרגות האחדים הט׳ נתעגל המספר אל מדרגת האחד והיתה ממנו עגלה רעיונית ולפי שעור מרחק[11]) המספר ההוא מן האחד[12]) יהיה גדל עגולתו וקטנותה והתבונן זה תמצאהו כמו שאמרנו ולאנשי[13]) הודו וזולתם באילו העגולות המספריות רמזים[14]) וחידות[15]) נעלמה[16]) ידיעתם מבני אדם כי היו דעות ההמון הסיות מהבנתם ושכליהם נקצרו[17]) מידיעתם וסברו[18]) כי בידיעת התפשט[19]) המספר[20]) מן

הנמצאים מאת הבורא ית׳ ואמרו כי לא יתכן אל האדם לדעת חדוש הנמצאים והשתלהם מאת הבורא ית׳ בדרך יותר קרובה מדרך המספר ושזה הן וחסד ורחמים מאתו על המשכילים ששכלם מעותד לקבל החכמה שידוע אצלו שיחשבו בחדוש הנמצאים ממנו ולא יוכלו לציירו לפי שהאדם לא יתכן לו לצייר החדוש לשום נברא אלא מן ההיולי ובזמן ובמקום ובתנועה ובכלי אומנות[1]) ומציאות הנמצאים מאת הבורא ית׳ אינו כן לכן שם[2]) הבורא ית׳ המספר[3]) להתבונן ממנו בדרך נקל ולצייר בשכל מציאות הנמצאים ממנו וכמו שכל המספרים יוצאים מן האחד כן כל הנמצאים יוצאים מאת הבורא ית׳ וכמו שהאחד סבה למציאות המספר ואינו מן המספר כן הבורא ית׳[4]) עלה למציאות העולם ואינו מן העולם וכמו שהאחד אם עלה במחשבה הסתלקו והעדרו מסתלקים ונעדרים המספרים כלם כן הבורא ית׳ אם היה מתעלה למעלה[5]) לא יהיה שום[6]) דבר נמצא וכמו שהמספרים כלם אם יסתלקו לא יתחייב

---

1) M. F. C. רעיונית, O² עגולה רעיונית
2) O² וכן הא׳ 3) P. אליה 4) d. P. 5) F.C. M. המספר 6) O. M. C. שהתרחקה 7) L. סבות, [עלות] in m. 8) C. למציאותו 9) L. O² אחר 10) d. L. 11) M. C. המרחק 12) C. האחת 13) O² מאנשי 14) O² רמיזות 15) d.F. 16) C. נעלמת, M. נעלמות 17) O² P. יקצרו 18) O² וסבורים, P. וסוברים 19) C. המתפשט 20) P.O. האחד מן המספר.

1) P. אומניות, H² שקורין שפ״ערא
2) H³ שם שם 3) H² המספר [הוא חשבון יסודו כוללת שם יהו״ד ואם תחלק מלת המ״ספר לשני מלות תמצא מ״ה ס״פר בחר מ״ה מלא באותיות הש״ית לספתה או לצרפנה דרך חשבון כתאר הדרך זה יו״ד ה״א וא״ו ה״א [=45] השבון הפשט ממנו לספר דרך כלל קצרה תמצא מ״ה על דרך הרמז וסימן] להתבונן 4) d. P. H.
5) H² למעלה [שלא היה נראה ממנו ית׳ מציאות] לא 6) d. B.

האחד וערכו אליו והורתו עם שלמות[1]) האחדים הס׳ עליו[2]) ידיעת התפשטות[3]) העולם[4]) ואיך נמצא מן הבורא ית׳[5]) אמרו הנה אי אפשר לאדם שידע חדוש הנמצאות והשתלהם מן הבורא ית׳ בדרך יותר קרוב מדרך המספר וכבר ידע הבורא ית׳ עלוי רב כי המשכילים המוכנים בבריאתם הנכבדת לקבל החכמה[6]) עתידים לשים מחשבתם בחדוש[7]) הנמצאות מאתו ולא יוכלו לצייר אותו כי האדם אי אפשר לו שיצייר חדוש דבר אלא מן ההיולי ובזמן ובמקום ובתנועה וכלים ומציאות הנמצאות מן האל ית׳ אינו כן כי הדברים כולם מחודשים[8]) נבראו נתחדשו[9]) כולם יחד וישם הבורא ית׳ ית׳[10]) לדעת זה דרך[11]) יותר נקל מן הדרך הזה והוא ההשתכלות[12]) לצמיחת המספרים מן[13]) האחד כי כמו שהאחד[14]) עלה למציאות המספר ואינו מן המספר כן הבורא ית׳ עלה למציאות העולם ואינו מן העולם וכמו שהאחד[15]) אלו הסתלק[16]) ונעדר הסתלקו המספרים כולם[17]) ונעדרו כן הבורא ית׳ אלו[18]) יעלה[19]) בעיון הסתלקו והעדרו לא יהיה דבר נמצא כלל וכמו שהמספרים כולם[20]) אלו הסתלקו לא יחייב[21]) זה

בעבור כך[1]) אפיסות האחד מן הנמצאים כלם אם יסתלקו לא יתחייב מהסתלקם[2]) אפיסות האחד ית׳ ונתקיים מזה שהבורא ית׳ אין צריך לו בעולם והעולם צריך לו[3]) וכמו שמציאות האחד מציאות שלם ואינו צריך במציאותו לזולתו ומציאות המספרים כלם מציאות מצורף אליו כי מציאותם נאצל ממציאותו כן הבורא ית׳ מציאותו מציאות שלם בהחלט[4]) אינו[5]) צריך במציאותו לדבר אחר מן הנמצאים ומציאותם[6]) כלם מציאות מצורף כי מציאותם[7]) נאצל ממציאותו וכמו שהמספרים כלם קבלו המציאות מן האחד בלא תנועה ובלא זמן ובלא מקום ולא צריך לו בהמציאם לדבר אחר מלבד עצמותו כן נמצאו ונתחדשו הנמצאים מאת הבורא ית׳ מבלי תנועה ולא זמן ולא מקום ובבלתי שיצטרך במציאותם לדבר זולתו וכמו שהאחד לא יתואר שהוא קדם אל[8]) המספרים בזמן ולא יבטל זה מפני היות[9]) המספרים מחודשים ממנו כן לא יתואר הבורא[10]) שהוא קדם אל העולם בזמן ולא יבטל זה מפני היות העולם מחודש ממנו וכמו שהאחד לא ישתנה מן האחדות ברבוי מה שנתחדש ממנו

---

1) C. שלמותו 2) L. F. אליו 3) L. הואר
4) M. C. הנעלם 5) O^2 ית׳ — l. 6 ית׳ d.
6) M. L. C. החכמה האלהית 7) O^2 בהתחדש מאותו ולא יכולו 8) d. L. 9) O^2 נבראים, P. נבראים מתחדשים 10) d. P. 11) O^2 F. הדרך 12) L. O^2 ההשתדלות 13) d. C. 14) C שהאחת 15) C. שהאחת 16) M. תסתלק, O. F. נסתלק 17) L. כל המספרים ונעדרו 18) F. אלו הסתלק ואלו נעלה, P. אלו הסתלק או אלו יעלה 19) O^2 עלה 20) O^2 d. 21) F. יתחייב מזה, O^2 זה d.

1) P. זה 2) H^2 הסתלקם 3) B. אותו
4) P. במוהלט 5) H^2 ואינו 6) H^2 ומציאות
7) H^2 מציאות 8) P. לכל 9) P. היות כל
10) H^2 הבורא ית׳.

הסתלק האחד[1] כן אלו הסתלקו כל הנמצאות לא יחייב זה הסתלקות הבורא ית' הנה התקיים בזה כי הבורא ית'[2] בלתי צריך אל העולם והעולם צריך אליו וכמו שמציאות האחד מציאות מוחלט כלומר שהוא בלתי צריך במציאותו[3] אל[4] זולתו ומציאות[5] המספרים כלם מציאות סמוך כלומר שהם בלתי מספיקים בעצמותם במציאותם כי[6] מציאותם במציאות[7] האחד[8] כן מציאות הבורא ית' מציאות מוחלט כי הוא בלתי צריך למציאותו[9] אל זולתו ומציאות הנמצאים[10] כלם מציאות[11] סמוך כי מציאותם נקנה ממציאותו[12] ושופע ממנו[13] וכמו שהמספרים כולם[14] קנו[15] המציאות מן האחד מבלתי תנועה ולא זמן[16] ולא מקום ולא יצטרך האחד[17] בהמצאו[18] אל דבר אחר זולת[19] עצמותו כן התחדשו[20] הנמצאות מן הבורא ית'[21] בלא תנועה ובלא זמן ובלא מקום ובלא כלים ומבלתי[22] שיצטרך בהמצאתם[23] אל דבר זולתו וכמו שהאחד לא יתואר שהוא קדם המספרים בזמן[24] ולא

מן המספרים ולא יחייב זה רבוי בעצמותו ולא חלול בעצמו כן חדוש העולם בכל רבוייו לא יחייב[1] שנוי אל הבורא ית' חלילה וזה באחדותו[2] ולא רבוי בעצמותו ית' האל[3] מתארי החסרון וכמו שהמספרים נמצאו מן האחד באמצעות התשע האחדים ונתקבצו בעשרה כחותיהם כלם כן נמצאו מאת הבורא ית' באמצעות השניים שהם השכלים הנבדלים ומה שנתקבין[4] בנמצא[5] העשירי מן הכחות ההוות בו[6] מן השניים ומה שנאצל עליו מכחות האחדות באמצעותם וכאשר יתבונן המשכיל ימצא כל דבר מן הנמצאים[7] שאמנם[8] נהיה מצוי באשר[9] נהיתה לו שום עצמות שימצא בה וניכר בה מזולתו והוא כח האחדות ואותה האחדות שנתיחד הוא בה אמנם הגיעה[10] אליו מהבורא ית' באמצעות מה שיש בינו ובינו מן הנמצאים[11] ואותה האחדות היא הויתו וצורתו אשר בה תיקונו וניכר בה מזולתו וכאשר תפרד ממנו אותה האחדות הרי נעדר והוית האחדות מאת הבורא ית' בכל הדברים כי הוא המהוה אותן והקצה מעלותיהם[12] במציאות

---

1) O. F. הב' 2) d. P. 3) L. C. למציאותו
4) d. O² 5) O² במציאות 6) O. כי — l. 15
7) d. O² 8) d. P. 9) L. למציאותו
10) P. F. C. הנמצאות 11) d. O² 12) F. ממציאה
13) L. ממנוי 14) d. O² 15) C. O. M. יקנו
16) F. זמן — l. 23 17) d. C. האחת 18) C. O² בהמציאו 19) C. O² זולתי,
M. זולתו 20) P. התחדשות 21) d. P. 22) P. מבלתי 23) O² כח מציאותם P, בהמצאם
24) d. P. F.

1) H. B. יחשב, H² יתחייב 2) H² מאחדותו
3) d. H² 4) P. שמתקבין 5) H² במוצא 6) H²
כן, P. בו הוא 7) P. H² B. מהנמצאים 8) H²
שאינם 9) P. H² כאשר 10) H² הגיע 11) H²
מהנמצאים 12) H² והקנה מעלותיהן.

יבטל[1]) זה שיהיו[2]) המספרים מחודשים מאתו כן לא יתואר הבורא ית' שהוא קדם העולם בזמן ולא יבטל[3]) זה שיהיה העולם[4]) מחודש מאתו וכמו שהאחד לא ישתנה מן האחדות[5]) בריבוי מה שהתחדש מן המספרים מאתו ולא יחייב[6]) זה רבוי[7]) בעצמותו ולא שנוי בעצמו הנה כן חדוש[8]) העולם עם רבויו[9]) לא יחייב שנוי בבורא ית' מאחדותו ולא רבוי בעצמותו ית' האל מתארי החסרון וכמו שהמספרים ימצאו מן האחד באמצעות האחדים הש' ומה שהתקבין[10]) בעשרה מכחותיהם כן נמצאו הנמצאות מן הבורא ית' באמצעות השניים הש' ומה שהתקבין בנמצא העשירי[11]) מן הכחות[12]) המתפשטות מן השניים ומה שנשפע עליו מכח האחדות באמצעותם וכן כאשר ישתכל[13]) המשתכל ויחשוב החושב ימצא כל דבר מהנמצאות[14]) אמנם הגיע להיות נמצא כאשר היה לו עצמות[15]) ימצא בו[16]) ונבדל מזולתו והאחדות ההיא[17]) אשר יתפשט בו וימצא אמנם התפשט אליו מן הבורא ית' באמצעות מה שבינו ובינו מן הנמצאות והאחדות[18]) ההיא[19]) היתה וצורתו אשר בה עמידתו והכרתו מזולתו וכאשר[20]) נפרש ממנו האחדות ההיא[21]) נעדר הנה התפשטות האחדות מן הבורא ית' אל הדברים הוא אשר הוה[22]) אותם ושפט[23]) מציאותם על[24]) מדריגותיהם וישם קצתם עלה אל קצתם[25]) והוא ית' עלת מציאות[26]) הכל ולכן קראוהו עלת העלות והפועל[27]) המוחלט והפועל באמת כי פועל זולתו אמנם הוא פועל על[28]) דרך העברה ובסמיכות כי הוא יקבל הפועל ממה שהוא ית'[29]) קודם במציאות ממנו ויביאהו

וישם קצתם עלות לקצתם והוא ית' עלת מציאות הכל ולכן קראוהו עלת העלות[1]) והפועל סתם והפועל באמת[2]) כי פעולת זולתו אמנם נקרא הפועל פועל[3]) בדרך העברה ובצירוף כי הוא מקבל הפועל מזולתו הנמצא[4]) הקרוב מציאותו לבורא[5]) כי הוא הנותנו[6]) לכל הבאים אחריו והוא מתפעל למה שעליו ופועל במה שתחתיו וכן הדבר בכל הפעלים[7]) עד שתהיה התחלת הנמצאים והמעשים מפועל שאינו מתפעל בזולתו כלל ותכליתן אל מתפעל שאינו פועל כלל והאמצעיים[8]) שביניהם פועל במה[9]) שתחתיו מתפעל[10]) למה שעליו.

---

1) d. O² 2) M. F. C. שיהיה 3) d. O³ 4) d. O³ 5) P. מההאחדות 6) O³ יחדש 7) P. דבר 8) O³ חדוש — l. 11 מתארי d. 9) F. ויעם ר' P, עם ר' d. 10) O² שיתקבין 11) s. M. d. C. 12) O. הנמצאות 13) P. ישתכל

14) P. מן הנמצאות 15) L. אהדות, [הגיע לו עצמות] in m. 16) O³ לו 17) O. ההווה 18) C. ואחדות 19) d. O² 20) O³ כאשר 21) O² והוא 22) P. אשר הוה d. 23) L. וישפע 24) P. אל 25) O. F. O² P. לקצתם 26) C. על על המציאות M. O³ P. המציאות 27) F. והוא פועל 28) d. P. 29) d. O.

1) P. העלות ולפעמים עילה סתם והפועל סתם 2) H³ אמת 3) d. H³ 4) H² והנמצא 5) P. H³ לבורא ית' 6) H³ היותנו 7) d. H³ 8) P. והנמצאים 9) d. H³ 10) P. ומתפעל.

אל מה שהוא אחריו והוא מתפעל[1]) ממה שעליו ופועל למה שלמטה ממנו והוא מתפעל באמת ופועל על[2]) דרך העברה והסמיכות[3]) ויהיה התחלת הפעולות מפועל לא יתפעל מזולתו כלל ותכליתם[4]) אל מתפעל לא יפעל כלל ומה שבין שניהם פועל במה שתחתיו ומתפעל ממה[5]) שעליו ומפני זה שזכרנו[6]) בשער[7]) הזה אמרו החכמים[8]) כי הבורא ית'[9]) עם כל דבר אמנם רצו בזה[10]) איתות[11]) מלאכתו בנמצאות והתפשטות האחדות ממנו אשר התהוו בו המחודשים ואינם רוצים בזה שהוא שוכן[12]) במקומות ונופל תחת הזמנים או שיתלבש בדבר[13]) מן העולם[14]) יתקדש[15]) מזה וית' עלוי רב וכבר טעו[16]) אנשים מן הפילוסופים במקום הזה טעות גדולה וחשבו כי הבורא[17]) ית' צורה נגדית [l. נגרית][18]) בעולם ולכן אמרו[19]) תאלס[20]) כי השם[21]) נכנס בדברים ואמר זינון[22]) כי כדור העולם הוא האל ית'[23]) ושהמסובב[24]) הוא הסבה ואולם הביאם[25]) אל אלו הסבות[26]) הנפסדות מה שראו מהתפשטות האחדות אשר בו התהוו[27]) הנמצאות[28]) ושמציאות כל מסובב נתלה במציאות הבורא ית'[29]) ושמעו[30]) גם כן מאמר הקודמים[31]) מן החכמים כי האל עם כל דבר ונולד[32]) להם מזה[33]) הרעיון[34]) הזה[35]) המגונה ולא ידעו[36]) כי זה יכניסם אל השקר כי אלו היה כן היה[37]) הבורא ית' נושא בזולתו כי הצורה צריכה אל נושא שישאנה ויתחייב מזה שיהיה העולם קדמון ויבטלו ראיות החדוש ויתחייב ממנו שיהיה[38]) הבורא נופל תחת הזמנים נושא במקומות ובהשתנות תמיד כי מדרך ההיולי שילבש הצורה[39]) פעם[40]) ויפשיטנה[41]) פעם אחרת ושיהיה הבורא ית' פעם איש ופעם מין ופעם סוג ופעם פועל ופעם פעול[42]) וכמו אלו השקרים יצילנו השם מדעותיהם[43]) וכמו[44]) אלו אבנם[45]) ימנו מפתותי הפילוסופים לא ממשכיליהם ומסכליהם לא מיודעיהם וכבר הסכימו היודעים באל[46]) ית'[47]) שהאל ית' נבדל מן העולם בכל הצדדים אינו דומה לדבר ולא ידמה אליו דבר הבדל לא[48]) ישפוט אחיזת מקום וחליקתו והוא נמצא[49]) עם כל דבר מציאות לא ישפוט

---

1) P. F. מתפעל — l. 2 מתפעל d. 2) L.F. d.P.O² 3) O. L. O² וסמיכות 4) M. C.
ותכליתו F. תכליתם 5) O. M. C. O² במה 6) L. מה שאמרנו, O² מה שז' 7) P. בפעל
8) F. C. חכמים 9) O² d. 10) C. בה 11) L. O² רשמי 12) L. חונה 13) O² דבר 14) O² מן
העולם d. 15) O² ית' 16) O. נהגו האנשים 17) O.M.L.C. O² האל 18) O² נגמרת 19) P. אמרו
20) d. P. F. O. M. L. C. O² מאלס, تاليس in ar. 21) O. O² P. האל 22) C. זינין, O²
זרינון 23) P. יתברך וית' 24) P. F. והמסובב 25) O² d. 26) O² הסבות P. הסבירות
l. 13 הנמצאות d. 27) O. נתהוו 28) L. לנמצאות 29) P. L. ית' ושהמסובב הוא הסבה
30) O² ושמענו 31) O² הקדומים 32) P. וולד 33) O² d. 34) O² רעיון זה מגונה
35) L. הזייה 36) P. F. ידע, L O² עלה על לבם 37) O כן היה d. 38) O² שיהיה ממנו
39) M. L. C. צורה 40) M. C. d. 41) M. C. ויפשוט 42) O ופעם פעול d. 43) F. השי"ת
מדעותיו 44) O. ובכמו 45) d.O.F. 46) F. בשם 47) P.F. ית' וית' 48) O² לא יש 49) P. הנמצא.

המזגית וחבור אבל תואר[1]) הבדלתו ודבקותו תואר לא יקיפו[2]) בו השכלים ואמנם יודע זה במה שתודה עליו הראיה מבלתי ציור ולא דמיון כשאר[3]) תאריו אשר לא יתקיימו ולא יתוארו[4]) וכבר השיב ארסטו על כל מאמר מאלו המאמרים והכחישו ונתן אומרו[5]) טועה[6]) וכופר ואם יאמר אומר ואיך הכחיש[7]) אלו המאמרים ושם לכופר מי[8]) שיאמר אותם והוא כבר אמר[9]) בספרו הנקרא[10]) מה שאחר הטבע שהבורא ית׳ סבת העולם על ענין שהוא פועל אותו ושהוא תכלית לו ושהוא צורתו הנה התשובה שהוא לא רצה בו מה שחשבת[11]) ואיך יתכן שיכחיש[12]) דבר והוא יאמר דומה לו וכבר ביאר כי הבורא ית׳[13]) לא יתואר בצורה האישית ולא בצורה המינית ולא בתואר[14]) ישיגהו[15]) בו[16]) חסרון ית׳ מזה ושהוא[17]) נבדל מהדברים בלתי מתואר בתאריהם ונתקיים[18]) בזה[19]) שהוא אמנם תאר אותו בשהוא[20]) צורת העולם בעניין שלא ישיגהו חסרון ולא דמיון כמו[21]) שיקרא חי ויודע ויכול והדומים לאילו על עניין שלא יחייב בסבתם ולא ישפוט משפטם והוא על נ׳[22]) עניינים אחד מהם כי מפני שאין נמצא באמת כי אם[23]) הבורא ית׳ ומעשיו ואין לו שותף ולא חבר הנה הוא הנמצא[24]) במוחלט ומציאות מפעליו נקנה ממציאותו עד שאלו ידומה הסתלקו[25]) היה מסתלק כל נמצא והיה[26]) מציאות העולם כאלו[27]) לא נמצא או לא יהיה לו עמידה בעצמותו והיה כאלו[28]) הוא נמצא[29]) אחר[30]) והיה כאלו הוא צורה לו כי היה[31]) מציאותו בו כמו שימצא[32]) המצוייר בצורתו[33]) ואע״פ[34]) שהאל ית׳ לא יתואר בצורה וכבר אמר אפלטון כמו זה בספרו[35]) הנקרא טימאוס[36]) וזה כי הוא אמר מה הדבר שהוא נמצא תמיד ואין לו[37]) הויה כלל ומה הדבר אשר יתהוה[38]) תמיד ואין לו מציאות כלל רצה בראשון המינים והסוגים ובשני[39]) האישים ושם האישים אשר הם נמצאים אצלנו כאלו הם בלתי נמצאים כי הם בהגדה[40]) דבקה ושנוי מתמיד וקיים המציאות[41]) למיניהם וסוגיהם ואע״פ[42]) שהם בלתי נמצאים בחושים אצלנו להיותם קיימים על ענין אחד לא ישתנו מטבעם וכן שם ארסטו[43]) העולם מפני שאין עמידה[44]) לו

---

1) L. תאר התכלית 2) O^2 יקיפנו 3) O. M. L. F. C. O^2 בשאר 4) L. ישארו [יתואר־ון] in m. 5) O. M. C. אומר 6) C. וטועם, O כופר וטועה 7) P. הכחישו 8) P. מה 9) P.O^2.M.C. א׳ אותם 10) d.C., O^2 נקרא 11) O^2 שחשבתם 12) d.O^2 13) d.P. 14) O^2 בצורה 15) L. שיישינהו 16) d. P. 17) O^2 שהוא 18) L. ולהתאמת, O^2 ונתאמת 19) d. F. 20) P. יתאר אותו שהוא 21) d. O^2, שנקרא 22) d. C.; De hac linea cf. praef. p. 9 n. 1 23) F. P.O^2 אלא 24) F. נמצא 25) M. L. C. הסתלק 26) O^2 והנה 27) d. L. בלא, O^2 כאלו לא נמצא או, d. בלא מציאותו 28) F. כאלו — l. 18 כאלו d. 29) L. נמצא הוא 30) C. אחר 31) P. לו כי היה, d. O^2 הנה 32) C. שנמצא 33) O^2 בצורתי 34) C. ואע״פ כן 35) P. בספר 36) F. טימיאוס 37) C. לו — l. 21 לו d. 38) L. יתהוה ממנו 39) O^2 והשני 40) F. בהגדה P.L, בההוך דבק 41) P.O.M.L.C. מציאות 42) O^2 אע״פ 43) C. ארסתו 44) O^2 לו עמידה.

מעצמו[1] כאלו הוא בלתי[2] נמצא וישם המציאות לבורא ית׳ לבדו וישם אותו בצורה אשר אין[3] מציאות למצוייר אלא בה על דרך קרוב לא לפי האמת מפני שהיה[4] מציאותו סבה למציאות[5] העולם כמו שתהיה הצורה סבה למציאות מצויירה[6] ויקראו כת[7] הנקראים אלצופיה[7a] זה היחוד ויחשבו[8] אותו היותר טוב[9] מכל דרכיו הנה זה אחד מן הענינים אשר נקרא בהם הבורא[10] ית׳ צורה לדברים והענין השני שהוא ית׳ השפיע מאחדותו על כל נמצא מה שהיה לו בו[11] הויה יצוייר[12] בה הנה כל נמצא אמנם ימצא באחדות ההוא אשר נתפשט ממנו אליו וצייר אותו[13] והעניין הג׳ כי הצורה תכלית המצוייר ושלמותו כי הדבר כשיהיה בכח אמנם[14] הוא על שלמותו הראשון וכאשר יצא אל הפועל היה על שלמותו האחרון וצאתו מן הכח אל הפועל[15] אמנם יהיה בצורה ומפני שהיה הבורא ית׳ הוא אשר הוציא העולם מן הכח אל הפועל רצוני לו׳ מן ההעדר אל המציאות[16] היה מן הדרך הזה כאלו הוא צורה[17] לעולם ואם אינו צורה לפי האמת והנה[18] נדבר במה שאחר זה מה שיוסיף ביאור על אלו והעניינים בע״ה.[19]

השער החמישי

בביאור אמרם כי תארי הבורא ית׳ לא יכשר שיתואר בהם כי אם על דרך השלילה[20] דע כי התארים שני מינים מין יתואר בו המתואר להסיר שתוף שהיה[21] בינו ובין מתואר[22] אחר כאמרך בא אלי ראובן והיה[23] האיש[24] אשר אתה מדבר עמו יודע שני אנשים כל אחד נקרא[25] בשם הזה[26] או אנשים רבים נקרא כל אחד בשם הזה ויצטרך המספר שיתארהו[27] בתואר יוכר בו אצל האיש אשר הוא מדבר[28] עמו מאשר ישתתף עמו בשמו והמין האחר אין החפץ[29] בו[30] הסרת השתוף[31] אבל הנרצה בו לשבח המתואר[32] או לגנותו כי האיש שהוא מדבר עמו בלתי[33] צריך שיתארהו אליו כמו שיאמר האומר[34] ראיתי אביך הנכבד או בנך הנעים ואין לאיש הדובר אליו[35] כי אם

1) O^2 בעצמו 2) O. M. F. C. מבלתי 3) M. F. C. O^2 d. P. 4) d. C. 5) P. למציאות — למציאות d. 6) P. מציירה 7) d. F. P. הכת 7a) L. הצפיה 8) O^2 ויחשב 9) P. היותר טוב d. 10) M. C. השם 11) O^2 בו לו 12) O^2 וציורו 13) O. ויצייר צורתו P. ויצוייר 14) F. O. O^2 הגה 15) F. P. הפועל — l. 11 הפועל d. 16) F. מציאות 17) C. הצורה 18) F. הנה 19) F. בנ״ה 20) O^2 שלילה 21) F. אשר יהיה P. יהיה 22) C. O^2 המתואר 23) C. d. 24) F. האיש ראובן 25) O^2 נקרא כל אחד 26) O^2 הזה — l. 20 הזה d. 27) F. d. 28) O. המדבר 29) F. P. הפין, O^2 חלק 30) L. בו התרת 31) F. O^2 שתוק 32) F. הדבר 33) P. d. 34) P. אומר 35) O^2 d.

בן אחד והדומה לזה ותארי הבורא ית׳ כלב[1] מזה[2] המין השני[3] ואמנם הם[4] תארים ישבחוהו בהם המשבחים ויהללוהו[5] בהם המהללים ומפני[6] שהיה הבורא ית׳ נבדל מכל הנמצאות בלתי דומה לדבר מן הנבראים היה המשבח[7] אותו מקצר בשבחו ואפי׳ ישים כל כחו להפליג[8] בשבחו ולהרבות[9] וביאור זה[10] כי השבח ג׳ מינים יותר מדאי[11] וכראוי וקצור והיותר מדאי[12] שיגביה המשבח את[13] המשובח אל מדרגה יותר[14] גבוהה ממדרגתו ומעלה[15] יותר עליונה ממעלתו והראוי שלא יעבר בו ממעלתו[16] ולא יקצר ממדרגתו[17] והקצור שישפילהו ממעלתו ולא יפריעהו דינו[18] ולא ישלים חקו במדרגתו ושני הפנים הראשונים שקר בתאר[19] הבורא ית׳ ויתי׳[20] כי הוא בלתי אפשר לשום משבח שישבחהו כראוי לו[21] כי מדרגתו[22] מושכלת [מוסכלת l.][23] אבל היא[24] לא יקיפו בה השכלים אם כן[25] אין למעלה ממעלתו מעלה יותר גבוהה ממנו[26] שיגביההו אליה כי הוא[27] סוף הדברים ותכליתם הנה הוא[28] אם כן אין[29] בשבח המשבח הפלגה ולא ספוק וכל משבח אותו מקצר בשבחו בלתי מתאר[30] אותו כראוי לו[31] לפי חקו כי הוא מתאר אותו בתארים שהמושכל מהם עניינים מתחלפים למה שהוא בו[32] כי[33] כאשר יאמר שהוא חי ושהוא יודע ושהוא יכול ושהוא שומע ושהוא רואה אמנם יתארהו בתארים אם יפילם ויאמר אותם[34] על העניין[35] שנשכילם אנחנו אינם נאותים באל[36] ית׳ ויחייבו לדמותו לנבראים[37] ית׳ מזה ומפני הסבה הזאת נחלקו האנשים בתאר אותו[38] ית׳[39] לשתי כתות[40] כת אחת אומרת שאין[41] ראוי לתאר אותו על דרך החיוב כי זה יחייב שידמה[42] לברואיו אבל נשלול ממנו הפכי התארים ולא נאמר שהוא[43] יודע אבל נאמר[44] שאינו סכל ולא נאמר שהוא יכול אבל[45] נאמר שאינו לאה ולא נאמר שהוא נמצא אבל נאמר שהוא[46] אינו נעדר והכת[47] השנית אומרת שיחייבו[48] לו[49] התארים ונמשך אחריהם אות השלילה להסיר בה[50]

---

1) d. O³ 2) מהמין O. 3) d. F. 4) d. O² 5) ויתהללו P. 6) O²O.M.L.F.C. מפני 7) O. M. משבח. O³ המ׳ אותו d. 8) d. O² 9) O³ להרבות בשבחו 10) d. O² 11) M. F. מראי, O³ הפלנה מראי 12) M. F. מראי 13) O. אל 14) P. המדרגה היותר 15) O. ואל מעלה, P. ומדרגה 16) O³ L. מעלתו 17) M. C. יקיצר מן מעלתו, O² O. L. יקצר מדרגתו 18) d. O 19) M. C. בחק, M. בתאר s. 20) d. O³ O. F. 21) d. P. M. C. 22) L. מדרגת, d. O² 23) مجهولة ar 24) s. M. d. C. 25) O³ אם כן — l. 12 אם כן d. 26) F. ממה 27) d. C., s. M. 28) d. O³ L. C. 29) in O² uno فلبس, 30) O³ משבה 31) C. לו — l. 15 למה d., in m. M. 32) O³ כן 33) d. O² 34) d. O³ 35) O. העניינים 36) O. בלתי נאוהים בשם 37) O³ בנבראים 38) M. L. C. השם 39) d. O. F. 40) O³ לשנים 41) O. M. C. אין, M. ש s. 42) F. שיתדמה 43) C. שהוא — l. 21 שהוא d. 44) L. אלא שאינו 45) O. אלא 46) O² שאינו 47) P. וכת 48) O³ שיחייבו 49) L. לו אלו 50) P. O³ F. להסיר בה d.

מה שיעלה בו[1]) בדמיון[2]) מן הדמות[3]) בנבראים ונאמר כי הוא חי[4]) לא בשאר החיים ויודע לא ביודעים ונמצא לא בנמצאות[5]) ואמרו[6]) וכאשר אמרנו[7]) הוא[8]) חי ונמצא ויודע ויכול ולא נזכור אות[9]) השלילה הנה אמנם נעזוב אותה[10]) דרך קצור ובלא ספק היא נסתרת בתואר ואם לא[11]) תהיה נסתרת בה לא יכשר לאמרו ואם יאמר אומר[12]) מפני מה מאסה הכת הראשונה[13]) חיוב התואר ולא רצתה לתאר[14]) אותו כי אם על צד[15]) השלילה והנה ידענו כי מאמר האומר[16]) ראובן אינו סכל יועיל מה שיועיל אמרנו[17]) ראובן חכם התשובה כי המאמר השולל לא יחייב משפט[18]) זולת[19]) משפט[20]) השלילה ולא יגיע[21]) ממנו דמוי ולא המשל יפול[22]) ביניהם היקש כמו שיגיע מן החיוב הלא תראה כי[23]) אנחנו כאשר נאמר ראובן אינו עומד ושמעון בלתי עומד הנה כבר שללנו[24]) משניהם יחד העמידה ולא נחייב[25]) לשניהם[26]) התחברם בענין אחר כי הוא[27]) אפשר שיהיה אחד משניהם[28]) יושב[29]) והאחר שוכב וישן אבל כל אחד משניהם[30]) בלתי עומד וכן אם שללנו משני גשמים[31]) הלבן לא נחייב[32]) להם התחברם במראה אחר[33]) מאדמימות או מכרכומות[34]) או זולתו וכן אלו העידו שני עדים לפני השופט כי ראובן לא מכר שדהו לשמעון[35]) לא יהיה מחייב זה[36]) שלא יהיה[37]) שמעון[38]) אדון השדה כי לקנין פנים רבים זולת המכירה ואין בעדות שניהם זולת שלילת המכירה וזה ענין יקרה ויאות בהפכים אשר ביניהם אמצעיים[39]) ואולם בהפכים[40]) אשר אין ביניהם[41]) אמצעיים[42]) הנה בהם[43]) הלוף כי אנשים[44]) סוברים כי האומר כאשר יאמר בבית שני אנשים אחד משניהם אינו חי הנה כבר חייב כי האחר[45]) חי ואנשים סוברים שאינו[46]) מחויב[47]) יותר מן המות לאשר שלל ממנו החיים בלבד וכן כשיאמר אחד משניהם חי הנה[48]) כבר חייב המות לאחר אצל מי שיראה הסברא הראשונה ואין בו חיוב מיתת האחר לפי דעת מי שסובר[49]) הסברא השנית[50]) ואין אנו צריכים להזכיר הטענות שהביאו[51]) כל אחת משתי הכתות במקום הזה[52]) כי היא אינו מענין[53]) כוונתינו ואמנם

---

1) d. L. 2) O. M. C. ברמיון 3) L. O² הדמוי 4) O. חי שהוא לא, O² שהוא חי, P. חי — l. 3 הי d. 5) O. O² במציאות 6) O² ממני 7) O² נאמר 8) O² שהוא 9) F. C. O. M. מלת 10) O² אותו 11) d. O² 12) d. F. 13) M. L. C. O² ראשונה 14) M. L. F. C. לבאר 15) L. דרך 16) d.O² 17) O² אמרו 18) P.O.M.L.F.C. משפט 19) O. זולתי 20) d.O² 21) O² יבינו 22) O.M.L.C. יפול 23) d.F 24) O² שללה 25) O.M.L.C. נתחייב 26) O² שניהם 27) O² היה 28) O² מהם 29) P. יושב וישן 30) F. O² מהם d.P. 31) L. גופות 32) O.M.L.C. P.O² נתחייב 33) F. אחר — p. 421. l. 9 לעצמו d. d.P, 34) L. כברכומית, P בברכומית, O. M.L.C, מכרכומית או מאדמימות 35) O. אל שמעון 36) P.O. מזה 37) L. [שיהא] in m., d. O² 38) P. שנה שמעון 39) C. אמ׳ — l. 18 אמ׳ d. L, O² אמצעי 40) P. ההפכים 41) O² בהם 42) L. P.O² אמצעי 43) P. ביניהם 44) O² האנשים 45) P. שהאחר 46) M.L.C. O² כי היא. لم يوجب اكثر ar. 47) L. מתחייב 48) d.P. 49) P.O. שיסבור 50) d. P. 51) M. C. d.O² 52) d. P. 53) P. O. L. מענין.

כיוננו בכאן לבאר ענין אמרם כי תארי הבורא ית׳ לא יכשר לתאר אותו בהם עד שיחובר בהם אות[1]) השלילה. שער[2]) וכרון הדמוי אשר נפל[3]) בו מי שחשב[4]) כי תארי הבורא ית׳ ממאמרים מחודשים דע יצילנו אלהים[5]) ויצילך[6]) מן התעיה ויראנו אורח החכמה[7]) ויישיר דרכינו אליה כי הסבה אשר הביאה האנשים האלו[8]) אל הדעת הזה המגונה שהם ראו כי קיום התארים לא יכשר אלא על שני פנים אחד משניהם השכל והעיון והאחר השמיעה והספור ואין דרך לקיים אותם אלא משני[9]) פנים אלו[10]) ואמנם אפשר כל אחד משני הפנים האלו במציאות המחודשים ומפני שהיה הבורא ית׳ קדמון לפני התחדש הדברים נפרד באחדותו[11]) ולא היה[12]) שם נמצא יקחו[13]) ראיה בו עליו בפעולת פעליו[14]) או ידבר הוא[15]) ית׳ עמו[16]) בתורותיו לא היה אז מתואר בשום תואר מפני העדר מי שידבר עמהם או שיתבוננו וכאשר נתחדשו הנמצאות היה אז[17]) לקחה הראיה[18]) עליו ודבורו עם בני אדם כאשר הוא חי וכשהוא[19]) יודע וכשהוא יכול והדומים לאלו והיה מתואר אז[20]) בתארים ותאר בהם עצמו[21]) והיו התארים מחודשים בהתחדש הנמצאות ומי שלא יודה[22]) בנבואה ואינו יודע כי האל[23]) ית׳[24]) ישלח נביא הנה התארים לפי דעתו ענינים חדשו אותם הברואים כי הם יורו עליו באותות מלאכתו ומפעליו ויורו לו התארים מפעולותיו[25]) ומה שישוער בנפשותם[26]) מידיעתו יתארוהו בהם ונאמר למי שאמר המאמר הזה הנפסד זה אשר אמרת[27]) לא יבטל[28]) שיהיה מתואר[29]) בתארים הנפשיים[30]) בנצחות ויהיה יודע יכול נמצא ואע״פ שלא יהיה שם נברא[31]) יורה עליו או מי שידבר האל עמו ואינו מצד התנאי להתארים הנפשיים שלא יתקיימו למתואר עד שימצא מי שיתארהו בהם ויספר[32]) באמתתם ואמנם התחדשה החכמה לחכמים מן הבריאות[33]) בהתבוננם או מדבור[34]) האל אליהם אחר[35]) שהיו[36]) בלתי יודעים בתארים ואולם התארים עצמם הם קיימים לו ית׳ לא יבטלם סכלות מי שיסכלם[37]) כמו שלא יקימם ידיעת מי שידעם ויורה על אמתת מאמרינו ובטול מאמרם כי הסופר לא יבטל ספרותו העדר הכתוב וכן הבנאי לא יבטל[38]) תארו בבניית[39])

[1]) P. O² ענין [2]) L. פרק [3]) P. נשקע [4]) O² שיחשוב [5]) P. השם [6]) O² דע ויצליחך אלהים מן [7]) O. החכמה הנכונה, O² חכמה [8]) O. האלה [9]) P. משני — משני d. [10]) L. כאלו — l.8 האלו d., O² d. [11]) L.C (in m.) O.M. O³ יחיד במציאות [12]) O² d. [13]) L יורו, [יקחו ראיה] in m., O² וקחו [14]) O² P. פעליו [15]) O. d. [16]) O² d. [17]) P. אז היה [18]) O² ראיה [19]) O² וכשהוא יודע ויכול [20]) O² אז מתואר [21]) P. עצמי [22]) L. יודה במציאות הנבואה, P. lacuna [23]) O השם [24]) O² d. [25]) P. מפעולותם [26]) O² בנפשם [27]) O² אמרתם [28]) C. לו יב׳, P לא יהיה בטל [29]) O. מבואר [30]) P. O² C. הנפשיים – l. 20 הנפשיים d. [31]) O. נמצא [32]) O² ויחובר ויסופר P. ויסופר [או ישכע בהזיון] in m [33]) L. הברייות [34]) P. מן דבור [35]) O. M. L. C. O² או אחר [36]) O² שהוא P. O. שיהיו [37]) O² שיסכילם [38]) O. יעדל [39]) O² d. P, בבנין.

העדר הבנוי ולא יתחייב כשידענו הדברים שיהיו[1]) הידוע והידיעה[2]) יחד בזמן[3]) אבל היודע פעמים ידע הדבר המחויב בעת ידיעתו ופעמים ידעהו אחר[4]) שעבר וידע שהוא יהיה בעתיד בעת שיתחייב[5]) שיהיה בה ומן[6]) הראיה על הפסד מה שאמרו כי קצת מתארי יתברך תלויים בעצמות בלתי נתלים בדבר מהנמצאות[7]) באמרנו שהוא דבר ושהוא[8]) נמצא ושהוא אמת ושהוא חי ויתחייב לפי הסברא הזאת הנפסדת שהבורא ית' היה בנצחות קודם בריאת הדברים לא דבר בלתי נמצא ובלתי חי וזה יחייב שהוא היה נעדר[9]) ויתחייב להם אם היו התארים מחודשים עם הדברים שינידו[10]) לנו מי חדש אותם לו ואם היה הוא אשר חדש אותם לעצמו איך ישים עצמו נמצא מי שהוא נעדר ודבר מי שאינו דבר וחי מי שאינו חי ואמת מי שאינו אמת ואם היה[11]) זולתו[12]) שחדשם[13]) אליו למה הניח[14]) הזולת ההוא שיהיה אלוה אחר זולתו או יהיו בני אדם הם אשר חדשו אותם אליו ואם[15]) היה שחדשם אליו אלוה אחר הנה הוא יותר[16]) ראוי לעבוד אותו ממנו ואם היה שחדשו[17]) אותם בני אדם איך יחדשו אותם אליו והוא אשר חדש אותם ואם יהיה[18]) אפשר לנעדר[19]) שיחדש[20]) נמצא מה הדבר אשר תרחיק שיהיה העולם הוא אשר חדש עצמו ואיך יחדש זולתו[21]) מי שהוא צריך שיחדש עצמו ואיך אפשר שיתואר בנצחות מי שעצמותו ותאריו מחודשים ואם יאמר אומר[22]) כאשר קיימתם לו ית'[23]) התארים ית'[24]) מזה התאמרו[25]) שהם שבים אל[26]) העצמות בעינו[27]) או אל ענין זולת העצמות הנה בזאת השאלה ג' מאמרים[28]) אחד מהם שישוב אל עניין זולת העצם והוא מאמר המגשימים והוא[29]) כפירה חלילה לאל ממנו כי הם שמו הבורא ית' נושא ונשוא ועצם יהיו נתלים בו התארים[30]) והמקרים ית' האל מדבריהם. המאמר[31]) השני שהם עם חלופיהם ושנוייהם ישוב אל העצמות לא אל[32]) ענין זולתו נוסף עליו[33]) והוא יודע והוא מדע והוא חי והוא חיים[34]) עצמות אחד אין[35]) שנוי בהם וכן שאר תארי העצמות וזה מאמר החכמים[36]) והפילוסופים וסברתם ובדרך הזה הלך השאפע[37]) ורבים מחכמי ישמעאלים[38]) ואמרו אנשים לא נאמר[39]) שהם הוא ולא שהם[40]) זולתו והקשה עליהם מי שאמר שהם בלתי

---

1) P. שיהיה 2) O^2 הידיעה והידוע 3) O^3 בזמן א' 4) O^2 אחר שהוא אחר שעבר 5) O^3 שיתחיל 6) O^2 ומה 7) P. O. מן הנמצאות 8) O^2 והוא 9) M. L, d. O^2 נעדר קולם 10) C. אשר ינידו, M אשר היגידו 11) d. O^3 12) P. זולת 13) L. מי שהדישם, O^2 הדש 14) P. שהניה 15) L. C. ואם — l. 13 ואם d. 16) M. ראוי לעבוד יותר 17) O^3 שהדשם P, שחדיש 18) P. L. היה 19) d. P. 20) O^3 שחדיש 21) d. O^3 22) d. O^2 23) d. O^3 24) d.M.C. 25) M. התאמר, O^3 התאמינו 26) d. L. 27) P. L. בעצמו 28) O^2 ענינים 29) L. והיא 30) P. תארים 31) d. P. O^2 F. והשני 32) d. P. 33) d. F. 34) O^3 חיים א' 35) L. אשר אין 36) d. M. 37) O^3 השופע 38) O. הישמעאלים 39) d. P. 40) O^3 שהוא.

נוספים על העצמות כאשר[1]) אמרו לא נשכיל שני דברים[2]) אין אחד משניהם הוא האחר ולא הוא זולתו והקשו עליהם בעלי המאמר הזה ואמרו מפני מה היה מן השקר לקיים שני[3]) דברים אין אחד משניהם[4]) הוא[5]) האחר ולא הוא זולתו ואם תאמרו מפני שהוא[6]) הפך הנהוג[7]) נאמר לכם[8]) ואיך היה אפשר לכם[9]) שיהיה היודע הוא המדע והחי הוא החיים והיכול הוא היכולת וזה כולו הפך הנהוג[10]) וכמו שהיה אפשר לכם[11]) לקיים זה והוא הפך הנהוג[12]) היה אפשר לנו[13]) לקיים שני דברים לא יאמר שהאחד מהם הוא האחר[14]) ולא שהוא זולתו ואע״פ שהוא הפך הנהוג[15]) אמרו ונשאל לכם היתחייב[16]) כאשר עמדה הראיה על אמתת דבר שיבטל כשלא ימצא לו דומה בנהוג[17]) אם לא ואם תענו שהוא בלתי אפשר לקיים דבר עד שיהיה דומה לו בנהוג[18]) הנה יתחייב לכם[19]) שיבטל מאמרכם[20]) כי המדע הוא היודע[21]) והחיים הוא החי לפי מה שהקדמנו ויתחייב לכם שלא תקיימו[22]) דבר שאינו בזמן ולא במקום ושאינו[23]) דומה לדבר[24]) ולא ידמה לו דבר[25]) כי זה כולו הפך הנהוג ואם יתחייב שיתקיים הדבר כאשר הורתה[26]) עליו הראיה מבלתי שימצא לו דומה היה[27]) אפשר אמרנו[28]) כי תארי הבורא[29]) ית' לא יאמר שהם הוא ולא שהם זולתו כמו שהיה אפשר לתאר[30]) אותו בדברים יהיה הפך קבוצם הנהוג ואם אמר לנו[31]) אומר מאי זה דרך הכשרתם מאמרכם ובטלתם מאמר בעלי ריבכם מן המעתזלה[32]) שהאל יודע בלא מדע יכול בלי[33]) יכולת והדומים להם וכבר השתוו דבריכם באשר[34]) כל אחד מהם הפך הנהוג[35]) הנה התשובה כי אנחנו אמנם אמרנו כי מאמרינו הוא האמת מפני שמאמרינו בנוי על שרש אמתי היה אפשר שיתואר האל[36]) ית' בו ומאמרם[37]) בנוי על שרש נפסד והוא כי תארי האל ית'[38]) מחודשים והוא דבר יכחישוהו השמע[39]) והשכל יחד[40]) וגם כן הנה[41]) לשון התורה[42]) תאמת[43]) מאמרינו ויבטל מאמרם[44]) כי האל ית' כבר קיים לעצמו החכמה והידיעה בלשון התורה ורבו מאד הספורים מהנביאים ע״ה[45]) באשר לו יכולת ורצון והדומה להם[46]) ממה שלא יקבלו המעתזלה

---

[1]) L. וכאשר [2]) P. הדברים [3]) C. שם [4]) P. אין א' מש' d. [5]) F. d. [6]) P. O^2 שוה [7]) P. הנמצא [8]) L. O^2 להם [9]) P. להם [10]) O^3 הנהוג — l. 8 הנהוג d. P, הנמצא [11]) F. לכם אפשר [12]) P. הנמצא [13]) d. M. C. [14]) C. האחת [15]) P. הנמצא [16]) P. התחייב [17]) P. בנמצא [18]) P. L. בנמצא [19]) O^2 לכם — l. 12 לכם d. [20]) P. מאמריכם [21]) L. C. P. M. הידוע, F שהמדע הוא הידוע, O כי הידוע הוא המדע [22]) O^2 יתקיים [23]) P. שאינו [24]) P. בדבר [25]) d. P. [26]) L. הובא [הורתה]. in m. [27]) O^2 הנה [28]) d. O^2 [29]) d. O^3 [30]) O. לבאר [31]) O. M. C. עליו [32]) C. המעתזילה [33]) O. בלא [34]) d. O^3 [35]) P. הניהוג [36]) O. היטב [37]) O^2 M. L. C. ומאמרכם, O ומאמר המעתזלה בנוי [38]) d. P. O. F., O^2 תארי מהודשים [39]) O^3 יבהישוהו השומע [40]) O^2 יהדיו [41]) d. O^2 ולשון [42]) d. O. [43]) O^2 התאמה [44]) O^2 מאמרכם [45]) O^2 ספורים בהנביאים [46]) d. P.

לדחותו ואמנם[1]) במאמרינו[2]) דמוי קרח עמדנו אצלו[3]) שלא יכולנו להתירו וכאשר נתאמת[4]) השרש לא נעזוב אותו מפני הדמוי שקרה בפארותיו ואולם מאמרכם הנה הוא נפסד השרש והענף יחד ואולם תארי הפעולות הם כמו בורא וזן[5]) הנה המאמר בהם שהבורא ית' לא סר להיות[6]) מתואר בהם כי היה מן השקר שיהיה הבורא ית' בנצחות בלתי בורא ובלתי זן[7]) ואחר היה כן אמנם[8]) המחודשים הבריאה וההזנה והנברא והנזון ואם תאמר זה יחייב עליכם לאמר בקדמות העולם[9]) ושהוא לא יסור להיות[10]) נמצא עמו[11]) נאמר לא יתחייב[12]) זה[13]) כי התארים בלשון יתואר בהם מי שפעל במה שעבר ומי שיפעל בעתה ומי שהוא מזומן שיפעל בעתיד ויאמר[14]) ראובן היה מכה שמעון אתמול ומכה שמעון עתה ומכה שמעון מחר[15]) והוא מפורסם בלשון הערבי[16]) עד שאינו צריך לעדות.

השער הששי[17])

בביאור אמרם כי הבורא ית'[18]) אינו יודע כי אם עצמו. זה המאמר יצילנו השם ית' ויצילך מן התעיה[19]) כבר חשבו רבים מן האנשים שהם רצו בו שהוא בלתי יודע[20]) זולתו והיה רחוק לאנשים מהם שיתארוהו[21]) בתואר הזה וחשבו אחרים[22]) שהוא יודע בכללים[23]) בלתי יודע בפרטים וחשבו אחרים שהוא יודע הכללים והפרטים במדע כללי[24]). וזה המאמר השלשי הוא יותר קרוב מהם אל האמת ואע"פ שיש בו[25]) מקום ספוק[26]) ואולם שני המאמרים האחרים הנה[27]) כבר התקבין בהם הטעות המבוער והסכלות בתארי האל ית' לרוע הבנתם למאמר[28]) הקודמים[29]) מן הפילוסופים[30]) וראוי עלינו תחלה שנבאר עניין מאמר הפילוסופים הקודמים[31]) שהבורא ית'[32]) אינו יודע כי אם עצמו ושהם לא רצו[33]) בזה שהוא יסכל[34]) זולתו ונביא מדבריהם מה[35]) שיורה על היותם נקיים ממה שחשבו עליהם אלו האנשים ואחר כן נחלוק[36]) עליהם ואשחית טענותיהם ובאלהים אעזר. **פרק**[37]) אולם אמרם כי הבורא[38]) לא ידע כי אם

---

1) F. אמנם 2) O² באמרנו 3) P.O.M.L.F.C. אצלינו 4) O² F.C. התאמת, O. וכאשר עמדנו על השרש 5) d.O., O² בוראו וזן 6) P. F. להיותו 7) O² זך 8) P. ואמנם 9) P. בקדמות הקדמות 10) L. מהיות 11) C. עצמו 12) F. יתחייב 13) L. בזה 14) O² לעתיד ונאמר 15) P.L. למחר 16) O. הערבי 17) P. השער השביעי 18) d. P. O. F. 19) P. מהתעיה 20) P. יודע — l. 21 יודע בכ' d. 21) F. יתארהו 22) L. d.O² 23) P. הכללים 24) O² בידיעה פרטית כוללת 25) P. F. ואע"פ שהוא 26) O² ספק 27) O d. O² 28) P. במאמר 29) O² הקדומים 30) P. הפיל' — l. 21 d. 31) O² הקדומים 32) F. השי"ת, d.P.O² 33) O² מנו 34) O² לא ידע P. לא יסכל 35) O.M.L.C. ראיה מה 36) L. O² אחליק, O. ואחר אחלוק 37) L. פרק א' 38) O. F. הבורא ית'.

עצמו הנה הוא סובל ד׳ ענינים[1]) קרובים זה לזה אחד מהם כי המציאות שני מינים מציאות מוחלט[2]) ומציאות סמוך והמציאות המוחלט הוא אשר אינו צריך אל נמצא ואינו מסובב מסבה יותר קודמת ממנו והמציאות[3]) הסמוך הוא אשר יצטרך אל נמצא היה סבה לו הנה המציאות המוחלט הוא אשר בו יתואר השם יתי׳[4]) כי הוא המציאות המוחלט אשר אין סבה למציאותו והמציאות הסמוך הוא המציאות אשר יתואר בו זולתו מן הנמצאות כי מציאות כל דבר[5]) נמצא נקנה[6]) ממציאותו[7]) ונמשך אחריו ונתלה בו עד שאלו ידומה הסתלק מציאותו יתי׳ היה[8]) מסתלק[9]) מציאות כל דבר ומפני זה המשילו ודמו מציאות הדברים מאתו במציאות אור השמש מהשמש כי השמש כשהסתלקה נסתלק[10]) אורה ולא רצו במאמר הזה לדמותו לשמש[11]) לפי האמת כי הבורא יתי׳ חלילה שיהיה לו דומה ואמנם רצו בו להמשיל צורך[12]) הנמצאות אל מציאותו[13]) על צד הקירוב אל ההבנה כמו שאמרו[14]) גם כן כי מציאות הנמצאות מאתו במציאות הדבור מן המדבר לא במציאות הבית מן[15]) הבנאי כי הבית אפשר שימצא[16]) עם[17]) העדר הבנאי ואי אפשר שימצא דבר אלא במציאות הבורא יתי׳[18]) ומפני שהיה הבורא יתי׳ הוא הנמצא[19]) המציאות האמתי[20]) והיה[21]) מציאות זולתו נמצא ממציאותו ונמשך[22]) אחריו ואין במציאות אלא הוא וברואיו היה הנמצא בפנים אלו כאלו הוא נמצא אחד והידוע כאלו הוא ידוע אחד והיה כאשר ידע עצמו ידע כל מציאות נמשך למציאותו והענין השני כי המושכל הוא[23]) השלמת המשכיל ושלמות עצמו ולולי זה לא היה צריך שישכיל זולתו ואין ברבוי מושכלות המשכיל ראיה על יתרון מעלתו אבל בהם[24]) ראיה על חוזק חסרונו ולפי שעור[25]) שלמות הדבר בעצמו ימעטו מושכליו ולפי שעור חסרונו[26]) ירבו מושכליו ומפני[27]) זה היה החסרון דבק לכל נמצא זולת הבורא יתי׳ כי הם כלם לא ישיגו המעלה והשלמות אלא כשישכילו[28]) הבורא יתי׳ והיותר קרוב מהם אליו היותר שלם מהם וחסרונו יותר מעט כי הוא לא יצטרך בשלמות עצמו אל יותר מהשכילו הסבה[29]) הראשונה וכל מה שירדו מדרגות הנמצאות גדל חסרונם והוצרך כל אחד מהם בשלמות עצמו אל שישכיל כל נמצא שהוא קודם[30]) לו עם השכילו הסבה הראשונה[31]) כי אי אפשר לו

---

1) M. C. פירושים 2) F. מוחלט — המוחלט d. 3) C. L. M. O. d. O², והמציאות
— l. 5 והמציאות d. 4) P. F. הבורא O. הבורא יתי׳ 5) d. P. 6) F. נקנה עשוי 7) P. F.
ממציאותו — מציאותו d. 8) O. d. 9) O. יסתלק 10) P. F. הסתלק 11) O² d. 12) O²
לצורך 13) O² מציאות 14) O² שאמר 15) O² הבית מן d. 16) F. הקיום d. P, 17) d. C.
18) F. האל יתי׳ d. P, 19) d. P. F. 20) P. F. אמתי 21) F. O² והוא 22) M. נמשך 23) F.
24) O² d. P. C. 25) הם d. P. F. 26) O² חסרון 27) O² מפני 28) P. כשישכילו 29) P. הסבה
30) M. C. רחוק 31) הראשונה — p. 46 l. 1 הראשונה d.

שישכיל[1]) הסבה הראשונה עד שישכיל האמצעיים אשר ביני ובינה[2]) ומפני שהיה הבורא ית' הוא תכלית השלמות היה בלתי צריך[3]) שישכיל זולתו והיה[4]) כאשר השכיל[5]) עצמו כבר[6]) השכיל זולתו והעניין השלישי כבר[7]) זכרנוהו בשער ביאור אמרם כי המספרים[8]) עלולות רעיוניות כשפירשנו מאמר ארסטו[9]) שהבורא ית' עלה[10]) הדברים על שהוא פועל אותם ועל שהוא תכלית להם ועל שהוא צורה להם וזכרנו שהוא לא רצה[11]) בצורה אשר היא תבנית ותקוה ולא הצורה[12]) אשר היא[13]) המין כי[14]) הוא[15]) לא יתואר בצורה ואמרנו ענין זה כי[16]) מציאות[17]) זולתו מפני שהיה[18]) נקנה ממציאותו היה[19]) מן הפנים האלו כאלו הוא[20]) צורת הנמצאות כי הם אמנם ימצאו במציאותו כמו שימצא[21]) המצוייר[22]) בצורתו והיה[23]) מציאותו כסוג[24]) אשר יקבין[25]) המינים והאישים ואע"פ שהבורא ית' חלילה לו שיתואר בסוג או מין[26]) או איש אבל הוא המשל[27]) וקרוב לא[28]) אמת ויהיה הידוע מן הצד הזה ג"כ אחד.

והעניין הרביעי הוא[29]) כי האדם לא ידע הדברים בעצמותו ועצמו ואלו ידעם בעצמותו ועצמו היה[30]) עצמותו[31]) יודע[32]) תמיד ולא יצטרך לקנות הידיעה ואמנם ידע הדברים בעניינים נוספים על[33]) עצמותו יקחם לכלים יגיע בהם אל השגת ידועיו והם החושים החמשה והמושכלות הראשונות אשר ימצאם תקועים בנפשו ולא ידע מאין הגיעו לו ובשני מינים[34]) אלו מן הכלים יגיע לקניין הידיעות אשר תתעצם בהם נפשו ויגיע לו השכל הנקנה והבורא ית'[35]) לא יתואר שהוא ידע[36]) הדברים כולם[37]) בתואר הזה ית' ממנו וכאשר היה[38]) מן השקר שידע הדברים על הדרך הזה[39]) התאמת שידיעתו עצמית[40]) אינו בקנין וכאשר היה מן השקר שיתואר בידיעתו דבר נוסף על עצמותו היה עצמותו הוא[41]) הידיעה בעינה[42]) ואחר שלא יכשר[43]) שיתואר שיהיה צריך אל זולתו אבל[44]) כל[45]) דבר צריך אליו התאמת שהיודע והמדע והידוע[46]) דבר אחד בהפסק מה שנשכילהו בנפשותינו[47]) ואחר שהתקיים זה בראיות אשר הם[48]) ראיות

---

1) O³ שישכיל וולתו 2) L. C. ובינם 3) O² [נ"ל אפשר] in m. 4) C. יהיה 5) O. השיג את 6) L. הנה כבר 7) L. הנה כבר, O³ כבר זכרנוהו d. 8) d. O² 9) O³ מאמרנו 10) L. סבת, O עלתו 11) O. M. L. C. שהם לא רצו, F שהוא לא זכר 12) O. בצורה 13) P. אין היא 14) d. F. 15) P. היא 16) P. L, d. O³ כי ענין זה 17) P. O³ L. במציאות 18) O. M. C. שהיא 19) O³ הנה 20) P. היא 21) C. שמצוי, d. O² 22) P. הצייר 23) F. יהיה 24) L. כסוגים 25) L. יקבל [יקבין] in m. 26) O³ ומין, P. או במין 27) F. המשכיל 28) C. ולא, O³ אל 29) O² d. P. 30) P. והיה עצמו 31) L. עצמו 32) O² טבע 33) P. אל 34) L. ובשני המינים האלו, M ובשנימנים 35) P. F. ית' — l. 19. ית' d. 36) O³ לא ידע 37) O³ שכלם 38) d. O³ 39) O³ d. 40) O² עצמתו 41) O³ היה עצמותו הוא d. 42) L. בעצמה 43) P. שאין ראוי 44) O² d. 45) O³ וכלם, P. כל אשר הוא צריך 46) O² שהמדע והידוע 47) L. אנחנו 48) d. P. F.

לו הנה כאשר ידע עצמו הנה כבר[1]) ידע כל דבר. **פרק**[2]) וממה[3]) שיורה[4]) על היות דעת גדולי[5]) הפילוסופים וכללם[6]) כי הבורא ית' ידע כל דבר ולא יסתר ממנו דבר[7]) ואפי' כשעור ורע[8]) הרדל ומה שהוא יותר דק ממנו[9]) ושהוא ידע העלומות הנפשות והרהורי הלבבות עם אמרם[10]) שהוא לא ידע אלא נפשו אמרם כי הבורא נמצא עם כל דבר יל[11]) כי האחדות המתפשטת[12]) ממנו ית' בה[13]) יגיע[14]) לכל נמצא עצמות יובדל בו מעצמות אחר ובו יתוכן כל מתוכן[15]) אם כן איך יחשוב על[16]) מי שדעתו זה שיאמר[17]) כי הבורא ית' יסכל[18]) דבר או יעלם[19]) ממנו דבר וזה[20]) קיום הדבר והפכו יחד ומזה אמרם שהבורא[21]) ית' שכל מישולל מן החומר בהפך מה שיתואר כשהוא שכל כי היה בלתי דומה לדבר ולא ידמה לו[22]) דבר[23]) וכאשר היה אצלם שכל נפשט מן החומר לא יעלם ממנו דבר כי המונע[24]) מהשגת הדברים אמנם הוא החומר ומזה אמרם שהמשכיל והשכל והמושכל ממנו דבר אחד וכן היודע והמדע והידוע דבר אחד ועצמותו אצלם שכל ומדע ואיך ידומה על מי שעצמותו מדע ושכל שהוא יעלם ממנו דבר ומזה אמרם כי הכונה בידיעת הקרוב מן האל[25]) כתארים ואמרם[26]) בגדר הפילוסופים [— יאה .l] כי ענינם [— ה .l] ההתדמות[27]) לאלהים ית' בשיעור יכולת האדם הנה התאמת בזה שהוא[28]) ית' היודע במוחלט[29]) ושידיעתו היא[30]) הידיעה במוחלט ומזה מאמר אפלטון[31]) בספר טימאוס כשדבר בעולמים העליונים וזכר גדולתם אחר כן אמר וזה[32]) איננו לנו[33]) בעולמינו זה אבל אלו נעלה בעולמים העליונים כשנשכיל ונעבור הגלגלים הט' והגיעותיהם ועלינו ועברנו עולם הנפש בהתבונתינו[34]) ושכלינו עד[35]) שנגיע בעולם השכלים אשר לא יעלם ממנו נעלם ולא יסתר ממנו צורה וממנו הצורות[36]) ואינו בזמן ולא במקום ולא תנועה ולא איכות ולא היולי אבל הדברים בו אמיתיה נפרדות גלויות אין בו כח[37]) אבל הצורות בו[38]) קיימות הזורות[39]) על עצמיהם[40]) ועצמיותיהם והם יודעות נפשותם וזולתם למה שבו[41])

---

1) L. הנה כבר d. 2) L. פרק ב' 3) d. C. 4) O² שידע 5) O² F. נדול 6) C. וכלל
7) d. O² 8) M. C, d. P. O² F. נרגר 9) O² ממנה שהוא 10) O² מאמרם 11) F. רוצים לומר
12) O² O. M. L. C. המתפשט 13) P. ית' בה d. 14) O² יגיע בה 15) P. L. F. יתוקן —
L. יתתקן — כל מתוקן 16) F. כל 17) O. M. C. כי יאמר 18) P. יחדל 19) O² יעלים
20) O² ובה 21) O² כי הבורא 22) d. O² 23) O² דבר — l. 11 דבר d. 24) O² הנמנע
25) O O² P. האל ית' 26) O² ואמנם 27) O. F. ההדמות, P התדמות מדות לאל' בשעור
28) P. F. כי הוא היודע 29) F. במוחלט — במוחלט d. 30) O² הוא 31) P. אפלאטון
32) O² אמרו זה 33) P. O² O. M. L. C. לאות, ليس لنا .ar 34) F. עולם השכל בהתבוננותנו
35) d. P. F. 36) F. ולא נסתר ממנו צורה מאותם הצורות 37) O² בורה 38) d. O²
39) L. מוזרות 40) P. עצמיות ההם 41) P. למה שבו d.

מהשתכלית[1]) הבורא ית'[2]) להם[3]) ואמר במקום אחר והוא רצה לנקות נפשו[4]) שלא יחשבו עליו מפני דבריו שהוא סובר בנצחות העולם[5]) וקדמותו[6]) ואמר[7]) ואמנם[8]) נראה באמרינו[9]) שהעולם נצחי לא יסור כי העולמים כבר היו מצויירים[10]) אצל[11]) הבורא[12]) ית' ממושלים[13]) בכח קודם הויתם וזה כי הבורא ית'[14]) לא סר היותו משתכל[15]) אליהם עין[16]) אל[17]) עצמותו ידע באחדותו ושב אל עצמותו ידיעה והוא ידע השכל הנאות[18]) לו אשר בו הצורות גמורות[19]) והדבר הזה אע"פ[20]) שיש[21]) בו מה שצריך לפקפק הנה כבר התאמת ממנו כי דרכו שהבורא ית' ידע הדברים קודם הויתם בהפך מה שיחשבו עליו וממה שיורה על זה גם כן[22]) מדרכו אמרו[23]) בנימוסים אין[24]) שום דבר יותר עוזר על תקון ענין[25]) כל[26]) אחד מן האנשים וענין[27]) קבוציהם מהיותם[28]) יודעים וסוברים ג' דעות ואין דבר יותר מזיק מהיותם בלתי יודעים אותם או שיהיו סוברים הלופיהם אחת[29]) מהם[30]) שידעו[31]) כי לדברים פועל והשנית שידעו שהוא לא ישכח דבר ולא יעלם ממנו דבר אבל כל דבר תחת ידיעתו ותחת השגחתו[32]) והנהגתו והשלישית שהוא לא ירצהו[33]) בקרבן ולא יכפר[34]) פניו במנחה מי שיחטא חטא בזדון על דעת[35]) שיקריב כנגדו אליו קרבן ויכפר לו[36]) אבל אמנם יקבל קרבנו כאשר עשה מעשה טוב עוד אמר ואלו[37]) הם ענינים אמנם מקורם[38]) ומקום למודם מחכמת הענינים האלהיים והם נקראים בלשון יונים[39]) באילניה [l. תאלוגיה] וממה שיורה על זה היות סברתם ודעתם[40]) ואמרם שהעולם אדם גדול[41]) כמו שהאדם עולם קטן וכמו שהמוחשים יגיעו[42]) אל הנפשות[43]) הפרטיות באמצעות החושים הגשמיים בלא זמן ויחתם צורתם בשכל הפרטי[44]) ההיולאני הנה כן בעולם אשר הוא האדם[45]) הגדול[46]) דברים כמו החושים לנפש הכללית אשר היא נפש האדם הגדול ידבקו בה[47]) מצדיהם[48]) עניני העולם בלא זמן ובאשר נדבקו[49]) בנפש הכללית נדבקו בשכל הכללי[50])

---

1) F. מהשתדלות, L. מהשתנות 2) F. d. 3) L. מהם 4) F. נפשו 5) F. עולם 6) C. בקדמותו 7) O² ואמר — כי d. 8) P. F. אמנם, L. אילם 9) L. במאמרנו 10) O² lacuna 11) O² אבל 12) d. P. 13) L. מושכלים 14) d. P. F. 15) P. מסתכל 16) O. M. F. C. ענין [l. עיין], L. O² עיון P. אליהם עוין אל d. 17) O² אצל 18) F. הנתכת L, [ס"א הניתנת] in m. 19) F. הגמורות 20) F. ואע"פ 21) O² אשר יש 22) P. גם כן d. 23) P. O² O. M. C. אמרים 24) O. כי אין 25) d. O. 26) d. O² 27) d. L. וקבוציהם 28) O² מהיות, P. F. מהיו' — l. 11 מהיו' d. 29) O. M. L. C. אחד 30) F. מהן 31) M. C. שידעו — שידעו d. 32) O² השגחתו 33) P. ירצה 34) M. L. C. יכפרה, P. ולא - - במנחה d. 35) O. M. רעה 36) O. M. C. אליו 37) O² אלה 38) P. הקודם 39) P. O² יון 40) L. ודעתם אמרים 41) O² d. 42) O. M. F. C. O² יגיע 43) P. O M. L. F. C. הנפשיות 44) M. F. C. פרטי 45) M. C. עולם האדם, O² העולם הגדול 46) L, d. P. F. הגדול — l. 22 הגדול d. 47) L. בו 48) P. מצייריהם 49) F. נדבקו — p. 49. l. 1 בהתר' d. 50) P. O² הכללי — p. 49. l. 1 הכללי.

בהתדבקם בשכל החלקי ובאשר נדבקו בשכל הכללי נדבקו בבורא ית׳ הנה אלוי[1] כלל מדבריהם ודרכיהם[2] יורו למי שיבינם על היותם נקיים מהפירוש הרע אשר יחסו אליהם על[3] אמרם שהבורא ית׳ אינו יודע כי אם עצמו.[4] **פרק**[5] וכבר[6] הביא טענת מי שחשב כי האל ית׳[7] לא[8] ידע[9] הדברים ואמר[10] אמנם[11] היה מן השקר שיתואר שהוא ידע הדברים[12] כי הידיעה בדברים יצטרך בה[13] אל[14] השגת החושים[15] וקדימת ההקדמות אשר בהם אפשר להגיע אל[16] ידיעת[17] הכללים מן הפרטים ובו שלמות היודע ויצטרך בו אל ציור ודמיון והבורא[18] הלילה מלתאר בו שהוא יצייר דבר או ידמהו או יהיה בעל חושים יגיע בהם[19] אל[20] ידיעת דבר או שיהיה צריך אל הקדמות[21] וזולתו יקנהו שלמות בעצמותו[22] אבל הוא המקנה השלמות[23] לכל שלם לפי שלמות מדרגתו והוא בלתי צריך לזולתו וכל[24] זולתו צריך אליו ובהארינו אותו שהוא ידע[25] וזולתו חסרון לו לא שלמות[26] והשיבותינו על זה שנאמר להם ההחשבו כי[27] הבורא ית׳ ידמה האדם בעצמותו ותאריו[28] או הוא מתחלף מהם הנה אם יהיו[29] סוברים שהוא ידמה[30] להם בעצמותו[31] והתארים או בקצת זה[32] היה מתחייב שישיגהו מן החסרון מה שישיג האדם ושיתחייב לו מן החדוש[33] מה שיתחייב לשאר הדברים ואם יאמרו שהוא מתחלף מן האדם לא ידמה[34] לדבר ולא ידמה אליו דבר נאמר להם מאין אתם מקישים[35] על ידיעתו מידיעתכם[36] וחייבתם שהוא אם היה[37] יודע יהיה מתחייב[38] שידע[39] בהוצאה מלב[40] ובהקדמות והיה צריך אל חושים ולמה אתם מכחישים שיהיה יודע הדברים במין אחר מן הידיעה[41] לא יתאיך[42] ולא ידמה לידיעת בשר ודם ובמה[43] זה אתם מבטלים זה ואם יאמרו לא יודע מדע כי אם בדרך הזאת[44] יתחייב להם[45] שידמו הבורא ית׳[46] אל ברואיו ונאמר להם מאין אמרתם שהוא ידע ושהוא מדע ושהוא ידע דבר אחד[47] לא ישנה[48] שנוי בו ובן שהוא[49] משכיל[50] ושהוא שכל ושהוא מושכל דבר אחד בתאריו וזה ענין בלתי מושכל

---

1) O² הוא 2) P, d. L. ודרכיהם — נקיים d. 3) P. על — פרק d. 4) O² נפשו 5) L. פרק ג׳ 6) P. וכאשר 7) F. השיית 8) d. M. [השקר שיתואר שהוא ידע], s. P, שהוא לא ידע הדברים כי אם בדרך יצטרך 9) M. C. ידע — ידע d. 10) O. ויאמר d. O² F. 11) F. כי היה, O² ואמנם 12) C. בדברים 13) d. P. F. 14) F. על 15) L. החושים החמשה 16) O² אצל 17) F. ידיעות 18) O² והבורא ית׳ 19) P. להם 20) F. על 21) O. M. L. C. O² ההקדמות 22) O² בעצמו 23) P. שלמות 24) d. F. וזולתו 25) F. ידע 26) C. לשלמות 27) d. P. F. 28) M. L. F. C. O. ותארו 29) O² הם 30) O² ידע 31) L. בעצמותו ותואריו 32) P. M. L. F. וזה 33) F. מן החדוש d. 34) O² לדבר ולא ידמה d. 35) O² מקשים 36) d. F. 37) d. F. 38) P. מתייב 39) d. O² 40) L. מהלב 41) O² מהידיעה 42) P. לא יתאיך d. F, יתארוה L, יתואר 43) O² במה 44) O. זאת 45) O. M. L. F. C. O² לכם, لزمهم nr. 46) d. P. 47) O. M. L. C. אחד בעצמותו ובתאריו 48) P. ישתנה 49) O. M. C. הוא 50) C. המשכיל, P. שכל ושהוא משכיל.

במה שנדע ונרגיש[1] מנפשותינו ונאמר להם כן[2] לא[3] נשכיל[4] נמצא כי אם שיהיה[5] עצם נושא המקרים או מקרה[6] נשוא בעצם אם כן שפטנו על הבורא[7] שהוא עצם מסוג העצמים המושכלים כי אין הפרש בין זה לזה ונאמר למי שחשב מהם שהוא יודע הכללים ולא ידע הפרטים מאין הבדלתם בין שני הדברים ואם יאמרו מפני שהפרטים נכנסים תחת הזמן וישתנו בהשתנותו ויצטרך[8] בידיעתם אל החושים ויתחייב השתנותם בעבר והעומד והעתיד שנוי בנפש היודע ויצטרך היודע בידיעתם[9] אל החושים החמשה והכללים אשר הם המינים והסוגים אינם נכנסים תחת הזמן[10] ואינם משתנים בהשתנותו והם בלתי צריכים בידיעתם[11] אל החושים הנה תשובתינו על זה שנאמר להם[12] הלא אתם ידעתם[13] כי האדם אמנם ידע[14] הכללים בראות[15] הפרטים הנופלים תחת הזמן ובלקיחת הראיה עליהם בהקדמות[16] הטבעיות התחשבו שהאל ית' ישיג הכללים בדרך הזאת ואם יאמרו כן הנה דמוהו לאדם ונאמר להם[17] אחר שהוא אפשר אצלכם[18] שידמה לאדם בידיעת הכללים מה הדבר[19] אשר ימנע[20] אתכם[21] שידמה לו[22] בידיעת הפרטים ואם יאמרו אי אפשר שידע הכללים על הדרך שידעו אותם בני[23] אדם ואמנם ידע אותם במין אחר מן הידיעה לא יתאיך[24] ולא ידמה לידיעת האדם נאמר להם[25] מה הדבר שימנע[26] שידע הפרטים במין אחר מן הידיעה לא ידמה לידיעת האדם[27] ואין הפרש בין זה לזה ועמד[28] השער הזה וזולתו המדבר בתארי האל[29] ית' שתשים שרשו כי הבורא ית'[30] לא ידמה לדבר ולא ידמה אליו דבר[31] והשתדל[32] לדעת הכלל הזה במופתים הברורים וכאשר יתקיימו[33] בנפשך יסורו ממך אלו ההרהורים כולם כי[34] אשר[35] טעו באלו[36] הענינים אמנם קרה להם הטעות מפני שהם הקישו האל ית' לבני אדם ודמו תאריו לתארי[37] האדם וכבר[38] קיימה תורתינו האמתית[39] אשר הגדילנו[40] האל בה כי האל[41] ברא הכל ויודע הכל[42] ומשגיח בכל ואמר הנביא[43] כי לא מחשבותי מחשבותיכם ולא דרכיכם דרכי ואמ'[44] המגביהי לשבת המשפילי לראות בשמים

---

1) O. M. L. C. ונשכיל, F. בנפשותינו 2) d. L. 3) d. P. 4) P. O. M. C. נשכילו, L. משכיל 5) d. P. 6) O² מקרה שהוא 7) O² הבורא ית' 8) P. יצטרך 9) F. בידיעה 10) d. P. F. 11) F. בידיעה 12) O² O. M. L. F. C. לכם, لهم ar. 13) d. P. 14) O² יודע 15) O² בעדות 16) O² O. M. L. F. בהקדמה 17) O. לכם 18) O² לכם 19) d. L. 20) M. L. C. שימנע 21) M. C. מכם 22) M. C. שידמה לו d. 23) P. כפי 24) P. יתאר 25) d. C. 26) O² אשר ימנע, P. וימנע 27) d. P. 28) F. נעמיד 29) P. השם 30) d. P. F. 31) O² ולא דבר ידמה לו 32) P. והשתכל 33) P. F. נתקיימו 34) d. O² 35) P. O² O. M. L. C. כאשר, P. כאשר — l. 23 וכאשר [וכבר] d. 36) O² באלה 37) C. לתאר 38) O²O.M.L.C. וכאשר; 39) d. P. 40) O. הגדילו, O² הגדילה לנו 41) P. O² F. האל — p. 51 l. 1 האל d. 42) O. בכל 43) Jes. 55, 8. M. L. C.; כי לא דרכיכם דרכי ולא מח' מח' 44) Ps. 113, 5.

ובארץ ואמר אחד מבעלי הדתות כי האל ידע הרבים[1] גדוליהם וקטניהם לא יעלם מאתו[2] בשעור זרע[3] הרדל לא בשמים ולא בארץ ושהוא יודע רעיוני[4] האנשים ותעלומות הלבבות[5] ולא[6] יפול עלה שלא ידעהו ולא גרעין[7] במחשכי ארץ[8] לא לח ולא יבש אלא הכל[9] כתוב בספר זה[10] תואר השלמות[11] אשר יאות באל[12] ית' לא מה שחשבו[13] אלו הסכלים וכבר זכרנו מדברי הפילוסופים הקדמים[14] מה שהוא משתוה[15] לזה שהודיעתנו תורותינו וכבר[16] אמרתי בזה[17] אתה המתאר אלהיו בסכלות הנה לא תוכל לשער לאל[18] שיעור[19] יכלתו ואיך יעלם מאתו[20] ידיעת אדם נברא ועצמו והוא מקיף בכל דבר וכלם הוים[21] במציאתו.

השער השביעי[22]

בהעמיד המופתים על היות הנפש המדברת[23] חיה אחר הפרדה מן הגוף. הנפשות שלש צומחת וחיונית[24] ומדברת ואולם הנפש[25] הצומחת והחיונית[26] אין בהם מחלוקת[27] כי כולם מודים בהעדרם בהעדר הגשם ואולם[28] נפלה המחלוקת בנפש המדברת והיא המשכילה המכרת[29] וחשבו אנשים שהיא תהיה נעדרת עם הפרדה מן הגוף כהעדר[30] הצומחת והחיונית ואמרו אנשים שהיא נשארת חיה בלתי נעדרת והוא דרך סקראט וארסטו[31] ואפלטון ושאר חכמי הפילוסופים[32] וזה[33] יורו התורות כולם ואמנם[34] אזכור מכלל המופתים הפילוסופים שמנה[35] הגאותים במקום הזה[36] ובאלהים אעזר. **מופת ראשון** נטיית האדם אל התאוות הטבעיות והמשכו אחר[37] ההנאות הגשמיות ימנעהו מלצייר האמתות ולקבל הידיעות כי יקנו לשכלו בלבול והמעיטו[38] מהם יקנה[39] לשכלו חדוד ויעזור לו לקבל הידיעות ולצייר האמתות[40] והורה זה כי החומר הטבעי מפסיד הנפש המדברת ושהוא כל מה שתהיה יותר[41] נפשטת ממנו תהיה יותר[42] מכירה ודעתה יותר ברורה ויולד מהקדמות אלו שתהיה עם

---

1) O. הדבר 2) O² F. ממנו 3) P. O² F. d. 4) O. כל רעיוני 5) O² כל הלבבות
6) O² לא 7) O² מעין 8) P. F. הארץ 9) O² הכל זה בספר 10) P. F. הזה 11) C. השלמיות
12) O. F. בשם 13) P. שחשבוהו 14) O² הקדומים 15) L. משתנה 16) P. וכבר — l. 10
השער d. 17) P. O² M. C. מה 18) F. לתאר לאל, d. L. 19) P. O² O. M. C. שעורי 20) O² F.
ממני 21) O. C. ההוים 22) P. השער השמיני 23) O² המדבר 24) P. F. חיונית 25) d. P. O² F.
26) P. F. וחיונית 27) P. O² F. מחלוקת בהם 28) P. אולם 29) P. M. F. המדברת, O²
הדברת 30) L. כהעדר נפש 31) F, d. P. O² M. C. ואפלטון וארסטו 32) F. הפיל' —
l. 18 הפיל' d. 33) P. וזה — l. 18 הזה d. 34) O² d. 35) L. d. 36) F. d. 37) O² אליהם
ואחר 38) P. והמיעוט 39) O² O. M. L. F. יקנו 40) O² האמת P, ולצייר האמ' d. 41) C.
יותר — מכירה d., M. in m. 42) P. יותר — ברורה d.

המות יותר מכירה ויותר רואה האמתית להיותה[1]) נפשטת מכל החומר ולא תהיה ההכרה והציור אלא לחי הנה הנפש אם כן היה[2]) אחר מות הגשם[3]) והנה השתוה[4]) למופת הזה הפילוסופי[5]) לשון תורתינו[*]) באמרו ית'[6]) כבר[7]) היית בחשך מזה[8]) והסירונו מעליך כסויך וראותך היום זך ואמרו האנשים ישנים וכאשר מתו הקיצו[9]) ולהבדיל בין החשך ובין האור דמיון זה בתורתינו הקדושה לפי דעתי והוא מה שנאמר למשה[10]) והסירותי[11]) את כפי וראית את אחורי[12]) ופני לא יראו. **מופת שני** כל נמצא בפועל מן[13]) הדברים הטבעיים הנה כבר היה נמצא בכח[14]) וכל מה שהיה נמצא בכח ואחר כן נמצא בפועל[15]) הנה יוציאהו אל המציאות דבר אחר[16]) נמצא בפועל כמו המים אשר הם קרים בכח הטבעי ותוציאם אל החום בפועל האש אשר היא חמה[17]) בפועל וזה מן ההכרח כי אי אפשר שימציא[18]) הדבר את עצמו[19]) וכן[20]) אי אפשר גם כן שיוציאהו[21]) מן המציאות בכח אל המציאות בפועל מה שהוא נמצא[22]) בכח כי שניהם כבר השתוו[23]) בהעדר וכל אחד משניהם צריך אל נמצא[24]) אחר[25]) ואחר שהיה מן השקר שני הדברים האמת כי מוציא הדבר[26]) מן הכח אל הפועל[27]) לא יהיה כי אם זולתו ולא יהיה כי אם נמצא בפועל ואחר שהתקיים זה נאמר כי קצת הגשמים חי בכח ואחר כן יהיה[28]) חי בפועל[29]) ויוציאהו אם כן אל החיים עצם אחר זולתו שהוא[30]) חי בפועל והגשם אמנם היה חי בהתחבר הנפש עמו[31]) הנה הנפש אם כן חיה בפועל[32]) לא יעדר[33]) ממנה ההיות[34]) הנה הנפש אם כן[35]) לא יעדר ממנה החיות. **מופת שלשי** נפשנו[36]) המדברת אמנם היא צריכה אל החיות הגשמי כלל[37]) ומן שתהיה עירמה מן הצורות השכליות וכאשר הגיעה[38]) בה

[1]) P. להיות [2]) O² אם כן חיה d. עם מה [3]) O. M. C. הגוף [4]) F. השתנה [5]) P. למופת הזה הפיל' d. [6]) M. F. d. F. ית' ולהבדיל בין החשך ובין האור L, ית' ולהבדיל בין האור ובין החשך והוא מה שנ' למשה והסירותי את כפי וראית את אחורי P, ית' ולהבדיל בין האור ובין החשך [7]) O² דבר [8]) d. P. [9]) P. O² L. הקיצו — l. 7 מופת d., F. מצאתי בגליון ולהבדיל O, מצאתי בגליון ולהבדיל בין האור ובין החשך בתורתנו האמתית [10]) M. C. למטה; Ex. 33, 23 [11]) M. והסירותו [12]) F. אחורי ע"ב [13]) P. F. כל [14]) P. בכח — בכה d. [15]) P. M. L. F. C. בפעל — בפועל d. [16]) O² אחר, أخر ar. [17]) O² הוא חם [18]) F. שימצא [19]) O. את עצמו d. P, את d. [20]) P. F. וגם [21]) F. שיוציאוהו [22]) O² d. [23]) F. השתנו L. נשתוו [24]) O² המציאות [25]) d. O² L. F. [26]) L. את הדבר [27]) P. F. הפועל — l. 16 בפועל d. [28]) O² d. [29]) O² בפועל — l. 18 בפועל d. [30]) d. F. [31]) P. עמו הנפש [32]) l. בפועל [ומה שהוא חי בפועל] לא יעדר ממנו بالفعل وما هو حي بالفعل teste B. [33]) C. נעדר [34]) F. החיות — l. 20 החיות d. [35]) O² M. C. אם כן חיה בפועל [36]) P. הנפש [37]) P. M. F. C. ר"ל [38]) L. הגיע. [*]) V. *Alcoranum* 50, 21

צורה מן הצורות השכליות אינה צריכה לעסק[1]) החוש ומעשיו אשר היתה נדבקת בו[2]) אליו והורה זה[3]) כי הנפש יש לה קיום בעצמותה מסתפקת[4]) בו בלתי[5]) צריכה אל הגשם ושאברי הגשם אמנם[6]) הם כלים לה תלקוט[7]) בהם ידיעותיה ויולד[8]) מזה כי הנפש המדברת כאשר התעצמה בידיעות והגיע לה השכל הנקנה אינה צריכה להתלות בגשם. **מופת רביעי**[9]) נפשנו תמצא הדברים ההיולאניים[10]) מצויירים[11]) בעצמותה אחר העלם הדברים המצויירים מהרגשותינו[12]) וכן נראה הדברים בהיותינו ישנים ומה שתראה[13]) נפשנו מהם[14]) בעתות היקיצה והשינה אמנם הוא[15]) צורות משוללות מן היוליהם[16]) הנה כבר[17]) התקיים[18]) בזה שהצורות[19]) יש להם שתי מציאות[20]) מציאות בהיולי ומציאות רק מן ההיולי ולולי זה לא היה[21]) אפשר נפשנו[22]) שתמצא צורה כי אם בהיולי שלה ואחר שהתקיים זה אין[23]) להכחיש שימצא האדם אחר המות צורה[24]) משוללת מן ההיולי[25]) ולא ימנע זה מונע. **מופת חמישי**[26]) הנה נמצא האדם[27]) לענין תחלה בהיותו[28]) נער לא ידע דבר אחר כן לא יסור כל אשר יגדל יעלה בידיעות[29]) וירבו המושכלות בנפשו עד שיהיה פילוסוף חכם והנה לא ימלט[30]) מה שיקנהו מן החכמה וההכרה[31]) והידיעה שיהיה מפני גשמו לבד או מפני נפשו לבד או מפני שניהם יחד ואם היה מפני גשמו הנה[32]) יתחייב[33]) שיהיה האדם כל[34]) מה שיהיה גופו יותר בריא וחזק[35]) וירבה חמרו[36]) שיהיה יותר קרוב לקבל הידיעות וכל מה שיזהה[37]) גשמו[38]) ויכחש וימעט חמרו שיהיה יותר[39]) רחוק מלקבל[40]) הידיעה ואנחנו נמצא הענין בהפך זה שאנחנו רואים[41]) מי שבו השדפון והמתגוגה[42]) יחסר גשמו בכל יום ושכלו עומד בשלמותו[43]) עד שתפרד הנפש[44]) ויבטל בריאה זאת[45]) שיהיה מפני גשמו ובזאת הראיה יבטל[46]) שיהיה מפני נפשו וגשמו[47]) יחד ואם[48]) כן מה שיקנהו האדם מן ההכרה[49]) והידיעות אמנם הוא

---

[1]) O^2 לענין [2]) d. P. L. [3]) d. O^2 [4]) O^2 מסתפק [5]) O^2 M. F. C. בלתי נבדלת צריכה [6]) d. P. F. [7]) P. תעמיד [8]) L. ויצא P, ויוציא [9]) O^2 הרביעי [10]) d. O^2 [11]) O^2 מצויירים — המצויירים d. [12]) P. מהרגישנו [13]) O^2 שתרמה [14]) O^2 בהם [15]) L. הם [16]) O. מן היולאני, O^2 צורה משוללת מהיוליהם [17]) d. P. O. F. [18]) P. O. נתקיים. O^2 התחום [19]) P. O^2 כי הצורות [20]) P. O^2 M. L. C. מציאות [21]) O^2 יהיה, M. L. C. היה להם [22]) M. C. בנפשותינו [23]) O. אין ראוי [24]) M. C. צורה שכלית [25]) L. החומר [26]) O^2 החמישי [27]) P. באדם תהלה לענין [28]) P. O^2 C. בהיותינו [29]) P. בידיעתו [30]) d. P. [31]) F. וההכרה וידיעה, L O^2 וההבנה [32]) d. P. [33]) P. התחייב [34]) O. M. C. לכל [35]) O. O^2, d. חזק [36]) M. C. חכמתו, M. [נ"א חסרון] a. [37]) M. שירוה, O^2 שיחלה [38]) F. גופו: [39]) O^2 היותר [40]) P. L. מקבל, O^2 לקבל [41]) F. ויאין [42]) d. P. [43]) O. בשלמות [44]) d. L. [45]) O^2 מפני היראה הזאת [46]) M. L. C. הבטל [47]) O^2 F. נשמו ונפשו [48]) L. אם [49]) O^2 ההבנה.

מפני[1]) הנפש לבד ואין חלק בזה לגשם[2]) זולת שהוא[3]) כלי אליה בדרך הכלי לאומן ואי אפשר מציאות ההכרה והידיעות במתים ואמנם יתאמת מציאותם מן החי הנה הנפש אם כן חיה בטבע כי בטבעה[4]) לקבל הידיעות והחכמות והגשם מת בטבע ואין מטבעו לקבל דבר מזה הנה התבאר[5]) במופת[6]) כי האדם מורכב משני עצמים[7]) אחד מהם חי בטבע והוא הנפש והשני מת בטבע והוא הגשם ושהם מפני שהתחברו קרה לכל אחד משניהם מקרה מפני חברו וקרה לגשם החיות אשר הוא ההרגש[8]) מפני הנפש וקרה לנפש המות[9]) אשר הנרצה[10]) בה הסכלות מפני הגשם הנה הנפש[11]) אם כן חיה בטבע מתה במקרה והגשם מת בטבע וחי[12]) במקרה וכאשר נבדל כל אחד משניהם מחברו נתיחד לגשם המות הגמור אשר הוא טבעו ונבדל ממנו החיות אשר הוא מקרי[13]) לו אשר קנה אותו מן הנפש ונתיחד לנפש החיות הגמור[14]) אשר הוא טבעה ונבדל[15]) ממנה המות המקרי אשר קרה לה מפני השתקעה בגשם. **מופת ששי[16])** הנפש המדברת סותרת הנפש החיונית שהיא הפך[17]) שהיא בוחרת לקנות המעלות ולעזוב הפחיתיות ותמאס ההנאות[18]) הגשמיות ותאהב ההנאות[19]) השכליות והנפש החיונית בהפך זה[20]) ולכן נקראת בהמית ואם לא היה השארות לנפש המדברת אחר הפרדה מן הגוף ואין לה חיות אחר תאכל בו[21]) פריה ותגמולה אשר היתה רודפת אחריו ובוחרת בו הנה הנפש החיונית אם כן תגמולה ופריה יותר טוב מן הנפש[22]) המדברת ומה שתצוהו הנפש החיונית מהשתקע[23]) בתאוות[24]) הוא היושר והשכל ומה שתצוה בו הנפש המדברת הטעות והסכלות וזה הפך המושכל[25]) וסותר מה שתשפוט אותו[26]) החכמה. **מופת[27]) שביעי** כל דבר מורכב מדברים פשוטים הנה הוא יותך[28]) אל פשוטיו והאדם מורכב משני דברים רוחני וגשמי ואנחנו רואים האדם כאשר מת ישיג גשמו לגשמי כמוהו וכן רוחניותיו[29])[l. -תו] ראוי שישיג הרוחני כמוהו וכבר התאמת במה שהקדמנוהו[30]) במופתים העוברים כי אותו הרוחני הוא אשר יקנה לגשמו החיות ושהוא חי בפועל הנה הוא אם כן חי[31]) אחר הפרדו[32]) מן הגוף לא יעדר[33]) ממנו החיים.

---

1) O^3 מפני נשמו ויכחש וימעט חומרו שיהיה היותר רחוק לקבל הידיעות (אלו השורות מוטעות ר"ל אשר למעלה) cf. p. 53 l. 19; מפני – l. 12 ששי d.
2) F. בזה לגשם 3) P. שהיא 4) P. F. בטבעו 5) L. התאמת 6) P. במופתים
7) P. העצמים 8) P. M. L. C. הרגש 9) d. P. 10) L. F. נרצה 11) M. C. הנה הנפש d.
12) O. חי 13) C. מקרה, P. F. אשר הוא מקרי לו d. : המקרי 14) P, d. O. הגמורה
15) O. טבעה ונבדל d. 16) O^3 הששי 17) O^3 שהיא הפך d. 18) L. התאוות 19) d. P.
20) d. P. 21) d. O^3 22) P. מהנפש 23) P. O^3 O. M. L. C. מה (L. ומה) שהקת 24) O^3 מתאוות
25) d. F. 26) P. או 27) d. O^3 השביעי 28) O^3 O. M. F. C. יתך 29) O^3 רוחניותי
30) O^3 O. M. F. C. שקדמנוהו 31) d. P. O. M. F. C. 32) F. הפרדה 33) O^3 יפרד.

מופת[1]) שמיני ענין החיות הנוספי עם[2]) התחבר הנפש עם הגוף והתעסקה עמו וענין המות הפרדה[3]) מן הגוף ועזבה התעסקה[4]) בו וכבר אמר מי שחשב כי הנפש אוברת[5]) באבוד הגוף שענין ההיות שתהיה הנפש[6]) בעלת[7]) הרגש וענין המות שיעדר ממנה הרגש. ונשאל[8]) להם מהחוש[9]) הנמצא לנפש כל זמן התחבריה עם[10]) הגוף אם הוא עצמי לה או מקרי[11]) בה[12]) ואם היה[13]) עצמי לה בטל שיעדר החוש[14]) אחר[15]) הפרדה מן הגשם[16]) ואם היה מקרי בה הנה לא ימלט אם שיהיה[17]) קנתה אותו[18]) מן הגשם או מעצם אחר מתחבר עמה[19]) ואם היה הגשם הוא אשר[20]) הקנה לה החוש והתחייב שלא יהיה נעדר החוש מן[21]) הגשם כאשר נבדלה הנפש ממנו[22]) וזה הפך מה שנראהו מעניינה ומעניין נשמה ואם תהיה הנפש אמנם תקנה החוש מעצם אחר[23]) רוחני נדבק[24]) עמה התחייב שנשאלם מן העצם ההוא האחר[25]) מה הוא אם הוא מרגיש בעצמותו או בעצם אחר גם כן[26]) וילך זה אל לא תכלית ומה שאין לו תכלית[27]) בפועל שקר הנה התקיים שהנפש מרגשת בעצמותה ועצמה ומה שהוא מרגיש בעצמותו ועצמו[28]) בטל שיעדר ממנו החיות הנה הנפש אם כן חיה אחר הפרדה מן הגוף וכבר הביאו החכמים על השארות הנפש המדברת ראיות רבות זולת[29]) אלו וכמה שזכרנו מהם שיעור מספיק ומשמיים[30]) אעזר[31])

ואליו ההודאה והתהלה[32]) יהי ויתי[33]) כבודך יי.[34])

ברוך אלהים אשר לא הסיר תפילתי וחסדו מאתי ::[35])

---

1) d. O² השמיני 2) l. אצלנו = عندنا B.; עם = عند in cod. Uri 400
3) O. M. F. C. התפרדה 4) O² M.C. ההתעסק 5) O² האבר 6) P. F. בנפש 7) O. בעת
8) L. ונמצא ששאלו 9) P. מן החוש 10) F. אל 11) O. M. L. C. מקרה 12) L. לה 13) P.
יהיה 14) M.C. החוש הגוף 15) F. אחרי 16) O² F. הגוף 17) P. שהיה 18) P. אותה 19) C.
O.M.F. חובר לה 20) P. אשר הוא 21) d.P. 22) O² ממנו הנפש 23) O² אחר 24) P. תדבק
25) d.O² 26) d. O² גם כן 27) P.O. תכלית לו 28) O² בעצמו ועצמותו 29) O. זולתי 30) O.L.C.
ומאלהים 31) L. אשאל עזר על הבאות ואודה העזר מן העשוי, O העזר 32) L. והתהלה
ברוך הוא אמן אמן, P והתהלה אמן 33) P.O² O.L. יתי' ויתי' d. 34) P. O² L. כבודך יי' d.;
cf. Schiller-Szinessy, *Catalogue* I, 42, 69, 225 et *Hebr. Bibl.* XIV, p. VIII, 8.
35) P. O² O. L. ברוך — מאתי d.

INHALT.

[redacted]

Die Geschichte der Philosophie hat in der Art ihrer Forschung Etwas mit der Chemie gemein. Hier wie dort gilt es ein Auflösen und Scheiden, die Erscheinungen treten als Verbindungen auf, die in einfachere Bestandtheile zerlegt werden sollen; auch in der Welt der Gedanken handelt es sich um die Aufsuchung und Aufstellung einer Elemententafel, nur dass hier als nicht weiter zersetzbare Grundstoffe zumeist Gruppen in der Gestalt von Büchern und Gedankenkreisen uns begegnen. Und so wie unsere Kenntniss von der innern Beschaffenheit eines Stoffes von der Einsicht in die Art seiner Zusammensetzung abhängt, so beruht die wissenschaftliche Behandlung und Darstellung eines philosophischen Werkes oder Systems auf der Erforschung der Elemente, die sein Zustandekommen bewerkstelligt haben; in diesem Sinne soll der Geschichtsschreiber der Philosophie Etwas vom Scheidekünstler haben.

Ganz besonders ist es die Geschichte der mittelalterlichen Philosophie, in der sich die Unterlassung dieses chemischen Verfahrens durch eine völlig ungenügende Kenntniss der Erscheinungen auf das Empfindlichste gerächt hat; hier sieht es noch vielfach aus wie in der Chemie, als noch die Vierzahl der obendrein noch uneigentlichen Elemente herrschte. Von einer wissenschaftlichen Zergliederung eines Systems, von kritischer Darstellung eines Philosophems, einer Richtung kann hier in vielen Fällen noch gar nicht die Rede sein, weil die Bestandtheile noch nicht in genügender Klarheit geschieden und bestimmt sind, aus denen hier die Verbindungen sich auferbauen. Dass die Weisheit der Griechen beim östlichen Südende Europa's hinausgezogen war, um nach einem siegreichen Vorstosse in Asien und nach Umwanderung des Mittelmeerbeckens beim westlichen Ende in Spanien wieder einzudringen, dass die philosophischen Erzeugnisse des Alterthums durch den Zwischenhandel von Syrern, Arabern und Juden im Mittelalter dem Abendlande vermittelt wurden, dass ARISTOTELES ein Jahrtausend

nach seinem Tode wie einst sein Schüler Alexander den Orient sich unterwarf und von hier aus zum Beherrscher des mittelalterlichen Denkens emporstieg, das ist sattsam bekannt und oft wiederholt worden. Die Kulturgeschichte kann sich allenfalls bei diesen Allgemeinheiten begnügen, obzwar auch sie noch von der Erforschung des Einzelnen ein ausgeführtes, farbenreicheres Bild erwartet, allein die Geschichte der Philosophie bedarf eindringenderer Untersuchungen und muss den Zeitraum, für den diese fehlen oder nur spärlich vorhanden sind, als unmappirtes Gebiet betrachten. Die Wissenschaft hat bisher höchstens eine bibliographische Beschreibung von dem geliefert, was der Orient an geistigen Leistungen der Griechen gekannt hat; die Werke selber in der Gestalt und Übersetzung, in der sie im Umlauf waren, die Quellen, aus denen die Lehren der griechischen Philosophie zu den Arabern gedrungen, sind noch wenig untersucht, geschweige zur Genüge erforscht worden. Ja, wir haben kaum erst damit angefangen, den Aristoteles kennen zu lernen, den der Orient gelesen hat.

Wenn es uns so an der eigentlichen Grundlage für die Schätzung der mittelalterlichen, vornehmlich der arabischen Gedankenarbeit fehlt, weil ohne Einsicht in die Elemente der Verbindungen eine Beurtheilung von deren Beschaffenheit und Bedeutung wissenschaftlich nicht möglich ist, so ist es um unsere Kenntniss dieser arabischen Hervorbringungen selber, wenn möglich, noch schlechter bestellt. Auch hier ist das zu erforschende Gebiet vorerst nur, ich möchte sagen, bibliographisch abgesteckt und umrissen. Bezeichnend für unsere Bekanntschaft mit der arabischen Philosophie ist das Schicksal des Mannes, der an ihrem Eingang steht; wir wissen von Alkendi kaum mehr als die Namen seiner Schriften. Die Hauptwerke der islamitischen Philosophen — Gazzâli muss mehr als Theologe gelten — sind noch unzugänglich; von den grossen Meistern Alfarâbi, Ibn Sina und Averroës kennen wir nur wenige, und zumeist gerade kleinere Schriften aus den Originalen; Arbeiten von nicht geringerer Bedeutung, aber von weniger klangvollem Namen müssen vollends als verschollen betrachtet werden. Es gibt denn auch im wissenschaftlichen Sinne noch keine Geschichte der arabischen Philosophie. Was bisher als solche geboten wurde, tritt entweder, wie die Arbeiten der neueren Zeit, nur als Versuch und als bibliographischer Abriss auf, oder

ruht, wie die älteren Werke dieser Art, nur auf der allerdings dankenswerthen, weil entsagungsvollen Erforschung schwerfälliger und verstümmelter lateinischer Übersetzungen.

Die Folgen dieser Unkenntniss und Vernachlässigung arabischer Gedankenarbeit treffen ganz besonders die Geschichte der jüdischen Religionsphilosophie. Hier kann von zuverlässiger Charakteristik eines Denkers oder vollends einer Richtung so lange noch keine Rede sein, als nicht der Antheil arabischer Vorarbeiten mit Sicherheit festgestellt ist. Dieser Antheil kann aber nicht gross genug gedacht werden. Jede bedeutendere Erscheinung auf dem Gebiete der arabischen Philosophie ist von Juden beachtet, erforscht, benutzt worden; dem Auftreten einer neuen arabischen Leistung fehlt hier selten das jüdische Nachbild. Und doch wäre der Vorwurf der Unselbstständigkeit, der knechtischen Abhängigkeit, auch nur gegen einen einzelnen Denker ausgesprochen, vorläufig noch übereilt, ein Absprechen in Pausch und Bogen über die gesammte religionsphilosophische Literatur der Juden aber sicherlich ein leichtfertiges Vorurtheil. Denn die Behauptung dieser Abhängigkeit schlechthin ist heute selber noch mehr eine nach mehrerern in die Augen springenden Beispielen vorweggenommene Verallgemeinerung als ein auf der breiten Grundlage der erforschten Thatsachenreihe beruhender Ausspruch. Es kann eben nach dem, was wir bisher wissen, nur die Erwartung ausgesprochen werden, dass jeder Schritt, der in der Erkenntniss der arabischen Philosophie nach vorwärts gemacht wird, auch für die jüdische eine Förderung bedeutet, ein abschliessendes Urtheil über ihre Leistungen muss aber für die Zeit aufgespart werden, in der wir über das Maass ihrer Benutzung arabischer Vorarbeiten im Klaren sein und die Elemententafel werden überblicken können, die den Schlüssel ihrer Erscheinungen enthält.

Ausgaben, Ausgaben arabischer Quellenschriften sind es also, zu denen die Wissenschaft der mittelalterlichen, insonderheit der jüdischen Philosophie und Religionsgeschichte vor Allem hindrängt. Vorzügliche Aufmerksamkeit scheinen mir hier aber diejenigen Werke zu verdienen, die entweder die arabischen Bearbeitungen von nichtaristotelischen Denkmalen griechischer Philosophie enthalten oder die Leistungen von Denkern darstellen, die nicht gerade ängstlich sich in der Radspur des aristotelischen Geistes be-

wegen. Ja, selbst die pseudepigraphen Schriften des Stagiriten selber erheischen für die tiefere Erkenntniss der mittelalterlichen Philosophie dringender eine Bearbeitung als seine echten. Wie erdrückend man sich auch immer die Wucht des aristotelischen Einflusses unter den Arabern vorstellen möge, er hat doch nicht dazu hingereicht, die Verbreitung anderer griechischer Systeme, das Emporkommen abweichender Anschauungen für die Dauer zu verhindern. Die Alleinherrschaft des Aristoteles bei den Arabern ist thatsächlich so wenig zu behaupten, dass man vielmehr richtiger sagen kann, der reine Aristotelismus habe niemals unter ihnen bestanden. Besonders haben neuplatonische und neupythagoreische Elemente in einzelnen philosophischen Schulen der Araber eine herrschende Bedeutung erlangt und selbst die Weltanschauung ihrer hervorragendsten Denker in wesentlichen Punkten beinflusst.

Die Geschichte der jüdischen Religionsphilosophie muss an der Erforschung dieser versteckteren, scheinbar geringfügigen Vorgänge in der Philosophie der Araber den lebhaftesten Antheil nehmen, da von ihnen aus mit grosser Wahrscheinlichkeit der Anstoss für Ibn Gabirol, den jüdischen Plato, und eine Reihe verwandter, an ihn sich lehnender Denker erfolgt ist. Als wäre das zeitliche Verhältniss zwischen Lehrer und Schüler maassgebend gewesen, geht in der Beherrschung des jüdischen Denkens Plato dem Aristoteles voran. Wie schon in der Zeit des jüdischen Gnosticismus sein Einfluss unverkennbar ist und in der Kosmologie der älteren Agada[1]) manches Bestandstück platonischen Ursprung nicht verläugnen kann, so macht sich auch in der spanisch-arabischen Epoche vor dem entscheidenden Auftreten des starren Aristotelikers Maimûni[2]) das Übergewicht Plato's und der ihm verwandten Systeme geltend. Und selbst als Maimûni's mächtiger Einfluss die platonisirende Strömung aus dem Gebiete der strengen jüdischen Religionsphilosophie abgeleitet und gezwungen hatte, in das Strombett der Kab-

---

[1]) Vgl. Graetz, *Gnosticismus und Judenthum* und Joël, *Blicke in die Religionsgeschichte zu Anfang des zweiten christlichen Jahrhunderts* p. 114 ff.

[2]) Eine direkte Äusserung Maimûni's über die Schriften Plato's liegt uns in dem literarhistorisch so merkwürdigen Schlusse seines Briefes an Samuel Ibn Tibbon vor (קובץ תשובות הרמ״בם ed. Lichtenberg II, 28 col. 2). Die entsprechenden Worte aus der zweiten Übersetzung dieses Briefes in cod. 92 III. f. 45a der Breslauer Seminarbibliothek verdanke ich einer Mittheilung meines verehrten Lehrers und Freundes Dr. David Rosin:

bala[1]) einzufallen, gab es stets noch Denker, die dem strengen Aristotelismus sich abwendeten, um in den Bannkreis des Platonismus zurückzukehren. Jedenfalls hängt die Erweiterung unserer Einsicht in die Erscheinungen der mittelalterlichen jüdischen Religionsphilosophie auf das Innigste mit der Kenntnis derjenigen Bücher

---

ודברי אפלטון רבו של ארסטו
בספריו וחבוריו הם עמוקות
ומשלים והם עוד מה שיספיק
לו לאדם משכיל וזולתם לפי
שספרי ארסטו תלמידו הם
שיספיקו על כל מה שחבר לפניהם.
וספרי אפלטון כלם
דברים קשים על
דרך משל ולא יצטרך
אדם אליהם כי בכתב[ין]
ארסטו די ואין לנו להתעסק
בספרי האנשים אשר היו לפניו.

[1]) Jakob ibn Nachmias in Constantinopel (s. Zunz, *Zur Geschichte und Literatur* p. 431 g.) scheint die Absicht gehabt zu haben, über die Harmonie zwischen den Ansichten des Kabbalisten Isak Aschkenasi und denen Plato's ein besonderes Buch zu schreiben, zu welchem Zwecke er auch Josef Del Medigo aufgefordert hat, die griechischen Commentatoren des Plato für ihn zu übersetzen: והיה מתפאר להראות שחכמת הקבלה קרובה
לפילוסופיאה של אפלטון שדעותיו ישרים ··· כי היה מחבר ספר בכוון ב׳ הדעות
(J. Del Medigo, מצרף לחכמה ed. Odessa p. ד). Vgl. Geiger, *Melo Chofnajim* p. XXXIII. Belehrend über die Anschauung eines jüdischen Anhängers Plato's sind die Äusserungen J. Del Medigo's a. a. O. p. 84: שקדומי
הפילוסופים דברו יותר נכונה מארסטוט׳ למי שירד לסוף דעתם לא כמו שפירש
דבריהם ארסטוט׳ שלא כיון אלא לגנותם כדי שיתפאר לבדו ·· ובפרט אפלטון
רבו של ארסטוט׳ שדעותיו כמעט הן דעות חכמי ישראל ובכמה דברים נראה
שדבר כפי המקובלים ובלשונם וכל עולה לא נמצאת בשפתיו ולמה לא
נחזיק אנחנו בהם כי שלנו הם ומקדמונינו ירשום היונים ועד היום כמה וכמה
מגדולי החכמים מחזיקים בדעות אפלטון ויש כתות גדולות של תלמידים···
Die bekannte Fabel des Mittelalters von den jüdischen Lehrern Plato's, auf die hier angespielt wird, hat wohl ihre sonderbarste Fassung in dem bei Nathan b. Samuel (1307) aufbewahrten Berichte gefunden (s. Schiller-Szinessy, *Catalogue of the hebrew manuscripts preserved in the University Library, Cambridge* I, 191, 3), dass Jethro Plato gewesen sei, Moses also den Plato zum Schwiegervater gehabt habe. Vgl. meine *Geschichte der Attributenlehre* p. 216 n. 197. Die Übereinstimmung der älteren griechischen Philosophen mit der Kabbala hat auch Moses De Leon behauptet (Steinschneider, *Jewish Literature* p. 276 n. 25.). Wie sehr auch in der arabischen Mystik die Bedeutung Plato's gefeiert wurde, zeigt z. B. die Äusserung Al-Ǵîlî's, eines muhammedanischen Mystikers aus dem XIV. Jahrhundert: „Ich habe (bin) einmal dem Plato begegnet, den die اهل الظاهر unter die Ungläubigen zählen; ich sah, wie er die ganze Überwelt mit Licht erfüllte und mit Glanz; ich sah, wie er einen Platz einnahm, einen so hohen, wie ihn nur noch einer der Heiligen einnimmt“ (Goldziher in Geiger's *Jüd. Zeitschrift* XI, 70 n. 2).

zusammen, aus denen neuplatonische und neupythagoreische Lehren unmittelbar oder mittelbar in das Denken der Araber einmündeten.

Ein Glied in der Reihe dieser gleichsam mehr unter der Oberfläche fortwirkenden Philosopheme bildet nun die Schrift eines fast verschollenen arabischen Philosophen, die ich hier zum ersten Male in der hebräischen Übersetzung veröffentliche, in der das jüdische Mittelalter sie gelesen hat. Wenn hiermit der Übersetzung der Vortritt vor dem Originale gewährt wird, so möge der Umstand dies rechtfertigen, dass dankbarer als die Sprache, in welcher der Urheber sein Werk schrieb, die Sprache sich gegen ihn bewährt hat, in die es für jüdische Leser übertragen wurde. Während sein Volk ihn vergessen zu haben scheint, Philosophen der Araber wie Gazzàli und der so hochfahrende Ibn Sab'în[1]) sein Buch zu Plagiaten missbrauchten, in seinem Heimathlande Spanien die Weltgeschichte längst über die Herrschaft der Araber und ihres Schriftthums hingeschritten war, trug die jüdische Literatur seinen Namen durch die Jahrhunderte, wurden jüdische Denker nicht müde, mit den Gedanken seines Buches sich auseinanderzusetzen, — ein kleiner Zug in dem Bilde der mittelalterlichen, im Besondern der mittelalterlich jüdischen Universalität. Indem ich nun Näheres über den Mann und seine Stellung in der Philosophie der Araber der Ausgabe des Originales vorbehalte, möchte ich hier nach dem Berichte über das Buch und die Hülfsmitel, die mir für die Veröffentlichung zu Gebote gestanden, eingehender nur über die Spuren mich aussprechen, welche diese arabische Leistung in der jüdischen Religionsphilosophie des Mittelalters nachweisbar oder vermuthlich zurückgelassen hat.

---

[1]) In seiner den Kaiser Friedrich II. schulmeisternden philosophischen Epistel habe ich in den acht Beweisen für die Unsterblichkeit der Seele ein Plagium aus dem siebenten Abschnitte der *bildlichen Kreise* entdeckt. S. Mehren's Übersetzung *Journal asiatique* VII. ser., tome XIV. p. 430—42.

Die
hebräische Übersetzung der *bildlichen Kreise.*

Das Buch الحدائق [1]) „*Die Baumgärten*“ oder, wie es durch die hebräische Übersetzung genannt wurde, העגולות הרעיוניות „*die bildlichen Kreise*“ [2]) hat nach der sicheren Überlieferung der Araber den spanisch-arabischen Philosophen Abdallah ibn Muhammed ibn Es-Sid[3]) zum Verfasser, der nach seinem Heimatsorte Badajoz kürzer mit dem Namen البطليوسي Al-Baṭlajûsi bezeichnet wird. Ich sage: nach der sicheren Überlieferung der Araber, weil von einzelnen jüdischen Schriftstellern das Buch dem Gazzâli [4]) oder dem Averroës[5]) und nach einer vereinzelten Angabe des Schreibers von cod. Add. 21140 im britischen Museum sogar dem Alfarâbi zugeschrieben wurde. Aber eine schwerere Gefahr als von dieser Verwechslung hat der Autorschaft Baṭlajûsi's von einem Consonanten gedroht, der in das Lautgefüge seines für die jüdischen Übersetzer

[1]) In der jüdischen Literatur trägt diesen Titel der im Jahre 937 verfasste Pentateuchcommentar des Karäers Abu Jussuf Jakob Al-Kirkisâni's, der von Hadassi als ספר הגנים angeführt wird, s. Harkavy מאסף נדחים Nr. 1 p. 2.

[2]) Diese Übersetzung deckt nicht nur den Begriff, der mit diesem Ausdruck bezeichnet werden soll, sondern entspricht wohl auch am Besten dem arabischen دائرة وهمية. Steinschneider's Übertragung: „*speculative (oder imaginäre) Sphären*“, Al-Farabi p. 115, *die Handschriftenverzeichnisse der königlichen Bibliothek zu Berlin II. Verzeichniss der hebräischen Handschriften (= Cat. Berol.)* p. 107 l. Z., oder „*intellectuelle Sphären*“ (Ersch und Gruber, *allgemeine Encyclopädie* II, 31 p. 67 n. 52) oder „*imaginärer Cirkel*“ *Cat. Berol.* p. 108 lässt den Sinn der Bezeichnung nicht klar erkennen. Auch der Ausdruck „Gedankenkreise“, an den auch Dukes *Orient* 1848, Literaturblatt [= LB.] p. 621 für die Wiedergabe des Titels gedacht zu haben scheint, ist trotz der Analogie von „Gedankending“, jedenfalls in der Einzahl, missverständlich.

[3]) So lautet der Name nach dem bis auf die zweifelhafte Form Ibn (Abi) Es-Sid übereinstimmenden Zeugnisse der arabischen Handschriften sowohl als der richtig gestellten Lesart in der hebräischen Übersetzung.

[4]) Dies thut Abraham Gavison, der Verherrlicher Gazzâli's in seinem עומר השכחה f. 135 a.

[5]) Wie die Schüler des Frat Maimon in ihren Commentaren zum *Kusari*. Vgl. Steinschneider, *Cat. Berol.* p. 107 n. 7.

und Abschreiber fremdartigen Geleitnamens (Nisbe) von Anfang an eingedrungen zu sein scheint; das מ, das Baṭlajûsi in בטלמיוסי [1]) verwandelte, hätte in dem so unkritischen Mittelalter leicht Claudius Ptolemäus, dem grossen Urheber des Almagest, auch den Ruhm unseres Buches einbringen können, wie es denn in der That bis in die neueste Zeit den Mann aus Badajoz unter der Maske eines unbekannten Ptolemäus [2]) versteckte.

Die arabischen Geschichtsschreiber und Biographen [3]) wissen Manches über die hervorragende Thätigkeit Baṭlajûsi's auf anderen Gebieten zu berichten; seine philosophische Leistung übergehen sie mit Stillschweigen. Und doch hat gerade dieses Buch das Andenken des Autors in der Geschichte der mittelalterlichen Literatur erhalten. Ihm so wie den Daten der frühen Benutzung, die es gefunden, dürften auch die Momente zu entnehmen sein, die in dem Streit der Angaben über sein Todesjahr die Entscheidung auf das Jahr 1030/31 = 421 H. werden fallen lassen.

Hier gilt es uns jedoch weniger den Autor als sein Werk, und zwar sein Werk in der Gestalt, in der es am Meisten gelesen und benutzt wurde, in der es für die jüdische Religionsphilosophie die Bedeutung einer geschätzten Quellenschrift angenommen hat, in der hebräischen Übersetzung Mose Ibn Tibbons. Wenn jede Leistung dieses vielverdienten Vermittlers arabischer und jüdischer Literatur an sich schon die Herausgabe rechtfertigt, so ist diese vollends bei einer Schrift geboten, die vornehmlich durch ihre Übersetzung in Umlauf gekommen und zumeist in diesem Wortlaut auch angeführt

[1]) Selbst das mit hebräischen Lettern geschriebene arabische Original in cod. Uri 400 weist diese Form auf. Das י am Ende wurde bald abgeworfen, um die Bequemlichkeit der Deutung in Ptolemäus nicht zu stören.

[2]) Unter früheren Autoren ist die Auffassung des Namens für Ptolemäus z. B. bei Jochanan Alemanno bezeugt, der unseren Autor zuweilen als טולומיאו = Tolomeo anführt. Kirchheim lässt bei Josef Kaspi „Ptolmäus und Alfarabi" dem Averroës widersprechen (עמודי כסף ed. Werbluner p. x.). Auch bei Dukes (*Orient* 1848 LB. 620) erscheint B. noch als „ein sonst wenig auftauchender Ibn Abatlaminsi (Ptolemäus)". Das Richtige hat im selben Jahre bereits Steinschneider, *Ozroth Chajim, Katalog der Michael-schen Bibliothek* p. 324.

[3]) Vgl. Die Zusammenstellung bei Steinschneider, *Cat. Berol.* p. 105 n. 1 und Socin in der *Zeitschrift der Deutschen Morgenländischen Gesellschaft* XXXI. p. 669.

wird. Diese Übersetzung ist aber auch ein treues Abbild des Originals. Sie opfert, wie ihr Urheber, dieser Erbe einer wahren Übersetzertradition, von seiner Art der hebräischen Übertragung überhaupt selbst [1]) gerühmt hat, den Gedanken des Autors nicht der Eleganz des Styles, treibt jedoch auch die ängstliche Wörtlichkeit nicht bis zur Verletzung und Vergewaltigung der zur Wiedergabe verwendeten Sprache. Man kann auch an dieser Schrift die Wahrnehmung machen, zu der die Arbeiten der Tibboniden so oft Veranlassung geben, dass die Herausgabe des Originals im Grossen und Ganzen mehr die Leistung und das Verdienst der Übersetzung als ihre Dunkelheiten ins Licht zu setzen berufen ist. Wenn gleichwohl vereinzelte unverständliche Stellen in dieser seiner Arbeit auftauchen, so dürften sie mit Sicherheit auf Rechnung des Umstandes zu setzen sein, dass ihm bei seiner Übertragung eine fehlerhafte hebräische Transcription des Originales vorgelegen. Eine solche ist denn auch noch in cod. Uri 400 erhalten, wo für diese Härten oder Fehler Ibn Tibbon's in den Verstössen der Umschrift die Quelle [2]) zu entdecken ist.

Bezeichnend für die grosse Verbreitung, welche diese Schrift in ihrer hebräischen Übersetzung erfahren hat, ist unser verhältnissmässiger Reichthum an Handschriften derselben, während von dem Original bisher eigentlich nur eine einzige wirklich arabische Abschrift bekannt worden ist. Zugleich beweist die noch vorhandene Copie des Originals in hebräischen Lettern, dass die Übersetzung den arabischen Text dennoch nicht ganz aus jüdischen Kreisen verdrängt hatte und dass Gelegenheit geboten war, durch

---

[1]) Vgl. Renan [Neubauer], *les rabbins français du commencement du quatorzième siècle* p. 595.

[2]) So entsprechen p. 37 Z. 13 die räthselhaften Worte בכבתם und מישמטם der arabischen Vorlage בכבבהא und בקצא in cod. Uri 400 f. 20a. die sich als falsche Umschrift des in cod. Sprenger 1821a richtig erhaltenen Textes شبهًا und خقصًا erweist. Die Übersetzung muss demnach lauten: שלא יחייב דמיון ולא ישפוט חסרון. Gegen die Möglichkeit, dass Ibn Tibbon selber in einer *arabischen* Vorlage die diakritischen Punkte verkannt oder falsch ergänzt habe, spricht die Erwägung, dass derartige Gedankenlosigkeit nur bei einem flüchtigen Abschreiber, nicht aber bei einem den Sinn prüfenden Übersetzer anzunehmen ist. Auch p. 55 Z. 1 ist das unverständliche עם die Übersetzung eines fehlerhaften عند, das in B. richtig عندنا lautet und durch אצלנו wiederzugeben war.

einen prüfenden Blick in das Original mancherlei Einzelheiten in der Übertragung IBN TIBBONS zu verbessern, jedenfalls zu verändern, ein Umstand, der uns manche, eine Benutzung des Urtextes verrathende Varianten in den Handschriften leicht erklären hilft.

Die Hülfsmittel, deren ich mich zur Feststellung des Textes bei dieser Ausgabe der hebräischen Übersetzung BAṬLAJÛSI's bedienen konnte, zerfallen: I. in die Handschriften des Originals und der Übertragung IBN TIBBON's selbst und II. in die der Lehnwerke, in denen ganze Abschnitte der *bildlichen Kreisen* aufgenommen erscheinen.

I. Das Original selber habe ich aus den folgenden zwei bisher einzigen Abschriften kennen gelernt:

1. Aus cod. Pococke 181, Uri Hebr. 400, Nr. 1334. 4°, Oxford. Dies ist die in hebräischen Buchstaben erhaltene Copie, die jedoch aus einer völlig arabischen Vorlage angefertigt scheint.

2. Aus cod. Sprenger 1821ª aus der k. Bibliothek zu Berlin. Diese arabische Abschrift ergänzt in der wünschenswerthesten Weise die durch die Krankheit der Manuscripte, das Homoioteleuton ganz besonders arg heimgesuchte Oxforder Copie, sowie sie auch meistens die beim Übergange aus den arabischen in die hebräischen Charaktere entstandenen Schäden derselben gründlich bessert.

Also mit dem fast völlig herstellbaren Originaltexte ausgerüstet, konnte ich die Diorthose der hebräischen Übersetzung mit um so grösserer Sicherheit zu unternehmen versuchen, als mir ein fast überreich zu nennender, auf sieben Handschriften derselben beruhender kritischer Apparat zur Verfügung stand. Indem ich nunmehr daran gehe, den Werth und die innere Beschaffenheit der einzelnen Handschriften zu charakterisiren, verweise ich in Betreff der äusseren Beschreibung auf die bereits vorhandenen oder noch zu erwartenden Handschriftenverzeichnisse der verschiedenen Bibliotheken. Ich folge in meiner Aufzählung dem Range der Handschriften, indem ich die von mir selber collationirten voranstelle:

1. cod. 893, 9 der Nationalbibliothek in Paris, 2°, p. 507 ff., mit der Überschrift ספר. העגולות לבטלימים ספר העגולות לבטלימים „Gut von afrikanischer Hand geschrieben und bedarf der Übung, um es geläufig zu lesen“, bemerkt von diesem Exemplar DUKES, *Orient* IX, LB. 620. Die Eintheilung des Buches in acht Capitel rührt hier davon her, das p. 41 Z. 2 der neue Absatz als besonderes Capitel

gezählt wurde. Diese Handschrift kann im Ganzen als die vorzüglichste der von mir selbst untersuchten Handschriften gelten. Sie rührt von offenbar kundiger Hand her, die besonders die grammatische Correktheit zu wahren gesucht hat. An Lücken, consequenten Weglassungen und entschiedenen Verschreibseln leidet jedoch auch sie keinen Mangel.

2. cod. 201[c] der k. Hof- und Staatsbibliothek in München, f. 77[a] —96[b], 2°. Diese Handschrift ist erst durch die Correkturen, die nach sorgfältiger Collation sowohl am Rande als zwischen den Zeilen in ihr angebracht sind, zu der Bedeutung gelangt, die ihr für die Herstellung des Textes zugesprochen werden muss. Die Homoioteleuta sind mit sehr wenigen Ausnahmen in ihr ergänzt, wirkliche Schreibverstösse kommen fast gar nicht vor, dagegen steht sie an Correktheit und Zuverlässigkeit der Lesearten weit hinter der Pariser zurück.

3. Cod. Pococke 276, Uri CCCCVII, Nr. 1335, 8° in Oxford, ohne Überschrift. Eine vielfach verderbte, in ihren Lesearten mehr der Münchener als der Pariser sich anschliessende, im Ganzen jedoch zwischen beiden hin- und herschwankende Handschrift, deren Datum 1425 das Epigraph enthält:

נשלמה עגולה רעיונית
תהלה לאל מושיע בלי הגית
ולחוטא מאריך למענית
ביום חמשי יום התענית
שנת קפ״ה לפרט קטן.

4. Cod. 456 der Collection Firkowitz in der kais. Bibliothek zu St. Petersburg, 8°. Die Überschrift ספר עגולות רעיוניות ist von neuerer Hand hinzugefügt. Die Abschrift, 11 Blätter Baumwollenpapier, reicht bis p. 55, Z. 6 u. 16 הנוקף. Sie ist trotz grosser Fehler- und Lückenhaftigkeit — vgl. die Lücke p. 40 u. 33 bis p. 42 Z. 9 — dadurch von Werth, dass sie mit der Pariser zu Einer Gruppe gehört, wie es unter Anderem besonders auffällig die Übereinstimmung der meisten Homoioteleuta in beiden zeigt. Die unvollendete Abschrift schliesst mit dem Epigraph : עד כאן הגיעו לנו דברי השופט המלמד הנכבד בן עבד האלהים בן מחמד אבי אלסיד אלבטלמיוס בעגולות רעיוניות בכתיבת ידי הר׳ משה בר׳ שמואל בר׳ יהודה בר׳ שאול בן הבין מרמון ספרד זצ״ל שהעתיק מלשון הג״רה אל העברית ונראה מדבריו שהם תשובות השופט לשאלותיו ושפתים ישק משיב דברים נכוחים.

5. Cod. Add. 21140 des British Museum in London, am 23. August 1855 von Hirsch Edelmann angekauft. Das Titelblatt trägt die Überschrift : ספר העגולות הרעיוניות מיוחס לבטלמי או לאבונצר. Diese Handschrift, die in ihrem ersten Theile Gazzâli's מאזני העיונים enthält, ist, was die Correctheit der Lesearten und die geringe Zahl von Fehlern betrifft, weitaus die vortrefflichste. Sie ist oft selbst da zuverlässig, wo sie allein steht. Sie stimmt in so entscheidenden Punkten mit der Pariser überein, dass sie zu derselben Familie gerechnet werden muss. Ihre Lesearten sind hier oft als Marginalien eingetragen. Dass sie Correcturen nach dem arabischen Original erfahren hat, scheint mir besonders p. 30 n. 4 die Variante התעקמו: für חזרתו: zu beweisen, die dem arab. انعطافها entspricht, das hier nicht einmal ibn Motot nachbildet. Ihr Epigraph, das nach Schrift und Tinte vom Manuscript verschieden ist, lautet : תם הספר הזה והוא ספר העגולות מיוחס לבטלמיוס ויש שיחסוהו לאבונצר והעתיקו החכם הגדול ר׳ שמואל אבן תיבון מרמון בספרד. והשבח לאל ראשונה ואחריו למחבר ואחריו למעתיק אל העברי ותהי משכורתי שלמה מעם השם אמן סלה. תם הספר הזה והוא ספר העגולות מיוחס לבטלמיוס ויש שיחסוהו לאבונצר אני הגיה סול טוב במהור״ר מנחם קוים נר״ו שנ״ד.

In Dukes' handschriftlichem Verzeichniss der Manuscripte p. 706 wird der Titel durch : the intellectual spheres wiedergegeben. Die Mittheilung der auf diese Handschrift bezüglichen Daten sowie die für diese Ausgabe so werthvolle Collation mit derselben hat mir Rabb. Dr. Hermann Adler in London geliefert.

6. Cod. Michael 288, jetzt cod. 1352 in der Bodlejana in Oxford. Diese Handschrift, die gleichfalls zur Familie der Pariser gehört, hat am Meisten Spreu in den Anmerkungen dieser Ausgabe abgesetzt, jedoch auch manches Korn richtiger Lesearten aufbewahrt, die oft an eine kritische Benutzung der arabischen Vorlage denken lassen, wie z. B. p. 50 Z. 10 die Variante בעדות = بمشاهدة des Arabischen, wo alle übrigen Handschriften בראית lesen. Sie enthält oft hebraisirende Willkürlichkeiten und kleine freie Einschiebungen zur Erleichterung schwerer Lesearten. Die grosse Fehlerhaftigkeit seiner Vorlage hat bereits der Schreiber erkannt, von dem das Epigraph herrührt : נשלם ספר העגולות העתקתיהו מפנקס ישן ומעוות רבות בו. Die Collation dieser Handschrift hat Dr. Adolf Neubauer in Oxford für mich übernommen.

7. Cod. Add. 660 der Universitätsbibliothek in Cambridge mit

der Überschrift עצלה רעיונית, 4°. Die Blätter 1, 2, 21 der in schlechtem Zustande befindlichen Handschrift fehlen, sind aber von jüngerer Hand ersetzt. Sie ist 21 Blätter stark, von je 30 Zeilen Höhe und schöner italienisch rabbinischer Schrift. (Im Jahre 1870 von L. Schönblum angekauft). Sie gehört zu derselben Gruppe wie die Münchener und kann sogar als ein schlechter Abklatsch aus der uncorrigirten Vorlage derselben bezeichnet werden, da sie meistens all die Lücken und Homoioteleuta zeigt, die später in jener am Rande oder zwischen den Zeilen ergänzt erscheinen. Vgl. die besonders auffälligen Beispiele dieser Übereinstimmung p. 29 in den Anmerkungen. Wo sie mit einer Leseart allein steht, da ist diese von vornherein als Fehler verdächtig. Die Unwissenheit des Schreibers verräth sich durch die falsche Schreibung der fremden Eigennamen, wie oft א״בתו und אפלתון. Die Vergleichung dieser Handschrift und die darauf bezüglichen Daten verdanke ich Prof. Dr. S. M. Schiller-Szinessy in Cambridge.

Es zerfallen somit diese Handschriften in zwei Familien, unter denen der grösseren nicht nur in Folge der Stimmenzahl, sondern ganz besonders wegen der Correctheit der Lesearten und ihrer Übereinstimmung mit dem Original der Vorrang zuzuerkennen ist. Sämmtliche Varianten der hier besprochenen Codices haben in den Anmerkungen dieser Ausgabe in der Weise Raum gefunden, dass zu jeder Stelle sofort das handschriftliche Material überblickt und um Auskunft befragt werden kann. Neben der wohl überall erkennbaren Auslese derjenigen Varianten, die nach sorgsamer Prüfung für den Text zu verwerthen waren, habe ich auch die abgewiesenen nicht unterdrücken zu dürfen gemeint, um so jedem Urtheil die Gründe, jedem Schritte den Rechenschaftsbericht folgen zu lassen. Ohne mich sklavisch an Eine Handschrift zu binden, da dies in unserem Falle der unwissenschaftlichste Weg gewesen wäre, bin ich gleichwohl, besonders in der Orthographie der Münchener gefolgt, von der ich nur bei entscheidenden Beweggründen unter der Führung des Originals und der vorzüglicheren Gruppe abgewichen bin. Beide mussten zu Rathe gezogen werden, da das Original allein niemals ein genügendes Kriterium für das bildet, was Mose Ibn Tibbon geschrieben haben mochte oder nicht. Ich habe in der Angabe der Varianten auf die philologische Hieroglyphik zu Gunsten der grösseren Deutlichkeit und Lesbarkeit verzichten zu müssen

geglaubt. Bei der Anwendung von Kürzungen und Zeichen nach der Zahl der Zeilen, ohne speciellen Hinweis auf die Noten, schienen mir Verwirrungen unvermeidlich. Zur kürzeren Bezeichnung der Handschriften habe ich mich der folgenden Buchstaben bedient:

C. = cod. Add. 660 *Cambridge.*
F. = cod. 456 *Firkowitz.*
L. = cod. Add. 21140 *London*[1]).
M. = cod. 201^{6} *München.*
O. = cod. 1335 *Oxford.*
O.^{2} = cod. Michael 288, Nr. 1352 *Oxford.*
P. = cod. 893^{9} *Paris.*

II. Unter den Lehnwerken, die durch ihre wörtliche Benützung BATLAJÛSI's zu Hülfsmitteln für die Richtigstellung seines Textes sich eignen, ist vor Allem die *Gedankenwage* GAZZÂLI's zu nennen, die ich aus den folgenden zwei Handschriften kennen gelernt habe:

1. Cod. Bodl. 116, Uri Hebr. 392, Nr. 1337, f. 159^{a}—180^{a} col. 2 mit der Überschrift ספר מאזני העיונים להחכם בן רש״ד.

2. Cod. 47 (früher 65) der k. k. Hofbibliothek in Wien, f. 60^{a}—81^{a}. Die nach dem Epigraph 1503 von ELIA LEVITA צעיר ההוגים, שפל המדקדקים ומקרי הדרקים, ממן המתאבקים, באבקה הנקדנים ist von einer Lücken- und Fehlerhaftigkeit, die Alles eher vermuthen liesse, als dass sie ein so berufener Grammatiker und Corrector geschrieben wie ELIA LEVITA. Vgl. KRAFFT u. DEUTSCH *Cat. MSS. Vindob.* p. 144.

Diese von JAKOB BEN MACHIR aus dem Arabischen GAZZÂLI's angefertigte Übersetzung bietet freilich mehr Hülfe für die Diorthose des Originals als für IBN TIBBONS Übersetzung, allein auch für diese fällt die Vergleichung mit dieser Übertragung des Plagiats nicht ohne Vortheil aus. Gleichwohl habe ich es unterlassen, an zweifelhaften Stellen auch die Worte JAKOB BEN MACHIRS anzuführen, um nicht durch Brocken eines noch der Herausgabe harrenden Buches mehr zu verwirren und die Anmerkungen zu belasten als aufzuhellen und wirklich zu fördern.

---

[1]) Den Vorständen der hiesigen k. Universitätsbibliothek, dem Herrn Direktor Alexander Szilágyi und Herrn Custos Josef Szinnyei, spreche ich hiermit für die in den Räumen der Bibliothek mir gewährte Benutzung der cod. F. und L. meinen verbindlichsten Dank aus.

Anders bin ich bei einer anderen Entlehnung aus Baṭlajûsi verfahren, die ein jüdischer Autor sich erlaubt hat. Samuel Ibn Motot (1370) hat nämlich in seinem Jeziracommentar משובב נתיבות, wie Steinschneider, *Cat. Berol.* p. 108 f. bemerkt hat, die ersten vier Abschnitte der *bildlichen Kreise* Baṭlajûsi's mit einigen Kürzungen und Einschiebseln von Wort zu Wort entlehnt. Hier handelte es sich zunächst um die Entscheidung der Frage, ob Ibn Motot etwa nur die Übersetzung Ibn Tibbons in der bei ihm von seiner Bearbeitung[1]) des אמונה רמה her mir bekannten Manier gefeilt, verschönert, mit Einem Worte : hebraisirt habe oder ob seine Arbeit auf der Kenntniss des Originales selber beruhe. Es hat sich mir nun als Ergebniss meiner Untersuchung herausgestellt, dass Ibn Motot in der That aus dem arabischen[2]) Original übersetzt habe, u. z. aus einer mit

---

[1]) Gern benutze ich die Gelegenheit, um bereits hier meinen Freunden Rabb. magg. Cav. Marco Montara und Rabb. Prof. Giuseppe Jaré öffentlichen Dank für die Copien auszusprechen, die sie aus dem Unicum der jüd. Gemeindebibliothek zu Mantua, aus Ibn Motot's אמונה נשאה [cod. LXXXI.] mit unermüdlicher Bereitwilligkeit für mich angefertigt haben.

[2]) Dies beweisen, der Seitenzahl dieser Ausgabe folgend, die nachstehenden Beispiele :

Motot p. 2 Z. 10 בחכמה für Ibn Tibbons מן הנמצא בחכמה ib. Z. 16. = ar. في الحكمة

P. 3 Z. 8 עלה für סבה ib. Z. 15 = علّة.

P. 3 Z. 12 כשיעור für לפי קורבת ib. Z. 26 = على قدر.

P. 5 Z. 10 בגרמים המשכילים für בגשמים המדברים p. 6 Z. 3 = في الاجرام الناطقة.

P. 11 Z. 13 כשתפקדנו für להעדרו ib. Z. 14. = ar. ان فقدته.

P. 18 Z. 22 ומחזורה für ותשובתה p. 19 Z. 1 = ومرجعها.

P. 19 Z. 13 nur Ein Ausdruck für die zwei ib. Z. 15—16 = ar.

P. 21 Z. 15 החכמה für החכמים ib. Z. 20, wohl aus الحكمة, das irrthümlich in Ibn Motot's Vorlage statt الحكماء stand.

P. 30 Z. 22 עגולות המאיים für עג' המאות p. 31 Z. 20 = دوائر المائين.

P. 30 Z. 25 ומתקבצים für ויהיה המחובר p. 31 Z. 23 = فيجتمع.

P. 31 Z. 2 שהגיע für שיתפשט ib. Z. 26 = يسرى.

P. 31 Z. 12 והנה יהיה für ויהיו p. 32 Z. 10 = فيكون.

P. 32 Z. 23 מתעלה למעלה für הסתלקו p. 33 Z. 25 = ارتفاعه.

P. 34 Z. 13 מכחות für מכח p. 35 Z. 17 = من قوى.

cod. SPRENGER 1821ᵃ übereinstimmenden [1]) Vorlage. Es waltet bei ihm das Bestreben vor, dem arabischen Original auch dem Laut-

[1]) So folgt IBN MOTOT in folgenden auffallenden Punkten dieser Vorlage = cod. B.: p. 4 Z. 8 stammen die nur bei ihm zu findenden Worte: שאין עולים אל המעלה השנייה אלא אחר הראשונה aus dieser Quelle, wie trotz des hier verderbten Textes von B. zu erkennen ist; p. 5 Z. 4 במוחם, das ib. Z. 23 bei IBN TIBBON fehlt, = مثلها; p. 6 Z. 15 והגיע בראות עיניו gegen I. T. p. 7 Z. 15 = وسرى فى عينيه, ebenso ib. Z. 16 f. gegen p. 7 Z. 17 = راى حينئذ جسده وما حوله من المحسّسات und ib. Z. 20 f. gegen p. 7 Z. 20 = افاض العقل عليها نوره; p. 8 Z. 17 fehlen die Worte האמתיות האלהיות von p. 10 Z. 9 nach B., wo gleichfalls بالمعارف allein zu finden ist; ib. Z. 23 ממנה für בה p. 10 Z. 11 = منها; p. 12. Z. 9 fehlt והבחיריית von p. 12 Z. 10 nach dem Vorgange von B.; ib. Z. 15 fehlen die Worte וכל שכן — ויש לה von ib. Z. 16—18 auch bei GAZZÂLI und in B.; p. 13 Z. 15 fehlen die Worte והפועל הסמוך von I. T. ib. Z. 22 und ebenso ib. Z. 16 אופן gleichfalls wie in B.; p. 14 Z. 9 fehlt האדם (I. T. ib. Z. 20), p. 15 Z. 1 אצלם von ib. Z. 14, ebenso אמתי, ib. Z. 4 אוהב von ib. Z. 17 und ib. Z. 5 גם כן von ib. Z. 18 nach B. Die 3 letzteren Lesearten bestätigt auch GAZZÂLI. Das Wort טובים ib. Z. 4 gibt اخيارا wieder und ist ebenfalls durch GAZZÂLI bezeugt. Ib. Z. 15 folgen die nach p. 16 Z. 4 scheinbar überflüssigen Worte על הדרך שצריך der LA. على الوجه الذى ينبغى in B. Ib. Z. 18 scheint והאיום die LA. الترهيب von B. wiederzuspiegeln; p. 16 Z. 13 מולדו für בריאתו von p. 17 Z. 3 = مولده, p. 19 Z. 17 מעט מעט für לגמרי ib. Z. 20 = قليلاً, ib. Z. 25 אות für ענין ib. Z. 28 = اثر, p. 20 Z. 5 המושכלים für השכליים ib. Z. 7 = المعقولة, ib. Z. 14 והראשון מן המושכלים für ib. Z. 17. במושכל הראשון = فاول معقول. Die Lücke p. 21 Z. 9, die nach I. T. ib. Z. 13—14 umfasst, ist wohl durch B. veranlasst, in dem durch das Homoioteleuton الثوانى die bezeichneten Worte ausgefallen sind. P. 22 Z. 1 entspricht gegen ib. Z. 8 der LA. in B. فى حياته الاولى بعلمه, wodurch das Fehlen der Worte von ib. Z. 8—11 sich erklärt, da sie auch in der Vorlage ausgefallen sind. Ib. Z. 2 ועצמו für ועצם נפשו ib. Z. 12 = وجوهره. Ib. Z. 14 fehlt nach p. 23 Z. 1 הראשון = B. Selbst das לו ib. Z. 16 gegen p. 23 Z. 3. folgt B. Ib. Z. 22 השלישי והשני gegen p. 23 Z. 10 = B. Ib. Z. 24 העצומו gegen p. 23 Z. 13 = تجوهره. Die hier von MOTOT wohl willkürlich verkürzte Stelle zeigt Z. 27. in להשכיל כל הנמצאים wohl die richtige, in B. erhaltene L. A. der bei I. T. p. 23 Z. 20, wie es scheint, verderbten Worte. P. 28 Z. 8 kann selbst das Fehlen der Überschrift auf die Vorlage B. zurückgeführt werden. P. 29 Z. 12—13 וכן הה׳ לא ימצאו אלא באמצעות הד׳ והג׳ והב׳ = وكذلك الخمسة لا توجد الا بتوسط الاربعة والثلثة والاثنين. P. 35 Z. 9. במה שתחתיו für למה שלמטה ממנו p. 36 Z. 1 = لما تحته.

klang nach entsprechende hebräische[1]) Worte zu wählen, was ihm in manchen Fällen überraschend gelingt. Die gesuchte Eleganz, die ihm ganz besonders in der Übersetzung Ibn Daûds als Ziel vorschwebt, verräth sich zuweilen auch hier, wie es andererseits eben so wie dort auch hier nicht an einem Beispiel von Missverständniss[2]) des Originales fehlt.

Um nun einerseits dieses kritische Hülfsmittel nicht in den Anmerkungen zerstreuen und seine Abweichungen und Kürzungen nicht in der Weise einer wenig anschaulichen, unfruchtbaren Aufzählung angeben zu müssen, andererseits aber auch, um das für die Erkenntniss der mittelalterlichen hebräischen Übersetzersprache so wichtige Material der Doppelübersetzungen durch neue Proben zu bereichern, habe ich mich entschlossen, der Übersetzung Ibn Tibbons die, wie wir nunmehr sagen können, Übersetzung Ibn Motot's beizugeben. Ich habe den Text in der Weise eingerichtet, dass überall da, wo Ibn Motot's Worte mitzutheilen waren, dieselben links denen Ibn Tibbon's gegenüberstehen. Wo deshalb Text und Anmerkungen in

---

[1]) So p. 5 Z. 10 בגרמים = في الاجرام, p. 7. Z. 16 מתחולל für ומתחלף p. 9 Z. 22 = مستكمل, p. 11. Z. 26 הערקים für השרשים ib. = العروق, p. 13 Z. 8 ולהקים für והעמדת ib. Z. 14 = واقامة, ib. Z. 19 ממחוז für מכת p. 14. Z. 1 = من حيز, p. 14 Z. 4 והכיהון für והכשוף ib. Z. 15 = والكهانة, ib. Z. 13 הצדק für האמונה ib. Z. 25 = التصديق, p. 16 Z. 13 מולדו für בריאתו p. 17 Z. 3 = B. مولده, p. 20 Z. 4 העתוד für ההכנה ib. Z. 6 = الاستعداد, p. 30 Z. 24 להתקיים für להעמיד p. 31 Z. 22 = لتقوم, p. 31 Z. 21 f. רמזים ולגזים für רמזים וחידות p. 32 Z. 21 f. = رموز والغاز, p. 34 Z. 2 חלול בעצמו für שנוי בעצמו p. 35 Z. 7 = استحالة في جوهره, והקצה p. 34 Z. 26 für ושמם p. 35 Z. 23 = واقتضى ; cf. בחינות עולם f. 90[b] אתה הקצית לשבתה מצע.

[2]) P. 19 Z. 12 ist בעולם הטבע, für welchen Ausdruck bei Ibn Tibbon ib. Z. 14 בחכמה הטבעית zu lesen ist, nur als Missverständniss oder als flüchtige Übersetzung einer falschen Leseart im Original aufzufassen, indem في العلم الطبيعي wie في العالم الطبيعي wiedergegeben wurde. Ähnlich erklärt sich die scheinbar unbegreifliche Abweichung in der Übersetzung von *Emunah ramah* p. 50 Z. 25 אליו מקרה durch להרהב auf die einfachste Weise, wenn ein Missverständniss der arabischen Vorlage angenommen wird. Man braucht nemlich nur das räthselhafte Wort in לה רחב zu theilen, um darin die falsche Wiedergabe der arabischen Worte ولها عرض zu vermuthen, die Ibn Motot für ولها عرض auffasste, während Ibn Lahi richtig ولها عرض darin erblickte und demgemäss übersetzte.

dieser Ausgabe in zwei Columnen getheilt erscheinen, enthält die rechtsstehende den Text IBN TIBBON's, die linksstehende den IBN MOTOT's, jede mit den entsprechenden textkritischen Noten am Fusse.

Für die Feststellung des IBN MOTOT'schen Textes habe ich der folgenden Hülfsmittel mich bedienen können:

1. Cod. Halberstam 219[1], 4°. Vgl. STEINSCHNEIDER, *Hebr. Bibl.* XV, 15. und *Cat. Berol.* p. 108—9. Diese vortreffliche Handschrift hat mir bei der Diorthose des Textes als Grundlage gedient.

2. Cod. Halberstam 220[1], kl. 2°. ELIESER b. ABRAHAM אליעזר בר אברהם ז״ל, wie er in dem Akrostichon des einleitenden Gedichtes zeichnet, hat in sein hier vorliegendes Werk (verfasst 1555 לפ״ק יקרה היא מפנינים f. 1[b]) die ersten sechs Abschnitte des ersten und wenige Zeilen des zweiten Theils von IBN MOTOT's משובב נתיבות ohne Angabe seines Namens aufgenommen. Das, wie es scheint, auf 17 Abschnitte berechnete Buch bricht hier jedoch unmittelbar nach dieser Entlehnung aus IBN MOTOT mit den Worten ab: עד ענין הויה אחרת על כונת דעת המפרשים שהיו לפני כדי לנקני לפה שחדשתי. So hat ELIESER b. ABRAHAM für BAṬLAJŪSI Rache genommen. Auch diese Handschrift enthält, von Fehlern und erklärenden Einschiebseln abgesehen, einen zuverlässigen Text. Die Benutzung beider Handschriften danke ich meinem allezeit bereitwilligen, unvergleichlichen Freunde S. J. HALBERSTAM in Bielitz.

3. Die Varianten aus cod. STERN 35 in Parma hat mir mit gewohntem Entgegenkommen Abb. Cav. PIETRO PERREAU mitgetheilt.

4. Die Vergleichung mit cod. Mich. 545 aus der Bodlejana hat Prof. Dr. S. M. SCHILLER-SZINESSY gütigst für mich unternommen.

In den linksstehenden Anmerkungen werden die genannten Codices durch folgende Kürzungen bezeichnet:

B. = cod. Mich. 545 der **B**odlejana.
H. = cod. **H**alberstam 219[1].
H² = cod. **H**alberstam 220[1].
P. = cod. Stern 35 in **P**arma.

Von den im Verlaufe dieser Untersuchungen mitgetheilten wörtlichen Anführungen jüdischer Autoren aus BAṬLAJŪSI habe ich bei der Feststellung des Textes häufig nützlichen Gebrauch machen können. Ein besonderer Hinweis auf dieselben in den Anmerkungen konnte aber aus dem Grunde in den meisten Fällen unterbleiben, weil sie mich nur in Verbindung mit dem Zeugniss der Handschriften in der Wahl einer Leseart bestimmt haben, ihre etwaigen Abweichungen und Fehler aber besser in der Mittheilung ihres Textes als in den Anmerkungen der Ausgabe ihre Berichtigung fanden.

Die Einwirkung BAṬLAJÛSI's auf die jüdische Religionsphilosophie.

Der Einfluss BAṬLAJÛSI's auf die jüdische Religionsphilosophie des Mittelalters, auf den zuerst LEOPOLD DUKES [1]) und ganz besonders MORITZ STEINSCHNEIDER [2]) hingewiesen haben, hätte durch eine reichere Zahl namentlicher Anführungen und sicherer Spuren sich belegen lassen, würde es ABU HÂMID al-GAZZÂLI nicht gefallen haben, das erste Buch der *bildlichen Kreise* wortwörtlich in seine *Wage der Gedanken* [3]) herüber zu nehmen. Daher ist es

---

[1]) *Orient* 1848 LB. 620 ff. und in BLUMENFELD's *Ozar Nechmad* Jahrg. II. p. 195.

[2]) *Al-Farabi* p. 115 f., *die hebräischen Handschriften der k. Hof- und Staatsbibliothek in München* p. 67, Nr. 201^{6}, am Eingehendsten *Cat. Berol.* p. 104 ff.

[3]) Wenige Ein- und Übergangsworte abgerechnet, kann man mit STEINSCHNEIDER, *Hebr. Bibliographie* [= H. B.] XIII. 14 n. 10 das ganze Buch als ein Plagiat an BAṬLAJÛSI — ihm p. 8 Z. 20 bis p. 9 Z. 25 gehört auch c. 12 (14) bei G. an — und den lauteren Brüdern bezeichnen. Den näheren Nachweis dieser Behauptung hat STEINSCHNEIDER geführt, vgl. *Cat. Berol.* p. 104 n. 3 und 5, p. 105 ff. Gleichsam als Züchtigung dieser Unredlichkeit mag es gelten, wenn in der Folge GAZZÂLI's Scheerenarbeit dem AVERROËS zugeschrieben wurde, vgl. STEINSCHNEIDER in KOBAK's *Jeschurun* Bd. IX, p. 74. Jedoch fehlt es keineswegs an Schriftstellern und an Handschriften des Werkes selbst, die GAZZÂLI ausdrücklich als Verfasser bezeichnen. So lauten nach einer Mittheilung Dr. A. BERLINER's die Schlussworte einer in dem Cod. S. 20 in 4° (Perg.) der Ambrosiana enthaltenen Abschrift des Buches: מיוחס אל החכם הגדול אלגזלי ויש שמיחסים אותו להכם בן רשד ומי שחברו יקבל מאל משכורת שלימה וכפי מה שראיתי בספר הכר האבן רשד בכלל דבריו דברי הספר הזה — offenbar eine Verwechslung mit GAZZÂLI's *Ruin der Philosophen.* — Dagegen scheint aus der von STEINSCHNEIDER ib. gegebenen Reihe der GAZZÂLI als Verfasser nennenden Autoren SALOMO ALMOLI gestrichen werden zu müssen. Das Citat in מאסף לכל המחנות f. 15, das STEINSCHNEIDER *Cat. Berol.* 107, 3 vergeblich in מאזני העיונים gesucht hat, enthält in der Titelangabe einen Irrthum. Es muss

gekommen, dass wir oft Gazzâli benutzt und genannt sehen, wo seine Quelle zu benutzen und zu nennen gewesen wäre, und selbst in den Fällen, wo wir ohne Nennung eines Namens einer jenen beiden Werken gemeinsamen Äusserung begegnen, bedarf es erst einer mehr philologischen als philosophischen Untersuchung der hebräischen Worte, um aus der Art der Übersetzung auf die Quelle der Entlehnung zu schliessen.

Wenn so bereits die Entscheidung darüber, was in den Schriften der jüdischen Religionsphilosophie mit Sicherheit Baṭlajûsi zuzuerkennen sei, in vielen Fällen durch einen äusseren Umstand verhindert wird, so fehlt es daneben auch an inneren Momen-

---

richtig heissen : כמו שכתב אבוחמ׳ בס׳ מאזני המעשים בביאור הב״ז, in welchem Buche [= ס׳ מאזני צדק] ed. Goldenthal p. 160 die von Almoli angeführte Stelle auch wirklich in c. 27 zu finden ist. Die gleiche Verwechslung im Titel beider Bücher hat Steinschneider *Cat. Berol.* 107 n. 7 in Simon Duran's מגן אבות f. 69ᵃ — nicht Bl. 65 — nachzuweisen gesucht. Vgl. Dukes, *Orient* 1848 LB. 572. An den Worten Duran's ist jedoch Nichts zu ändern. Es fehlt nur das Zeichen וכו׳ für : u. s. w., da das was Duran beweisen will, erst im Verlauf der nur nach den Anfangsworten von ihm angeführten Stelle sich findet. Er sagt : ואבוחמד יראה כי הכח המחשב הוא באחורנית המח כמו שכתב בס׳ הפלת הפילוסופ[ים] ובס׳ מאזני העיונים לא כתב כן אבל כתב כי הכח הדמיון הוא במוקדם המח [וכו׳]. Nun behauptet Gazzâli in der That in seiner destructio [Aristoteles ed. Venedig 1560 X. f. 340ᵇ] Disp. 18 : locus eius [sc. virtutis cogitativae] est ventriculus ultimus cerebri, während er in מאזני העיונים c. 25 und allerdings ebenso מאזני צדק p. 30 sich folgendermassen äussert : הנפש המדברת יש לה במח שלש כחות האחד מהם המדמה ומקומו במוקדם הראש מפאת פניו והשני המחשבי ומקומו באמצע הראש והשלישי השומר ומקומו אחורי הראש, so dass der von Duran bemerkte Widerspruch sich bestätigt. Gegen die von Steinschneider, *Jeschurun* IX, 77 ff. mit Recht abgewiesene Identifikation von Gazzâli's القسطاس المستقيم mit מאזני העיונים kann ich einen ferneren Beweis aus Gazzâli selber anführen. In seinem משכית האורות [= مشكاة الانوار], das mir in einer von meinem Freunde Dr. Salomon Fried für mich angefertigten Copie aus Cod. Uri Hebr. 392 vorliegt, bemerkt Gazzâli bei der Symbolisirung der Seelenkräfte (c. 2 g. E.) : והרביעית והוא הרוח המחשבת מסגלתה כי היא מתחלה[-ת] משרש אחר[-ד] ולאחר כן ישתרג[ו] ממנה שני שריגים ומכל שריג שני שריגים וכן עושה תמיד עד שירבה[-ו] ממנה השריגים השכליים בהתפלגותם עד שתגיע באחרונה לתולדות הם אילניה ואותם האילנות יעשו פרי להיות זרע לאחרים עד שיתכן לנבוע קצתם מקצתם עד שיגיע לפירות ונצחים כמו שזכרנו בספר הנקרא בלשון ערבי אלקסטאס אלמסתקים ר״ל הין צדק. Eine ähnliche Äusserung ist jedoch in מאזני העיונים nicht zu finden.

ten nicht, welche einer zuverlässigen Abgrenzung und Kennzeichnung dieses Einflusses störend entgegentreten. Streng genommen kann in einem Gebiete, auf dem noch nicht alle Quellen bekannt und erschlossen sind, nur die wörtliche Entlehnung oder die ausdrückliche Nennung als Beweis dafür gelten, dass ein Buch von einem Autor gelesen und benutzt wurde. In der jüdischen Religionsphilosophie wurde aber bis nach Maimûni das Nennen von Namen und das Citiren von Quellen so spärlich gehandhabt, dass wir gerade für diese Blüthenepoche des jüdischen Denkens in der Quellenforschung auf das Zerlegen und Vergleichen, im Ganzen also auf kritisches Vermuthen angewiesen sind. Dieses gleichsam chemische Verfahren des Scheidens und Bestimmens bei Verbindungen, deren Elemente noch nicht ausreichend erforscht sind, macht denn auch die Aufsuchung der Spuren Baṭlajûsi's bei aller Vorsicht zu einem bedenklichen Geschäft.

In der nachmaimûnischen Epoche dehnt sich jedoch durch das Eindringen der Philosophie in die Schrifterklärung und in die Predigtliteratur das Feld der Untersuchung derart in die Breite, dass jeder Versuch, die Spuren eines Werkes auf diesem weitgestreckten Gebiete sammeln zu wollen, des Anspruchs auf Vollständigkeit von vornherein sich begeben muss. Ruht doch selbst ein bedeutender Theil des Schriftthums, das zum Behufe einer solchen Arbeit gemustert werden müsste, noch handschriftlich und unerforscht in den Bibliotheken der verschiedensten Länder.

Mögen nun aber auch die Beziehungen, die ich zwischen den Werken jüdischer Religionsphilosophen und dem Buche Baṭlajûsi's nach geschichtlicher Reihenfolge hier darzulegen gedenke, als zufällige Berührung oder als wirkliche Abhängigkeit sich deuten lassen, in jedem Falle werden die Äusserungen des arabischen Denkers als Parallelen und Ausführungen für verwandte Gedanken in der religionsphilosophischen Literatur der Juden gelten können. Der gezeichneten Unsicherheit in der Quellenforschung der vormaimûnischen Periode folgend, wird auch diese Darstellung mit unsicheren und leisen Spuren zu beginnen haben, um dann auf sicheres Gebiet, zu offenbaren Entlehnungen und unzweifelhaften Anführungen überzugehen.

R. Hâja Gaon gest. 1028.

Als die älteste Spur Baṭlajûsi's in der jüdischen Literatur

müsste eine Äusserung des Gaons R. HÂJA angeführt werden, wenn dem Zeugnisse zu trauen wäre, dem wir die Nachricht seiner Autorschaft verdanken. In seinem Commentar zum Jezirabuche IV, 2 führt nemlich MOSE BOTAREL[1]), zwar ohne Angabe einer Quelle, jedoch anscheinend aus einem Commentar R. HÂJA's zu demselben Buche, eine grössere Ausführung an, die trotz des, wie es scheint, an der entscheidenden Stelle verderbten Textes[2]) nicht bloss durch den

---

[1]) Ed. Mantua 1561 f. 77^b. Die Abfassungszeit des Commentars ist in ihm selber f. 46^b angegeben; es ist das Jahr 1309. Vgl. DUKES, *Literaturhistorische Mittheilungen* [*Beiträge* II.] p. 103 n. 1. Die Biographie des Verfassers hat JELLINEK versucht im *Orient* 1846 p. 187, der auch ib. 1845 p. 314 die Aussprache des Namens BOTAREL begründet. Über die drei gleichnamigen MOSE BOTAREL der jüdischen Literaturgeschichte handelt HALBERSTAM *Hamagid* 1879 p. 96 und 151.

[2]) וכתב רבינו האיי ז״ל [ו]ז״ל ששה צלעות הם ר״ל ששה סדרים ארבע רוחות ומעלה ומטה והשביעי היכל הקדש הוא הארץ אשר כבודו בה נמצא הוא מקומו של עולם ומלא כל הארץ כבודו מבעלי חיים וצומח ודומם הוא כבודו של הקב״ה ובזה ישכיל האדם בעגולה רעיונית שהעולם לא נפל במקרה אבל מסדר אחד סדרו באופן התקון והוציאו מאין ליש והוא ית׳ סדרו על אופן הקשר המציאות זה בזה ודברי השפלים והנהגתם תלוים בעליונים ... ויש[ה]נפשות למיניהן נקשרות זו בזו מדרגה אחר מדרגה.
Diese Stelle scheint nur so erklärt werden zu können, dass in ihr gleichsam ein Auszug aus dem Eingang zum zweiten Abschnitt von BATLAJÛSI's Buche vorliegt. Die drei angeführten Naturreiche sind nur einige Punkte jenes Kreises, den das menschliche Denken durchlaufen muss, um zur Erkenntniss Gottes und seiner Schöpfung zu gelangen. Vgl. ganz besonders BATL. p. 21 Z. 5 ff. und die Z. 20 f. Worte: ורמו החכמים מדרגת העיון הזה והשתכלות לעגולה. Diese Methode wird als so geläufig vorausgesetzt, dass einfach gesagt werden kann: „durch diese Reihe erkennen wir im bildlichen Kreise u. s. w.", ohne dass das Verfahren näher erörtert zu werden braucht. Die Voraussetzung dieser Geläufigkeit scheint die pseudepigraphe Schrift, der diese Stelle entnommen ist, in die Zeit zu verweisen, da man durch die hebräische Übersetzung von B.'s Buche angefangen haben mochte, für die Erklärung des Jezirabuches davon Gebrauch zu machen. Ohne die Beziehung auf B. ist unsere Stelle unverständlich. In der That haben denn auch NACHMAN KROCHMAL מורה נבוכי הזמן Lemberg 1851 p. 299^b, der hinter עגולה רעיונית ein arabisches Wort vermuthet und es durch *Speculation* wiedergibt, und JELLINEK, *Beiträge zur Geschichte der Kabbala* II, 14 n. 21, der es durch *Gedankenschluss* übersetzt, den Sinn verkennen müssen. Das Richtige hat DUKES (*Ben Chananja* Jahrg. VII, 427 f.) beigebracht, der zuerst an B. erinnert, ohne jedoch eine nähere Erklärung zu versuchen. Auch die Bemerkung über die Verbindung aller Dinge und die Stufen der Seelen klingt an BATLAJÛSI an.

formelhaften Ausdruck vom bildlichen Kreise, sondern auch durch andere Anzeichen eine Bekanntschaft mit Baṭlajûsî's Buche zu verrathen scheint. Wiewohl der Annahme einer Benutzung Baṭlajûsî's durch R. Hâja der Zeit nach Nichts im Wege steht, so dürfte dennoch hier sowohl wie an den übrigen von Botarel im Namen dieses Gaons angeführten Stellen von R. Hâja völlig abzusehen sein. Botarel braucht darum kein Fälscher[1]) gewesen zu sein; dass es aber nicht R. Hâja's, sondern pseudepigraphe, untergeschobene Schriften waren, die er auf Treu und Glauben citirt, scheint schon daraus hervorzugehen, dass Ibn Esra[2]) darin öfters benutzt und sogar wörtlich ausgeschrieben wird. Weit entfernt, diese Äusserung R. Hâja's als Beweis des frühen Eindringens Baṭlajûsî's in die jüdische Literatur verwerthen zu wollen, benutze ich sie vielmehr im Zusammenhalt mit den übrigen bekannten Argumenten als ein Zeugniss gegen die Echtheit[3]) der von Mose Botarel im Namen R. Hâja's überlieferten Stücke.

Wiewohl die *bildlichen Kreise* zur Gattung derjenigen Bachja Ibn
Schriften gehören, die der Verfasser der *Herzenspflichten*[4]) ihrer Pakûda 1040.

---

[1]) Als Erfinder seiner Citate haben Botarel bezeichnet Rapoport, *Bicure Haitim* IX (1828) p. 36, X im Leben R. Hâja's p. 95, Zunz, *die gottesdienstlichen Vorträge der Juden* p. 407[b], Steinschneider in Ersch und Gruber II, 31 p. 403 n. 31, *Cat. Bodl.* 1713 und 1780. Dukes, der *Beiträge* II, 104 Botarel „ziemlich leichtgläubig" nennt, nimmt auch in diesem Falle an, dass Botarel nicht gefälscht, sondern Untergeschobenes „ohne Kritik für echt gehalten" habe *(Ben Chananja* VII, 428).

[2]) Jellinek selber weist an unserer Stelle darauf hin (a. a. O. p. 16 n. 24), dass die Worte: כי הנכבד באדמה הוא האדם ע״כ היתה צורת הכרובים הנכבד שבאדם ישראל · · bei Ibn Esra zu Ex. 33, 21 vorkommen, ohne die wörtliche Entlehnung zu betonen. Ebenso erinnern die Worte Pseudo-Hâja's bei Botarel f. 50[b]: ולא אהיה רכיל מגלה סוד an die Worte Nachmâni's gegen I. E. zu Lev. 16, 9, wie nicht minder f. 61[b] die Behauptung: והוא שם העצם וכל שאר השמות הם תארים לא עצמיים an Ibn Esra zu Exodus 3, 15 anklingt. Auch die Auseinandersetzung über die Buchstaben f. 61[a] enthält Bestandtheile offenbar nach R. Hâja verfasster Schriften. Als ein Sammelsurium aus Ibn Esra und Isak Ibn Latif hat diese Stücke richtig erkannt S. Sachs, *Kerem Chemed* VIII, 92.

[3]) Die Echtheit unseres von Botarel mitgetheilten Fragmentes haben Krochmal a. a. O. und Jellinek a. a. O. p. 9 ff., der sogar aus der Sammlung ähnlicher Stellen „einen Einblick in das kabbalistische System des Gaon Hâja" erwartet, durch ebenso unechte Zeugnisse zu stützen versucht. Es ist der alte circulus vitiosus *(Cat. Bodl.* 1780), in dem sich Beide bewegen.

[4]) Vgl. meine *Theologie des Bachja Ibn Pakuda* p. 70 n. 3.

neuplatonischen Richtung wegen vorzugsweise gelesen zu haben scheint, obwohl sie ferner besonders mit der von ihm so vielfach benutzten [1]) Encyclopädie der lauteren Brüder sich berühren, so ist dennoch keinerlei sichere Spur davon nachzuweisen, dass Bachja Ibn Pakûda unsere Schrift gekannt habe. Es erscheint mir sogar, nach mancherlei Anzeichen zu schliessen, wahrscheinlich,[2]) dass sie ihm nicht zu Gesichte gekommen sein dürfte. Gleichwohl werden Baṭlajûsi's Ausführungen für manche [3]) Stelle in den *Herzenspflichten* sich fruchtbar erweisen.

Salomo Ibn Gabirol geb. 1022.

Weniger zweifelhaft scheint es mir dagegen, dass Salomo Ibn Gabirol die Schrift Baṭlajûsi's gelesen und benutzt habe. Wohl ist der Typus des bildlichen Kreises trotz des mehrfach bei ihm auftretenden verwandt [4]) klingenden Ausdrucks in der *Lebensquelle* nicht nachzuweisen, allein die sachliche Übereinstimmung in manchen entscheidenden Punkten scheint mir für den Nachweis der Abhängigkeit ausschlaggebend. Besonders ist es der Gedanke der aus Gott strömenden, alles Daseiende durchdringenden, formenden und durch die stufenmässige Entfernung von

---

[1]) Ib., besonders p. 18 n. 1.

[2]) Ich bezeichne diese Folgerung nur als wahrscheinlich, da ich a. a. O. p. 25 ff. die Selbstständigkeit und das oft ablehnende Verhalten Bachja's gegen die von ihm benutzten Quellen bewiesen zu haben glaube. Es lässt nicht Alles, was ein Denker gelesen, eine Spur in seinen Werken zurück. Gleichwohl scheint mir besonders die Attributenlehre Bachja's seine Unkenntniss Baṭlajûsi's zu beweisen.

[3]) Die Worte : ואחר כן ישוב אל האחד I, 8 (ed. Baumgarten p. 27), die ich a. a. O. p. 64 n. 1 noch für zweifelhaft erklärte, dürften nach Baṭlajûsi's Auseinandersetzung p. 30 f. denn doch nur die durch die Zehnzahl dargestellte Einheit bedeuten, die ebenso durch die zunächst höheren Stufen des dekadischen Zahlensystems wie Hunderter, Tausender u. s. w. gebildet wird. Vgl. besonders die bezeichnenden Worte p. 32 Z. 2 : ושב אל מדרגת האחד

[4]) In Ibn Falaquera's Auszug לקוטים מן ספר מקור חיים (in Munk's *Mélanges de philosophie juive et arabe*) IV, 1 findet sich der Ausdruck העגולות הרוחניות, der IV, 8 mit העגולות המושכלות abwechselt. Er erscheint an beiden Stellen als Gegensatz zu העגולות הגשמיות oder המוחשות und wird in der lateinischen Übersetzung (Munk a. a. O. p. 70 n. 1) durch sphaerae intelligibiles × sensibiles wiedergegeben. So und nicht wie bei Dukes *(Ben Chananja* VII, 428 n. 8) als „geistiger Kreis“ ist der Ausdruck aufzufassen, da Ibn Gabirol dadurch die einzelnen sinnlichen und übersinnlichen Stufen alles Daseienden als Sphären, Kugeln begreift, die einander umschliessen, umspannen und je ihren gesammten Inhalt tragen und halten. Vgl. II, 1 mit III, 41.

der Urquelle sich vergröbernden und vervielfachenden Einheit [1]), dieser Wurzel aller Form in allem Geschaffenen, der bei Ibn Gabirol selbst durch die Ähnlichkeit der Einkleidung an das Vorbild Baṭlajûsi's erinnert. Auch in den Äusserungen über die Weihe der Speculation [2]), die fortgesetzte Bethätigung der menschlichen Denkkraft, ihre Erfolge [3]) und ihre Grenze [4]) zeigt sich bei Beiden vielfache Übereinstimmung. Gleichwohl kann die Benutzung Baṭlajûsi's durch Ibn Gabirol nicht mit Sicherheit behauptet werden, da die Verwandtschaft dieser wie noch mancher anderer ihrer Gedanken in den neuplatonischen Quellenschriften der Araber ihren Grund haben kann, von denen Ibn Gabirol auch sonst den reichsten Gebrauch gemacht hat.

Abraham b. Chijja geb. 1065.

Nicht ohne Bedenken gehe ich daran, den Namen Abraham bar Chijja's in die Reihe derjenigen aufzunehmen, die bei der Erforschung von Baṭlajûsi's Einwirkung auf die jüdische Literatur berücksichtigt und besprochen werden mussten. Die gedruckten [5])

[1]) Vgl. die Äusserung Ibn Gabirol's über die Macht der Einheit bei Ibn Falaquera מורה המורה ed. Bislicher p. 50 = לקוטים IV, 20 und besonders die Worte: כי האחדות כוללת לכל דבר ומצויה בכל דבר (IV, 20 Ende; s. auch Munk a. a. O. 210) mit unserem Texte p. 13, Z. 3 ff., p. 35 Z. 19 ff., p. 38 Z. 6 und p. 47 Z. 6.

[2]) Eine auffallende Ähnlichkeit zeigt die folgende Gegenüberstellung:

Baṭlajûsi p. 20 Z. 11. ff.	Ibn Gabirol III, 37.
ובאשר התהוק בעיון בענין הנפש אז יופיעו עליו ההתחלות השכליות אשר אינם בחומר ויהיה כבר הנפשט מן החומר.	ותגיע בכח שכלך תכלית מה שאפשר לך להשיגו מאמתת העצם המושכל עד כאלו תפשיט עצמך מהעצם המוחש.

Vgl. auch III, 37 und I, 2: הידיעה והמעשה יסדו הנפש ממאסר הטבע mit p. 15 Z. 10 f.: כבר התחבר בה החכמה והמעשה. So auch Ibn Zaddik, *Mikrokosmos* ed. Jellinek p. 63 l. Z.

[3]) Vgl. III, 37 und 42 mit p. 27 Z. 13 f.: ויהיה האדם נ ו ש א לצורת העולם כלומר ש י ש א צורתו בעצמותו:, wo auch auf den Beiden gemeinsamen Ausdruck des T r a g e n s zu achten ist.

[4]) In seinem כתר מלכות V. 390 ff. lässt Ibn Gabirol wie Baṭlajûsi den Geist nicht weiter als bis zum thätigen Intellect vordringen: ועדיו יגיע השכל ושם יעמוד ולמעלה נאית ועלית על כס התעצומך ואיש לא יעלה עמך. — Vielleicht besteht auch eine Verwandtschaft zwischen den von Ibn Esra Gen. 28, 12 angeführten Worten Ibn Gabirol's: סלם רמז לנשמה העליונה ומלאכי אלהים מחשבות החכמה — Vgl. Jellinek, *Beiträge* II, 31 — und der Lehre B.'s von der Allseele.

[5]) Auch das handschriftliche מגלת המגלה, das mein Freund Dr. Bernhard Ziemlich in München für mich durchgesehen — cod. Monac. 10³ und cod. Merzbacher, vgl. Frankel-Graetz' Mtsch. XXIX, 366 n. 4 —, scheint

Werke des Mannes haben mich auf keinerlei Spur eines solchen Einflusses geleitet. Auch liegt sonst kein sicheres Zeugniss vor, das die Annahme einer Benutzung B.'s durch diesen hervorragenden Mathematiker und Astronomen [1]) rechtfertigen würde. Es ist lediglich die Vermuthung eines Verschreibsels, das sich in die Abschrift [2]) eines Werkes von Jochanan Alemanno eingeschlichen zu haben scheint, was Abraham bar Chijja's Erwähnung in dieser Übersicht begründen möge. Sein Name dürfte es nemlich sein, der sich in dem Chijja bar Abraham verbirgt, von welchem uns Alemanno eine beachtenswerthe Äusserung über die Allseele überliefert hat. Wiewohl Nichts im Wege steht, bei einem in Spanien lebenden, des Arabischen [3]) mächtigen Denker wie Abraham bar Chijja die Bekanntschaft mit der Schrift eines spanisch-arabischen Philosophen zu vermuthen, so entbehrt doch diese Annahme so lange jedes Grundes, als nicht aus Einem der Werke eben jenes Denkers diese Anführung Alemanno's nachgewiesen ist. Wie es aber auch immer mit den Autor dieser Stelle sich verhalten möge,

---

keine Spur von der Allseele oder anderen Lehren Batlajúsi's zu enthalten. Die Äusserungen in der Encyclopädie über die Einheit hat bereits Steinschneider auf ihre Quelle im Nikomachus zurückgeführt H. B. VII, 86 u. 88.

[1]) Die erste Aufzählung und nähere Nachweisung seiner Schriften verdanken wir Zunz in den additamenta zu Delitzsch's Catalog der hebr. Handschriften der Leipziger Rathsbibliothek ad cod. XL. (Naumann, *Catalogus librorum manuscriptorum in bibliotheca senatoria civitatis Lipsiensis* p. 323). Die Identität Savosorda's mit A. b. Ch. = صاحب الشرطة hat Steinschneider ins Licht gesetzt *Serapeum* 1858 Nr. 3, *les ouvrages du prince Boncompagni* p. 5. und *Polemische und apologetische Literatur in arab. Sprache* p. 350.

[2]) Wie mir Steinschneider mitgetheilt hat, ist die Ausgabe von Alemanno's שער החשק (Livorno 1790) nicht bloss „wahrscheinlich" *(Hebr. Bibl.* 1862 p. 28), sondern ganz gewiss nach der in seinem Besitze befindlichen Handschrift durch Jakob Baruch veranstaltet worden. Es fällt darum weniger schwer ins Gewicht, dass sowohl die Ausgabe f. 45^b und f. 48^a als auch die Handschrift f. 41^a und 43^a חייא בר' אברהם lesen. Es kann eben nur der Fehler der Einen Handschrift sein, wenn wir nicht gar ein Versehen Alemanno's selber annehmen wollen.

[3]) Dass Abraham b. Chijja die Literatur der Araber benutzte und daraus ins Hebräische zu übersetzen leicht bereit war, sagt er selbst ספר העבור ed. Filipovski p. 4—5. So erklärt er auch in seiner Encyclopädie, dass er aus arabischen Schriften übersetzt habe. Vgl. Steinschneider's Mittheilungen *Hebr. Bibl.* VII, 85 und ZDMG. XVIII, 125 n. 11. Dass sein ספר הגיון הנפש vielleicht ursprünglich arabisch abgefasst war, habe ich, trotz der dagegen sprechenden Analogie seiner übrigen, hebräisch abgefassten Schriften, wegen der doppelten Übersetzung oder Bearbeitung, in der es sich findet, als Vermuthung ausgesprochen ZDMG. XXX, 363 n. 5.

in jedem Falle rechtfertigt die entschiedene Übereinstimmung [1]), die sie sogar in ihrem Wortlaute mit der Lehre Baṭlajûsi's über die Allseele verräth, ihre Erwähnung in diesem Zusammenhange.

Bei einem Philosophen wie Mose Ibn Esra, der neuplatonische Mose Ibn Esra oder neupythagoreische Schriften mit besonderer Vorliebe benutzt um 1070 geb. und anführt, die Encyclopädie der lauteren Brüder [2]) als philosophische Quelle und Salomo Ibn Gabirol als den Weisen [3]) schlecht-

---

[1]) Zur deutlicheren Hervorhebung dieses Zusammentreffens will ich dem durch Steinschneider's Güte aus seiner Handschrift Alemanno's berichtigten Texte dieser Stelle die entsprechenden Worte aus der Äusserung Baṭlajûsi's über die Allseele gegenüberstellen. Im שער החשק f. 45b heisst es:
וזה הרוחניות הנאצל מהכוכבים הוא שופע כפי מה שאמר הא״ע על בעלי
חיים שנתחברו איבריו ונתרכבו בתחלת הבריאה במזג אותו הכוכב כי המזג כמו
ספר התמ׳ aus Abu Aflah's — שאמר אבו פלה הוא המשתף בין הנותן והמקבל
עד שאותו הרוחני[-ות .l] הנאצל על המזג הנכון אם — cod. Monac. 214 f. 8
יהיה מיושר היישרה נכונה יהיה המיושר ההוא מקבל מהנפש הכללית אשר
נתנו מציאותה כל חכמי קדם ואריסטו ברמיזה הערות מהורות כפי מה שאמר
ר׳ חייא בר׳ אברהם :

	Baṭlajûsi p. 17. Z. 22 ff.
שהיא מקפת הגלגל העליון	והיא מקפת בכדור הגלגלים
ומוקפת מהשכל הפועל	והשכל מקיף בה מכל צדדיה
ופועלת במה שבתוך גלגל הירח	ומקומה מרכז הארץ
ועל ידה יגיע לנפשות הטהורות	ובו תדבק הנבואה בנפש הפרטית
הערות גדולות ועל ידה ירדו	הטהורה ובו ירדו
המלאכים הרוחניים ויעלו	המלאכים ובו תעלנה
הנפשות הזכות והרוחניות	הרוחות הנקיות
אל העולם העליון.	אל העולם העליון.

Nicht unerwähnt will ich es lassen, dass diese Worte Baṭlajûsi's auch am Schlusse des c. 11 von Gazzâli's מאזני העיונים sich finden, da sie noch in den Bereich seines Plagiates fallen. Für חייא בר אברהם etwa לוי בן אברהם בן חיים lesen wollen, wie Steinschneider in einer brieflichen Mittheilung vorschlagen möchte, geht abgesehen von dem durch Steinschneider selbst erhobenen Bedenken, dass ihm sonst kein Citat aus Levi ben Abraham bei Alemanno bekannt geworden sei, auch aus graphischen Gründen nicht an.

[2]) Vgl. Steinschneider, *Jewish Literature* p. 349 n. 33a. *Hebr. Bibl.* II, 92, ZDMG. XX, 432 und meine *Theologie des Bachja* p. 18 n. 1. Dass er sie auch in der Poetik an mehreren Stellen ausdrücklich anführt, hat Steinschneider gezeigt *Cat. Bodl.* 1811.

[3]) Vgl. S. Sachs, *Ha-Techijjah* I, 6, 32, 59, II, 15, 20, *Cat. Bodl.* a. a. O. und Munk a. a. O. 265 n. 1. Die ursprüngliche Schönheit der selbst in seiner Philosophie poetisch schwungvollen Diktion Ibn Gabirol's leuchtet, um ein bezeichnendes Beispiel anzuführen, in dem grösseren Citate Mose Ibn Esra's *(Zion* II, 121 n. 3) hervor, dessen klassische Übersetzung ganz be-

hin betrachtet, wird auch die Voraussetzung gerechtfertigt erscheinen, dass ihm das Buch des Spaniers Baṭlajûsi nicht werde unbekannt geblieben sein. Allein mehr als eine Vermuthung ist bei dem trümmerhaften Zustande, in dem die spärlichen Reste von Mose Ibn Esra's philosophischem Werke[1]) uns vorliegen, nicht gestattet. Kaum darf in der selbst noch fraglichen[2]) Verwandtschaft der Titel beider Schriften ein Anhaltspunkt für die Behauptung gefunden werden, dass Mose Ibn Esra die Arbeit Baṭlajûsi's gelesen habe.

Jehuda Halewi 1141. Wenn man die Gelehrsamkeit Jehuda Halewi's in der philosophischen Literatur der Araber betrachtet und im Besonderen seiner Vertrautheit mit den Schriften Gazzâli's gedenkt,[3]) die ich hier mit dem Quellennachweise für eine seiner merkwürdigsten Äusserungen [4]) durch ein neues Beispiel zu beweisen in der Lage bin, so

---

sonders sich würdigen lässt, wenn man sie mit der Wiedergabe bei Ibn Falaquera (לקוטים III, 37) vergleicht. Der wahrscheinlich dem arabischen Original nachgebildete Ausdruck הוג המושכלות hat Nichts mit Baṭlajûsi's Typus zu thun.

[1]) Es wird wohl doch gegen Steinschneider, *Cat. Bodl.* p. 1811 Dukes נגזי אקספורד (ed. Edelmann) p. 57 zuzustimmen sein, dass M. Ibn Esra's Werk hebräisch geschrieben war. Hieraus erklärt sich dann die nur bei einem Sprachkünstler gleich ihm zu erwartende Eleganz der Übersetzung, wie denn auch der Zweck des im Ganzen nur eklektischen Werkes verständlicher wird, wenn wir es als eine vom Hause aus nur als hebräische Wiedergabe arabischer Gedanken berechnete Blumenlese betrachten.

[2]) Steinschneider, *Cat. Bodl.* p. 1811 hält es für unzweifelhaft, dass die von Mose Ibn Esra angeführte Schrift الحديقة فى معنى المجاز والحقيقة, identisch sei mit seinem ערוגת הבושם. Allein abgesehen davon, dass diese wahrscheinlich hebräisch verfasste Schrift nicht einen arabischen Titel getragen haben dürfte, ergiebt auch Mose Ibn Esra's eigene Äusserung am Schlusse seiner Biographie Ibn Gabirol's (*Cat. Bodl.* p. 2316), dass الحديقة eine, wie es scheint, in das Gebiet der Poetik gehörige Arbeit gewesen sein muss. Vielleicht soll auch der Name ערוגת הבושם den Charakter der Schrift als philosophische Blüthenlese bezeichnen.

[3]) Vgl. meine *Attributenlehre* p. 119 ff., *Jehuda Halewi* p. 26 n. 2.

[4]) Der Vergleich der natürlichen, nicht durch Dialektik erworbenen Gläubigkeit mit dem angeborenen metrischen Gefühl *Kusari* ed². Cassel V, 16; p. 408 lautet nach einer Mittheilung Adolf Neubauer's im Oxforder Original f. 137ᵃ folgendermaassen: كالذين تراهم من الذين يقرون اعاريض ويدققون وزنها وتسمع جعجعة كلمات هائلة فى علم

wird man es von vornherein bereits kaum für zweifelhaft erklären, dass auch die Schrift des Philosophen aus Badajoz ihm vorgelegen habe, jedenfalls aber in dem von Gazzâli entlehnten Theile ihrer Gedanken ihm bekannt geworden sei. Gleichwohl ist ein Beweis für diese Behauptung nicht zu erbringen. Wohl scheint z. B. seine Angabe über die Stufenfolge [1]) der Intelligenzen und der Körper

---

هيّن على المطبوع يذوق وزن الشعر ولا يجوز عليه زحف بوجه
وغاية اولايك [ان] يصبروا(יצדיא) مثل هذا الذى يظهر جاهلا
بالعروض وانه لا يقدر ان يعلمه واولايك يقدرون على تعليمه نعم
وان هذا المطبوع يعلم مطبوعًا اخر باقلّ اشارة وكذلك القوم
المطبوعون (־ין) للتشرّع والتقرّب الى الله تع' تنقدح (הנק־ח) فى نفوسهم
شعاعات (יט־א־אה) من كلمات الاخيار وتصير لهم انوار فى قلوبهم
وغير المطبوع هو الذى يحتاج الى علم الكلام وربما ليس ينفعه بل
ربما اغر به. Es werden also vor Allem die Worte: ונשמע להם המיה ודברים מבהילים בחכמתם nicht mit Cassel p. 408 zu übersetzen sein: „und von deren Wissen man nun einen grossen Lärm gemacht", wodurch Sinn und Kraft der ganzen Antithese verloren gehen, sondern: „indess wir von ihnen ein Geblöcke und fürchterliche Dinge zu hören bekommen in einer Fertigkeit, die dem Natürlichbegabten leicht fällt." Auch Moscato hat die Stelle missverstanden. Der Keim dieses sicherlich eigenthümlichen Vergleiches findet sich nun bei Gazzâli משכית האורות MS. c. 2 g. E.: ואם תרצה ממה שאנו רואים מכלל סגולות קצת בני אדם עיין בטעם השיר היאך הם מסתגלים בו מקצת בני אדם והוא מין הרגש והשנה וזולתם אינם מכירים הנגינות השקולים מאשר אינם שקולים ותראה היאך גדל כח הטעם וההכר בזולת אלו עד שהוציאו ממנו חכמת הניגון שקורין אותו בלשון ערבי אלמוסיקי ומיני התנועות בהם אשר מהם המעצב ומהם המשמח ומהם המישן ומהם המשחק ומהם המבכה ומהם המחנן ומהם ההורג ומהם המביא לידי טרפת הדעת. Vgl. auch dasselbe Bild bei Ibn Esra in der Einleitung seines Commentars zu Jona und Friedländer, *Ibn Ezra Literature* Vol. IV, 55 n. 2.

[1]) Vgl. z. B. besonders den Eingang von V, 20; p. 424 Nr. 4 und Baṭlajûsi p. 10 und 19 f. Auch die Äusserungen der lauteren Brüder sind hier zu vergleichen, s. Dieterici, *die Naturanschauung und Naturphilosophie der Araber im X. Jahrhundert* p. 178 ff. Die V, 12; p. 393 aufgestellte Reihe ist jedoch eine wörtliche Entlehnung aus Ibn Sina's Psychologie, deren Text Landauer ZDMG. XXIX, 262 und 408 n. 9 an dieser Stelle unbedingt nach der auch sachlich richtigen LA. Jehuda Halewi's hätte verändern müssen. Nur statt אבראץ scheint in der Vorlage Ibn Tibbon's אנואע gestanden zu haben, woraus sich die Worte ואיכות המינים erklären. Neben den eingreifenderen Änderungen, die demnach im Texte Ibn Sina's vorzunehmen sein

den Einfluss Baṭlajûsi's zu verrathen, allein diese ist viel zu geläufig, als dass sie auf eine bestimmte Quelle zurückgeführt werden könnte. Ganz besonders dürfte dagegen die Äusserung [1]) seiner gottbedürftigen Seele, in der er gegen die Annahme der Philosophen von den Stufen des Daseins zu Felde zieht, an Klarheit und Bedeutung gewinnen, wenn wir an die Schrift unseres Neuplatonikers denken, der in allen seinen Kreisen stets nur die entgötterte, aus Gott herausgetretene und von ihm trotz aller inneren Verbindung abgelöste Welt betrachtet.

Abraham Ibn Esra geb. 1088–89

Sicherere Spuren einer Benutzung Baṭlajûsi's scheinen mir bei dem neuplatonisch gefärbten, von Salomo Ibn Gabirol abhängigen [2]) Abraham Ibn Esra vorhanden zu sein. Besonders dürften die Bemerkungen über die Natur [3]) des dekadischen Zahlensystems

dürften, ist auch sicherlich p. 362 Z. 9 من الابداع in من المبدع zu berichtigen.

[1]) Da der Text dieser Äusserung V, 21; p. 429 manche Dunkelheit enthält, will ich die Worte des Originals, die mir gleichfalls Neubauer mitgetheilt hat, denen der hebräischen Übersetzung gegenüberstellen:

ואל נשגיח לדברי הפילוסופים אשר	فلا نبلى بقول الفلاسفة الذين
מחלקים העולם האלהי אל מדרגות	يقسمون العالم الالاهى الى رتب
אך כלם אצלנו מדרגה אלהית מאחר	فكلها عندنا رتبة الاهية منذ
שנפרד מההגשמה ואין כי אם	نفصل من التجسيم فليس الا(ولا)
אלוה מנהיג הגשמי(י)ם.	الاه مدبّر الاجسام.

Nach dieser LA. des Originals müsste שנפרד, das die Commentatoren als 3. p. sing. auffassen, als 1. p. pl. erklärt werden und demnach so zu übersetzen sein: „sobald wir uns nur von der Verkörperung [Gottes durch diese Stufen] fernhalten". Jedenfalls ist die Erklärung Jakob ben Chajim Farissol's in seinem Commentar z. St. (cod. Halberstam 6) zu verwerfen: מאחר שנפרד בהגשמה וכו' ר״ל כי אחר שאין האל ית' גשם ולא כח בגשם לא נאמר בהנהגתו שיהיו שנים או שלשה כי לא יקבל פירוד וחיבור כ״א הענין הגשם. Auch Moscato קול יהודה f. 193[b] und Cassel a. a. O. scheinen die Stelle missverstanden zu haben. Die gesammte Welt ist für J. H. Eine göttliche Stufe, sobald nur die Verkörperung Gottes dabei ausgeschlossen ist, der allein sie leitet.

[2]) Vgl. S. Sachs, *Ha-Techijjah* I, 6, II, p. VIII, 7. 9 und meine *Attributenlehre* p. 508.

[3]) So erinnert z. B. die Ausführung Ibn Esra's über die Zahlstufen zu Ex. 3, 15, besonders in den Worten: והנה עשרה היא דומה לאחד ··· כי בהגיעך אל עשרים אז הם שני עשרות כנגד שני אחדים ושלשים כנגד

und die bei Ibn Esra so geläufige Vergleichung der Eins[1]) und ihrer Stellung unter den Zahlen mit Gott und seinem Verhältniss zu der aus ihm hervorgegangenen Welt darauf hinweisen, dass ihm die ausführliche Darstellung dieser Lehren bei unserem Philosophen nicht unbekannt geblieben ist. Auch in seinen Äusserungen über den auf die Stufenreihe alles Geschaffenen zu Gott emporführenden Entwickelungsgang[2]) der menschlichen Erkenntniss fehlt es nicht an Berührungspunkten mit den Ausführungen Baṭlajûsi's.

שלשה אחדים וכן כל עשירות עד תשעים הם תשע עשירות כנגד תשעה אחדים ובהגיעך למספר מאה הוא דומה לאחד ובהגיע לתשע מאות גם הם כנגד תשעה אחדים עד שתגיע לאלף שהם עשר מאות גם הוא האלף דומה לאחד עד היותם תשעה אלפים כנגד תשעה אחדים ובהגיעך לעשרת אלפים אז נשלם החשבון בהיותו רבבה אחת ורבבה עד עשר רבבות על הדרך הזה כי כל ראשי המספרים הם דומים לאחד an einen Auszug aus c. 4 p. 29 ff. Vgl. Ibn Zarza מקור חיים f. 99^{b}.

[1]) Vgl. Ex. 33. 31 : וזה השם הנכבד הוא האחד שהוא בעצמו עומד ואין לו צורך לאחר לפניו ואם תסתכל מפאת החשבון שהוא ראש הכל וכל חשבון מהאחדים הוא האחד שהוא הכל · · · והנה האחד אין לו תמונה והוא בדרך כלל לכל התמונות כי מאתו יצאו. S. auch die Erklärung dieser Stelle bei S. Sachs, *Kerem Chemed* VIII, 201 n. 16 und Friedländer a. a. O. 21 n. 1. Vgl. Baṭlajûsi p. 33 Z. 5 und m e i n e *Attributenlehre* p. 289 n. 110 und p. 290 n. 113. Mit grosser Wahrscheinlichkeit deutet Moscato das Geheimniss Ibn Esra's zu Job 28, 13 : והוא באחד · · · ולא אוכל לפרש כי יש בו סוד גדול auf die Vorbildlichkeit der Eins und ihrer Eigenschaften für Gott und sein Verhältniss zur Welt (קול יהודה f. 62^{b}). Die Verwandtschaft dieser Gedanken mit Baṭlajûsi p. 33 Z. 7 ff. oder, da sein Plagiator geläufiger war, mit Gazzâli [irrthümlich Ibn Roschd], מאזני העיונים, Einleitung hat ebenfalls bereits Moscato erkannt a. a. O. f. 232^{c-d}. Vgl. auch Ibn Esra's Bezeichnung für Gott : אחד לבדו מאין סמוך על נקראו und Profiat Duran's Erklärung טעם זקנים ed. Aschkenasi p. 77 f. mit Baṭlajûsi p. 34 Z. 8 ff. Über das Geheimniss der Eins und Zehn bei Ibn Esra סוד הבכור והעשירי Lev. 27, 12 s. Ibn Zarza's Erklärung a. a. O. f. 87^{d}—88^{a}. Dagegen scheint mir in die Bemerkung I. E.'s über den Buchstaben י, also das Zeichen der Zehn, nicht zu viel hineingeheimnisst werden zu dürfen. Da er an zwei Orten sich darüber äussert, so mögen die Worte sich gegenseitig beleuchten :

יסוד מורא XI.

ע״כ צורת יו״ד כדמות קו עגול שהוא מקיף כל אשר בתוכו ופירוש קהלה מגזרת והתודה השנית (Nech. 12. 32) שהי התודות (ib. 40).

ס׳ צחות

והנה צורת יוד כדרך גלגל כי הוא מחבר כל אשר בתוכו והוא מגזרת והתודה השנית שתי תודות גדולות. (Vened. 1546 f. 154^{a}) דקדוקים

Hier dürfte eine Erinnerung an Baṭlajûsi p. 31 Z. 3—4 bestimmend mitgewirkt haben.

[2]) Vgl. die Darstellung Ex. 20,1 ; ed. Netter f. 82^{b} : ואשר נשאו לבו ללמוד

Josef Ibn Zaddik um 1145.

Bei einem Kenner der neuplatonischen Literatur wie Josef Ibn Zaddik, der aus der Encyclopädie der lauteren Brüder wie aus Proklus und Ibn Gabirol [1]) schöpft, darf die Kenntniss von den *bildlichen Kreisen* mit Fug vorausgesetzt werden. Und wiewohl freilich eine wirkliche Abhängigkeit von dieser Schrift bei ihm nicht nachgewiesen werden kann, so scheinen doch manche Spuren in der That auf die Kenntniss und Benutzung derselben hinzuweisen. So dürfte zu einer Darstellung über die vorbildliche Bedeutung der Zahleinheit [2]) Baṭlajûsi's Erörterung dieses Gegenstandes benutzt worden sein. Auch sonst fehlt es nicht an Stellen, die eine Anregung [3]) durch die verwandten Äusserungen unseres

---

חכמות שהם כמו מעלות לעלות בהם אל מקום חפצו יכיר מעשה השם במתכות ובצמחים ובחיות · · · und die Reihe bei Baṭlajûsi p. 19 f. Von dem Kreislauf, den das menschliche Denken von seinem Ursprunge bis zur Rückkehr in den Ausgangspunkt durch die Reihe der materiellen und immateriellen Wesen zurücklegt, scheint jedoch bei Ibn Esra keine Rede zu sein. Vgl. Friedländer, a. a. O. p. 22 n. 2. Eine Übereinstimmung zwischen B. p. 46 Z. 21 und I. E. zeigt auch die Lehre von der Identität des שכל משכיל und מושכל in Gott. Über die Abweichung I. E.'s von Maimûni in diesem Punkte s. S. Sachs, *Kerem Chemed* VIII, 202.

[1]) Den Nachweis für diese Behauptungen s. in meiner *Attributenlehre* an den im Index unter den angeführten Namen bezeichneten Stellen.

[2]) Vgl. *Mikrokosmos* ed. Jellinek p. 48—49 und meine Erklärung dieser Stelle a. a. O. p. 287 ff. Die drei Vergleiche der Gottheit mit der Eins sind auch bei Baṭlajûsi vorhanden, s. p. 33 Z. 20 ff. und p. 34 Z. 26 ff., wo auch die zwei letzten Vergleiche in derselben Ordnung einander folgen. Die Worte Ibn Zaddik's p. 49 Z. 4: כן באמצעותו אחד u. Z. 5.: ונהיה האחד הראשון לכל הראשון והאחרון לכל אחרון finden durch Baṭlajûsi p. 30 Z. 3 ff. über die rückläufige Bewegung aller Zahlen zur Einheit erst ihre wahre Erklärung.

[3]) So wie die doppelte Quelle der Attribute: aus der Naturbetrachtung und aus den Offenbarungen der Propheten bei Ibn Zaddik p. 55 Z. 5 v. u. und p. 56 Z. 8 an Baṭlajûsi p. 41 Z. 6 ff. erinnert, so scheint ganz besonders die Angabe über die logische Entwickelung der Attribute einen Anklang an unsere Schrift zu enthalten. Eine Gegenüberstellung der entscheidenden Worte möge dies näher beweisen:

Ibn Zaddik p. 56 Z. 10 v. u.	Baṭlajûsi p. 41 Z. 15.
ומזה הצד אמרנו שהמדות האלה	התארים לפי דעתו ענינים הרשו:
השאילו להם האנשים ··· שהם בהיותם	אותם הבוראים כי הם יורו עליו
פועל מפעולותיו וראו שום גשמי נברא	באותות מלאכתו ומפעליו ונזרו
בגלל הפועל ההוא בשום שם סמכו הם	לו התארים מפעולותיו ומה שישוער
לבורא כמו כן השם ההוא.	בנפשותם מידיעתו יתארוהו בהם.

Philosophen vermuthen lassen. Einen Beweis der Abhängigkeit bilden nicht einmal übereinstimmende Anführungen aus Platon, da sie Ibn Zaddik, wie es sich z. B. bei dem *Buche der Gesetze*[1]) zeigen lässt, derselben Quelle wie Baṭlajûsi entlehnt haben kann. Dagegen beweist die Vorliebe im Anführen Plato's den neuplatonischen Charakter beider Philosophen und steigert die Wahrscheinlichkeit, dass die *bildlichen Kreise* Ibn Zaddik dürften bekannt worden sein.

Abraham Ibn Daûd 1160.

Wir treten mit Abraham Ibn Daûd in die Sphäre des bewussten Aristotelismus. Ihm, dem gelehrten Kenner der arabischen Literatur, wird auch unsere Schrift vorgelegen haben, zu deren Benutzung und Anführung fand er jedoch schon aus Abneigung gegen den besonders von Ibn Gabirol her ihm verhassten[2]) Neuplatonismus wenig Veranlassung. Gleichwohl ist es sehr wahrscheinlich, dass wir in der eigenthümlichen Verwendung der Eins[3]),

---

Auch in den Ausfällen gegen die Mutakallimûn erinnert z. B. p. 45 Z. 13 ff. in der Methode an Baṭlajûsi p. 49. Vgl. jedoch meine *Attributenlehre* p. 268 n. 47.

[1]) Die Worte, die Ibn Zaddik p. 63 Z. 4 von Platon anführt: שלשה דברים הם נאים להמון שידעו אותם ויזיק להם אם לא ידעו אותם האחד מהם שיש לדברים ממציא והוא אחד ושכל הדברים תחת עזרתו ותחת מצותו והשני שהבורא ההוא לא יסתר ממנו דבר בין רב למעט והשלישי שלא יתרצה לאדם בהקריבו קרבנות אבל יתרצה בעשותו מעשים טובים sind ein Auszug des Citates p. 48 Z. 9 ff. bei Baṭlajûsi aus Plato's Buche נימוסים = النواميس. Die zwei ersten dieser als unbedingt wissenswerth hingestellten Sätze hat auch Schahrastâni aufgenommen, der sie jedoch auf das Kürzeste zusammendrängt, كتاب الملل والنحل ed. *Cureton* p. 288: قال افلاطن فى كتاب النواميس ان اشيا لا ينبغى ان للانسان يجهلها منها ان له صانعًا وان صانعه يعلم افعاله S. Haarbrücker, Schahrastâni's *Religionspartheien und Philosophenschulen* II, 125: Es sagt Platon in seiner Schrift über die Gesetze, es gebe Dinge, welche nicht zu wissen dem Menschen nicht zieme; dazu gehöre, dass er einen Schöpfer habe, und dass sein Schöpfer seine Thaten kenne. Dieses Buch hat aber Ibn Zaddik selbstständig benutzt p. 51 Z. 13 v. u. אפלטון במנהגיו. Vgl. meine *Attributenlehre* p. 302 n. 138. Über das echte كتاب النواميس vgl. Steinschneider, *zur pseudepigraphischen Literatur* p. 54 n. 6—10.

[2]) Vgl. meine *Attributenlehre* p. 114 n. 26, 243 n. 238 und p. 504.

[3]) *Emunah ramah* ed. Weil p. 48 Z. 11—12 scheint Ibn Daûd die Äusserung Baṭlajûsi's p. 38 Z. 19 ff. vorgeschwebt zu haben. Ibn Motot hat

deren Ibn Daûd einerseits zur Veranschaulichung des Nothwendig-Existirenden, andererseits in ihrem Verhältniss zu den Zahlen als eines Bildes für den allmählichen und stufenmässigen Hervorgang der Dinge aus jenem wandellosen Urgrund sich bediente, die sichere Spur eines Einflusses erblicken dürfen, den Batlajûsi auch auf Abraham Ibn Daûd geübt hat.

Mûsa Maimûni vor 1190.

Mit Mûsa Maimûni, in dem die jüdische Religionsphilosophie des Mittelalters überhaupt culminirt, ist auch die Frage nach dem Verhältniss der jüdischen Denker zu Batlajûsi auf dem Gipfel ihres literarhistorischen Interesses angelangt. Keines der Häupter der arabischen Weltweisheit ist zu dem grossen Verfasser des *Führers der Unschlüssigen* [1]) in so eigenartig enge Beziehung gebracht worden wie der unscheinbare Philosoph von Badajoz. Wer nemlich ohne nähere Prüfung den Äusserungen zweier, unabhängig von einander urtheilender Schriftsteller folgen wollte, der würde es nicht nur als sicher annehmen müssen, dass Maimûni den Batlajûsi gelesen, sondern jenes Maass von weitgehender Benutzung dieses Autors bei ihm voraussetzen, das man mit seinem wahren Namen als Plagiat [2]) zu bezeichnen pflegt. Und in nicht geringeren

---

sogar seiner Übersetzung dieser Worte Ibn Daûd's eine Färbung gegeben, auf die Batlajûsi ib. Z. 25 von Einfluss gewesen sein dürfte: ויהיה כדמות האחד במספר כי האחד לא ישוער הסתלק ומספר נמצא וישוער הסתלק כל מספר והוא נשאר. (MS.) Wenn jedoch dieser Vergleich, wie ich *Attributenlehre* p. 287 n. 105 gezeigt habe, der Eigenthümlichkeit entbehrt, so erinnert dagegen ib. Z. 12 die mit עוד beginnende Bemerkung Ibn Daûd's in auffälliger Weise an Batlajûsi p. 3 Z. 3 ff. Erst durch diese Stelle findet der Vergleich des Hervorganges alles Geschaffenen aus Gott mit dem Hervorwachsen der Zahlen aus der Eins seine Erklärung und Ausführung. Und sogar die Einschränkung des Vergleiches durch den Hinweis auf die Endlichkeit der Schöpfung im Gegensatz zur Unendlichkeit der Zahl, die Ibn Daûd Z. 15 durch אמנם einleitet, ist p. 4 Z. 10 auch bei Batlajûsi bereits durch die Worte angedeutet: כי היו מדרגות הנמצאות יש להם תכלית.

[1]) Über diesen Titel vgl. meine *Attributenlehre* p. 363 n. 1 und N. Brüll, *Jahrbücher für jüdische Geschichte und Literatur* IV, 130.

[2]) Man wird zugeben, dass die Beflissenheit, die in der folgenden Entschuldigung Maimûni's durch Josef Kaspi — vgl. Steinschneider, Ersch und Gruber II, 31 p. 67 n. 54 — liegt, einer Anklage gleichkommt: והנה כל זה באין בספרי האלהות ובלבד באר זה בטלמיוס בספר העגלות שיהר לזה ולא תחשוב שאני אומר שהמורה מגנב דברי

Punkten soll diese Abhängigkeit sich zeigen, als gerade in der Lehre von der Negation der Attribute, die man unbedenklich als die bedeutendste That Maimûnischer Speculation hinstellen kann, und in der Theorie der Willensfreiheit und der göttlichen Allwissenheit [1]), die mit jener Lehre im innigsten Zusammenhange [2]) steht. Die selbstständige Prüfung der beiden Werke, die jetzt durch die Veröffentlichung der *bildlichen Kreise* ermöglicht ist. wird die Oberflächlichkeit und Grundlosigkeit der Behauptungen beweisen, die in so einschneidenden Fragen die Originalität Maimûni's in Zweifel ziehen. So wie jeder Schritt, der uns tiefer in das Innere seiner grossen Leistungen hineinführt, mit steigender Bewunderung vor der Weite seines umfassenden Blickes und der Selbstständigkeit seines entschlossenen Denkens uns erfüllt, so kann auch die Vergleichung der Stellung und Lösung jener Probleme bei beiden Denkern die Grösse Maimûni's nur in helleres Licht setzen. Wie sehr er auch sonst in der Schuld der arabischen Philosophen stehen möge, seine Lehre von den göttlichen Eigenschaf-

---

הפילוסופים ומניח(ם) אותם לעצמו כי הוא כבר התודע על זה כי [רע] המכונה בהקדמה משני פ״ב והתנצל: (עמודי כסף ed. Werbluner p. 62). Selbst die Berufung auf *More* II, 2 enthält die falsche Unterstellung, als wollte Maimûni wirklich seine Abhängigkeit von den Philosophen rechtfertigen, während er nur den Gesichtspunkt angibt, aus dem er sein Werk will angesehen wissen. Dieselbe Bemerkung wiederholt übrigens Kaspi z. B. p. 68 zu I, 68. Nicht weniger unvorsichtig ist der Ausdruck Mose Ibn Chabib's (בחינת עולם ed. Fürth 1552 f. 88^a): והנה אני מצאתי בספר עגולות רעיוניות כל אלה הדברים נחמדים שאמר הרב בתארים ובעניני השלילות. Vgl. N. Brüll, *Jahrbücher* a. a. O. So wie diese Behauptung falsche Vorstellungen über die Selbstständigkeit der gesammten Attributenlehre M.'s erweckt, so ist eine andere Äusserung Ibn Chabib's auch in Bezug auf eine einzelne Stelle irreführend. F. 87^a bemerkt er : זה המאמר לקוח מדברי הרב בפרק שמנה וחמשים חלק ראשון זה לשונו ואנחנו לא נשיג זולת ישותו לבד ושום [l. ישיש שם] נמצא לא ידמה לו דבר מכל הנמצאות אשר המציאם ולא ישתתף להם בשום פנים ע״כ וכן אמר החכם בספר מאזני העיונים וכן נאמר בספר עגולות רעיוניות. Man wird diesen Satz Maimûni's vergeblich in den zwei angeführten Werken suchen. Ibn Chabib haben ähnliche Äusserungen vorgeschwebt wie z. B. Baṭlajûsi p. 39 Z. 3.

[1]) Diese will Ibn Chabib allein bei Baṭlajûsi gefunden haben : זו היא דרך הרב והיא דרך ישרה ואני מצאתיה בספר עגולות רעיוניות מבוארת (a. a. O. f. 82^a).

[2]) Vgl. meine *Attributenlehre* p. 457 n. 145.

ten findet weder in der Kraft der Auffassung noch in der Kühnheit der Durchführung bei diesen eine Vorlage oder auch nur ein Seitenstück. So sind es denn auch nur Berührungen, keine Beziehungen, die zwischen der Behandlung dieser Lehre bei Maimûni und der des Baṭlajûsi sich auffinden lassen. So klar und verdienstlich die Äusserungen des Arabers in diesem Punkte auch immerhin sein mögen, sie können weder für die rücksichtslose Zertrümmerung der Wesensattribute, noch für die Entdeckung von dem Werthe der Negation der Eigenschaften [1]) als Quelle Maimûni's gelten.

Ebensowenig kann aber auch in der Lehre vom Wissen Gottes eine Abhängigkeit Maimûni's von Baṭlajûsi wahrgenommen werden. Wohl fehlt es in ihren Darlegungen dieses Problems nicht an wirklich verwandten [2]) Äusserungen, aber sie weisen nicht nothwendig gerade auf einander hin, da die Grundgedanken lange vorher bereits in der arabischen Philosophie geläufig [3]) sind. Darin wird darum immerhin Ibn Chabib beizustimmen sein, dass Baṭlajûsi auch diese Frage mit besonderer „Klarheit“ [4]) dargestellt hat, nur muss man sich vor der Behauptung hüten, auch die Quelle Maimûni's in ihm entdeckt zu haben.

Anders jedoch muss das Urtheil lauten, wenn es sich um die Frage handelt, ob Maimûni die *bildlichen Kreise* gelesen habe. Dies muss bei einem so vielseitigen und gründlichen Kenner der arabischen wissenschaftlichen Literatur von vornherein unbedingt vorausgesetzt werden. Wohl liesse sich scheinbar sein eigenes Zeugniss gegen diese Annahme anführen, allein die Verschweigung von Baṭlajûsi's Namen in der Reihe der Philosophen und philosophischen Schriften, über die sich Maimûni mit kritischer Schärfe

---

[1]) Vgl. ebendas. p. 471—483 und p. 369 n. 7

[2]) Ganz besonders erinnert p. 50 Z. 22 an den Schluss von III, c. 20 im *Führer* Maimûni's. Dieser inneren Verwandtschaft folgend, hat darum auch Mose Ibn Tibbon in seiner Übersetzung dieser Stelle unmittelbar die dem Maimûni entnommene Hinweisung auf Jes. 55, 8 angeschlossen. S. Ibn Zarza's מקור חיים f. 71c Z. 15 ff. Vgl. auch den Schluss von c. 21 bei Maimûni, wo er diese seine Methode für alle Fragen ähnlicher Art empfiehlt, mit p. 50 Z. 18, wo Baṭlajûsi dieselbe ebenfalls als „Säule“ — عمدة هذا الباب — dieser ganzen Categorie von theologischen Problemen hinstellt.

[3]) S. meinen Nachweis a. a. O. 458 n. 145.

[4]) מבוארת. Vgl. oben p. 35 n. 1.

gegen Samuel Ibn Tibbon [1]) ausspricht, verliert bei näherer Betrachtung jede Beweiskraft. Denn hier handelte es sich vornehmlich um die Aufzählung und Beurtheilung der griechischen und arabischen Commentatoren des Aristoteles und um Auskunft über die vom Fragesteller zur Begutachtung gleichsam vorgelegten philosophischen Werke. Sehen wir doch selbst den Namen des unter Arabern und Juden von Anfang an so hoch berühmten Gazzâli aus gleichen Gründen in dieser Reihe fehlen.

Es sind aber auch innere Anzeichen vorhanden, die auf eine Bekanntschaft Maimûni's mit der Schrift Baṭlajûsi's schliessen lassen. Abgesehen davon, dass die Verwandtschaft der darin behandelten Materien, die denn auch das nur zu weit gehende, aber in der Grundbemerkung richtige Urtheil der erwähnten jüdischen Autoren hervorgerufen hat, Maimûni's Aufmerksamkeit auf die *bildlichen Kreise* nachhaltiger gelenkt haben dürfte, lassen sich im *Führer* Äusserungen nachweisen, die entweder durch das Licht, das sie von da erhalten, oder durch die Ähnlichkeit der Darstellung eine Benutzung Baṭlajûsi's zu verrathen scheinen. Zwei Beispiele mögen dies beleuchten.

Wenn Maimûni sich auf die Sätze beruft, die aus der Betrachtung der Natur der Zahlen und der Eigenthümlichkeiten mancher geometrischer Figuren [2]) für unsere Gotteserkenntniss sich erge-

[1]) *Kobez* II, 28 col. 2; vgl. oben p. 4 n. 2. Zur Ergänzung der in den Ausgaben fehlenden Namen will ich der verderbten Stelle die in cod. 92 III. des Breslauer jüd. theol. Seminars gegebene zweite Übersetzung nach der Mittheilung Rosin's gegenüberstellen:

ידעתו ר״ל דעת ארסטו: היא תכלית דעת האדם מלבד מי שנשפע עליהם השפע האלהי עד שישינו אל מעלת הנבואה אשר אין מעלה למעלה ממנה.

ושכלו הוא תכלית שכל כל בשר לבד מי שתשרה אליהם [l. עליהם] רוח אלהים אבל פי׳ אלטיב או יחייא בן עדי או אלבטריק כלם ספרים אבודים והמתעסק בהם יאבד זמנו ואל יתעסק אדם בהם אלא בהכרח.

Vgl. Steinschneider, *Cat. Bodl.* 1900.

[2]) I c. 34. Selbst die Erklärung Ibn Falaquera's (מורה המורה p. 18), die Munk, *Guide des égarés* I, 121 n. 1 annimmt, ist für die Bedeutung des Kreises unzureichend. Crescas' Commentar zu dieser Stelle, den Moscato קול יהודה f. 232[d] anführt, hat hier einfach die Worte Ibn Falaquera's a. a. O. Z. 11—17 abgeschrieben. Auf diese Äusserung Maimûni's spielt wohl Isak ibn Latif an גנזי המלך c. 15 (M. E. Stern's *Kochbe Jizchak* XXXI, 9): ידיעת השכלים הנפרדים וידיעת מציאות הסבה הראשונה על דרך עיון שכלי ואמתי אחר שעלתה בידו קבלה על דרך הדמיונים והמשלים המיוסדים על אדני חכמת המניין וחכמת המדות.

ben und ganz besonders darauf hinweisen, was wir von Gott fernzuhalten haben, so bietet die Schrift Baṭlajûsi's in ihrer Behandlung der Eins und des Kreises als fruchtbarer Symbole für manche Lehren der Metaphysik und Theologie die beste Erklärung für die bisher nicht ganz aufgehellte Äusserung des *Führers*.

Wie eine Ausführung des bei Maimûni gleichsam nur Angedeuteten [1]) werden die Bemerkungen Baṭlajûsi's über die Bezeichnung Gottes als Form der Welt erscheinen. Aber auch hier erscheinen Baṭlajûsi's Sätze wie ein allerdings klarer, aber nicht eben selbstständiger Auszug einer von andersher bereits längst geläufigen Lehre.

Mose Ibn Tibbon um 1250.

Als Beweis des hohen Grades, in dem Baṭlajûsi's Schrift um die Mitte des dreizehnten Jahrhunderts die Aufmerksamkeit der jüdischen Lesekreise auch ausserhalb Spaniens auf sich gezogen haben müsse, kann immerhin die Thatsache gelten, dass Mose ibn Tibbon das Bedürfniss erkannte, die **bildlichen Kreise** ins Hebräische zu übertragen. Wenn wir die Reihe seiner Übersetzungen [2]) aus der Literatur der Araber überblicken, in der wir nur wichtigen und verbreiteten Werken gefeierter Autoren begegnen, werden wir das Ansehen, in dem die Leistung Baṭlajûsi's gestanden haben muss, schon nach dem Umstande schätzen können, dass Mose Ibn Tibbon sich zur Übersetzung entschlossen hat. Fortan war durch sein verdienstliches Unternehmen die Verbreitung der Arbeit gesichert, sie war nicht länger auf Spanien und die arabisch lesenden Juden allein beschränkt, und selbst diese citiren seitdem in ihren

---

[1]) I. c. 69 : ed. Munk p. 320. So enthält der Satz Maimûni's :

כי במציאות הבורא הכל נמצא והוא	لان بوجود البارى هو الكل
מתמיד עמידתו בענין אשר יכונה	موجود وهو ممد بقايه بالمعنى
בשפע	الذى يكنى عنه بالفيض
(ed. Jessnitz f. 51b).	(ed. Munk f. 90a).

eine Zusammenziehung der zwei Gründe Baṭlajûsi's p. 37—38 für den Namen Form bei Gott. Hier betont Kaspi die scheinbare Abhängigkeit M.'s nicht, obwohl er a. a. O. p. 70 dieser Auseinandersetzung Baṭlajûsi's rühmend gedenkt. — Eine Vertiefung des Gedanken's B.'s über die Allseele p. 17 Z. 20 ff. enthält vielleicht auch I, 15 die Erklärung der Jakobsleiter. Vgl. unten p. 44. n. 6.

[2]) Vgl. Steinschneider, *Cat. Bodl.* p. 1999 ff. und [Neubauer] Renan, *les rabbins français du commencement du quatorzième siècle* p. 593 ff.

hebräischen Schriften nach der Übersetzung Ibn Tibbons, die in jüdischen Kreisen bald das Original fast völlig verdrängt zu haben scheint.

Die Reihe derer, bei denen wir den Boden der Vermuthung Salomo Ibn verlassen und in Folge namentlicher Erwähnung oder wörtlicher Addereth Anführungen ihr Verhältniss zu Baṭlajûsi in thatsächlichen Be- geb. um 1235 hauptungen aussprechen können, sehen wir einen Mann eröffnen, bei dem man eingehendere Beschäftigung mit der Philosophie der Araber nicht eben voraussetzen würde, den classischen Beherrscher des Talmuds, Salomo Ibn Addereth aus Barcellona.[1]) Die feindliche Stellung, die er nachmals, der Macht der Verhältnisse nachgebend, scheinbar gegen die Philosophie [2]) eingenommen, darf uns eben nicht dazu verleiten, Mangel an Bekanntschaft mit der philosophischen Literatur seiner Zeit bei diesem hervorragenden Geiste anzunehmen. Er scheint nicht minder als die philosophischen Schriftsteller der Juden, von deren Aufzählung Jedaja Penini nur bei einem Kenner wie bei ihm sich eine Wirkung versprechen konnte, auch die Philosophen der Araber gekannt und benutzt zu haben. Er hat auch Baṭlajûsi gelesen; die erste wörtliche Anführung [3]) aus einem arabischen Philosophen, die uns aus seinen Schriften jetzt bekannt wird, ist den *bildlichen Kreisen* in der Übersetzung Ibn Tibbons entnommen. Es sind die nachmals aus dem Plagiate bei Gazzâli so vielfach [4]) in die jüdische Literatur gedrungenen

---

[1]) Vgl. Perles, *R. Salomo ben Abraham ben Adereth* p. 3 f., 79 ff.

[2]) Vgl. die Darstellung dieser Bewegung bei Grätz, *Geschichte der Juden* VII, 259 ff., 274 ff.; Perles a. a. O. p. 12 ff. und Neubauer a. a. O. p. 651 ff.

[3]) Nachdem Ibn Addereth (bei Perles a. a. O. p. כ) bereits Plato und Aristoteles als Gewährsmänner dafür angeführt, dass die prophetische Seele über die philosophische zu setzen sei, drückt er p. לב Z. 4 diese Lehre mit den Worten Baṭlajûsi's aus. Es entspricht Z. 5—9 Baṭlajûsi p. 16 Z. 24 — p. 17 Z. 3 und Z. 9—12 B. p. 16 Z. 10—18. Die Übereinstimmung mit dem Texte Ibn Tibbon's ist eine vollkommene, da Varianten wie נזדמן: für קרה und בדתות für בתורות selbst in den verschiedenen Abschriften einer und derselben Übersetzung geläufig sind und andere Abweichungen wie z. B. המודעים für המדעיים und der Wegfall von einzelnen Worten als Fehler der Handschrift sich erweisen. Die abweichenden Übersetzungen dieser Stelle in Gazzâli's מאזני העיונים c. 11 vgl. in meiner *Attributenlehre* p. 204 n. 181. Über den Satz Plato's s. *Cat. Berol.* p. 105 n. 5.

[4]) Propiat Duran (מעשה אפוד ed. Friedländer p. 186) beruft sich bei der Kennzeichnung der drei Merkmale der prophetischen Seele auf

Äusserungen über die prophetische Seele, die er unmittelbar aus Baṭlajûsi oder, wie er ohne Anführung eines Namens sagt, von den Philosophen in seinen Commentar zu den Agadoth aufgenommen hat.

Lewi b. Abraham 1276.

In der Benutzung Baṭlajûsi's können wir den Urheber des Bannes gegen die allzufrühe Beschäftigung mit der Philosophie mit dem verketzerten Oberhaupte der von ihm angefeindeten Richtung, können wir Ibn Addereth mit Lewi b. Abraham [1]) aus Villefranche in Roussillon friedlich sich begegnen sehen; der Verfolger und der Verfolgte haben aus Einer Quelle getrunken. Lewi b. Abraham hat die *bildlichen Kreise* in der hebräischen Übersetzung Mose Ibn Tibbon's gelesen und benutzt; war doch Montpellier [2]), die Heimath des Übersetzers, eine Zeit lang auch sein Aufenthaltsort. Er hat den Wortlaut Baṭlajûsi's in der hebräischen Wiedergabe Ibn Tibbons sowohl in die Verse [3]) als auch in ausgedehn-

---

Gazzâli's מאזני העיונים. d. i. auf die Entlehnung von Baṭlajûsi p. 15 Z. 26 ff. Über Duran's Anführung Gazzâli's s. meine *Attributenlehre* a. a. O. Aber auch Abraham Schalom führt diese Stelle aus Gazzâli oder eigentlich aus Averroës an: וכתב ב״ר במאזני העיונים [נ״ה שלום V, 5 Ende]. Sachlich verwandte Äusserungen Ibn Sina's führt Ibn Falaquera an מורה המורה p. 19 und nach ihm Kaspi עמודי כסף p. 44. Vgl. auch die Äusserung Ibn Tofail's bei Ibn Falaquera p. 137 und Kaspi p. 144.

[1]) Vgl. Neubauer a. a. O. p. 628 ff.

[2]) Vgl. ib. p. 633. Über das Verhältniss zu Mose Ibn Tibbon s. ebendas. und H. Gross in Frankel-Grätz' Mtsch. 1879 p. 429.

[3]) Aus dem קשר בתי הנפש והלחשים war bisher durch die von Steinschneider H. B. XVII, 14 berichtigte Mittheilung Perreau's im *Bolletino italiano degli studii orientali* I. 204. nur Ein Citat bekannt. Mein Freund Dr. Isidore Loeb in Paris, der die Manuscripte dieses Werkes in der Nationalbibliothek für mich durchzusehen die Güte hatte, hat mir auch den Wortlaut dieses dem vierten Abschnitt „Über die Seelenkräfte" entnommenen Citates mitgetheilt, den ich mit dem in cod. 978 gegebenen Commentare hier zum Abdruck bringe:

[f. 51a] וקדמו לך בטבע היסודות
והצמח ומזון על סדרים
והליחות וזרע ואיברים
אשר מהם שני מינים אמורים
והרכיב אל בך שלוש נפשות
והטביעם בשלש הגזרים
והם טבעית וחיונית ונפשית
והטבעית בכבד לך (לה Parma) הדרים

terer Weise in den Commentar seines grossen, aus 1846 Versen [= קשר בתי הנפש והלחשים] bestehenden encyclopädischen Lehrgedichts aufgenommen, und darin meines Wissens zuerst die Darstellung des Menschen als Anfangs- und Endpunkts eines bildlichen Kreises [1]) in die jüdische Literatur eingeführt. Auch seine gross

---

הכי ערך לכל נפש באבר
ובה צומחים למיניהם שמורים
ומשכנה בהיכל לא בשרי
וגוסה ממקומות המצרים
בחוש טבעי וישש פאות תשגשג
ויעל מים תשלה הקצירים [f. 52^{a}]

Diese die Anordnung des Geschaffenen vor dem Menschen und die Pflanzenseele behandelnden Verse sind im Manuscript durch den Commentar unterbrochen, der die im Texte vorhandene Entlehnung aus Baṭlajûsi p. 11 Z. 24 ff. näher ausführt: [ובה צומחים וכו׳] ר״ל הנה בסבת הנפש הטבעית צומחים האיברים ויהיו מיניהם שמורים ממנה יקבלו מזונם או ר״ל בעבור הנפש הטבעית יהיו הצמחים שמורים למיניהם כי לכל צומח יש לו נפש טבעית הנקראת ג״כ נפש צומחת. f. 52^{a}: [ומשכנה וג׳] ר״ל הנה משכן ומקום הנפש הטבעית הוא בהיכל ומקום אינו בשריי להיות הכבד בלתי בשריי ובזה הלשון בעצמו אמר אבן רשד במאזני העיונים פרק ט׳ בסגולות הנפש הצומחת אמר שם זה לשונו ויש לנפש הזאת מן ההיכלים אשר אינם בשריים עד כאן לשונו וכמו כן תמצא הלשון הזה בעגולות רעיוניות בסגולות הנפש הצומחת. [וגוסה ממקומות המצרים] ר״ל כי הנפש הזאת נוטה ממקומות המצרים כי כשימצאו ענפי הצמחים ובדיהם מקום צר יטו מעליו וילכו למקום רחב מצד הנפש הצומחה המרגשת במקום הצר ותטה מעליו כמו שאמר זה אבן רשד במאזני העיונים פרק ט׳ בסגולות הנפש הצומחת ובעגולות רעיוניות כמו שאזכיר בחרוז שאחר זה. [בחוש טבעי וכו׳] הנה זה החרוז מחובר עם סוף החרוז שלפניו ור״ל הנה הנפש הטבעית נוטה מהמקומות הצרים בסבת חוש הטבעי וההרגש אשר בה. [וישש פאות תשגשג] ר״ל כי הנפש הטבעית הצומחת יכיר הצדדים הששה והם מעלה ומטה ופנים ואחור וימין ושמאל ויפרה ויגדל באותם הצדדים הששה. [ויעל מים תשלה הקצירים] ר״ל כי הנפש הצומחת גם כן תשלח קציריה וענפיה במקומות הלחים ויעל יובל תשלח שרשיו כמו שאמר אבן ראשד במאזני העיונים פרק ט׳ בסגולות נפש הצומחת דבר זה לשונו ויש לה מן התנועה ההרגשית בהכרת הצדדים הששה והשלחת השרשים אל המקומות הלחים והשלחת הענפים והבדים אל המקומות הרחבים ולנטות מן המקומות הצרים.

[1]) Vers und Commentar, in denen sich diese Beziehung auf Baṭlajûsi findet, lauten cod. Par. 978 f. 135^{b}:

ואדם סוף וראשית העגלה
לזאת יוכל להצפין או להדרים

[ואדם סוף וגו׳] כי האדם הוא סוף וראשית עגולת הנמצאות כי כל הנמצאות הם בעגולה התדבקו שני קצותיה והאדם בבחינה אחת היא [l. הוא] ראשית העגולה מצד היות נפשו קשורה בנפש [f. 136^{a}] השכל הפועל וכבר נתבאר זה בעגולות

angelegte eigentliche Encyclopädie der Wissenschaften, genannt Liwjath Chen[1]), weist Entlehnungen aus Baṭlajûsi[2]) auf, die ebenfalls in dem Hebräisch Ibn Tibbons angeführt werden.

Isak Ibn Latif 1280.

Spuren einer Benutzung Baṭlajûsi's scheinen auch bei Isak Ibn Latif vorhanden zu sein. Da sie jedoch nur die Vergleichung der Gottheit mit der Eins und ihrer Selbstentfaltung in den Zahlen betreffen, so ist trotz einiger verwandt klingender Äusserungen[3])

ר ע י ו נ י ו ת שער ראשון דבר זה לשונו [= p. 10 Z. 12] והיו הנמצאות
בהשתכלות הזה בעגולה התעגלה עד אשר נתדבקו שני קצותיה והיה האדם
סוף העגולה אשר תשוב אל ראשיתה וגו'. [לזאת יוכל וגו'] ר"ל כי מצד היות
האדם כמו משותף בין העליונים והשפלים בעבור זאת הרשות נתונה לו להטות
נפשו לצד העליונים ולהשכיל המושכלות הנצחיות והנשארות או להטותה
לענינים העולמיים והבהמיים הכלים והאובדים ואמר צפון ודרום על צד המשל
כמו להימין או להשמיאיל (!) או רמז בצפון בענינים העולמיים ובדרום בעניני
המושכלות כאמרם ז"ל הרוצה להתעשר יצפין והרוצה להתחכם ידרים [Baba b. f. 25b]
עוד אמר בסוף שער שני מספר הנזכר דבר זה לשונו [= p. 24 Z. 12 ff.]
מפני שהיו הנמצאות הנשפעות מהסבה הראשונה תמונתם תמונת העגולה סופה
האדם כאשר זכרנו היה צריך האדם כאשר יהלך ממדרגת מציאותו שיהפוך
העגולה וירד ממדרגתו אל מדרגת הב"ח הבלתי מדברים ואחר כך אל הצמחים
עד שיגיע אל ההיולי ובאשר הגיע כי כבר הגיע אל המדרגה היותר שפלה
ממדרגת הנמצאות ויתחיל בעליה ממנה אל ההתחלה הראשונה ויהיה תחלת
עלייתו אל הצורה ואחר כן אל הנפש ואחר כן אל השכל הפועל ואחר כן אל
התשעה שניים אשר יקראו המלאכים הקרובים ואחר כן אל הבורא ית' וגו'.

[1]) הס' הכולל המכונה לוית חן, so nennt Lewi b. Abraham selbst sein Werk. S. Geiger in החלוץ II, 17. Vgl. auch Neubauer a. a. O. p. 637.

[2]) Die durch Steinschneider bekannt gewordenen zwei Stellen aus diesem Werke Lewi's, das auch heute noch nicht genügend erforscht ist — vgl. Zunz, *Zur Geschichte* p. 471 und Neubauer a. a. O. p. 638 —, können wohl nur als Beispiele der in dieser weitschichtigen Encyclopädie vorauszusetzenden Spuren seiner Benutzung Baṭlajûsi's gelten. Cod. Monac. 58 f. 81 enthält das folgende Citat der *bildlichen Kreise* (*Jeschurun* IX. 76 n. 10:
האדם אמצעי בין העליונים והשפלים כי הוא סוף העגולה וראשיתו כמו
שנמצא בספרי [l. בס'] ה ע ג ו ל ו ת ובס' מאזני העיונים וזה לשונו היו
הנמצאות בהשתכלות הזה בעגלה שהתעגלה עד שנפגשו שני קצוותיה והיה
האדם סוף העגולה אשר ישוב אל ראשיתו ע"כ. Der Wortlaut ist auch hier Baṭlajûsi p. 10 Z. 12 ff. — bis auf שנפגשו —, nicht Gazzâli c. 13 Ende entnommen. Wie aus einer Randglosse in cod. Berol. 121 [מאזני העיונים c. 12] hervorgeht, hat Lewi b. Abraham auch die Darstellung von der Allseele aus Baṭlajûsi p. 17 Z. 27 und nicht Gazzâli c. 11 Ende entnommen, *Cat. Berol.* p. 105 n. 5.

[3]) Für jeden Punkt in der Auseinandersetzung Ibn Latif's גנזי המלך c. 15 — *Kochbe Jizchak* XXXI, 8—9 = Moscato קול יהודה f. 232d — lassen sich entschiedene Parallelen aus Baṭlajûsi herbeibringen: so für den

ein wirkliches Abhängigkeitsverhältniss nicht mit Sicherheit zu behaupten, zumal der grösste Theil solcher von der Mathematik hergenommenen Bilder bei diesem philosophirenden Kabbalisten nachweislich dem Ibn Esra [1]) entlehnt ist oder wenigstens seine Anregung verdankt.

Bachja b. Ascher 1291.

Dass Batlajûsi am Schlusse des dreizehnten Jahrhunderts in der Übersetzung Ibn Tibbon's von kabbalistischen Autoren gelesen und benutzt wurde, möge das Beispiel Bachja b. Ascher's beweisen, bei dem eine grössere wörtliche Entlehnung aus den *bildlichen Kreisen* anzutreffen ist. Die sechs Vergleiche Gottes und seines Verhältnisses zur Schöpfung mit der Eins und ihrer Stellung innerhalb des Zahlensystems in seinem *Mehlkrug* [2]) sind eine wörtliche Anführung aus Batlajûsi in der hebräischen Übersetzung Ibn Tibbon's. Unter den Philosophen [3]), die er als Urheber dieser Verglei-

Hervorgang der Zahlen aus der Eins p. 3 Z. 8 ff. und p. 29 Z. 8 ff., für das abgestufte Hervorströmen der separaten Intelligenzen aus der Einheit der ersten Emanation p. 3 Z. 20 ff., p. 4 l. Z ff., p. 35 Z. 11 ff. und besonders für die Worte: וכשם שכח האחד מגיע אל האחרון שבספורים כן שפע זה הנברא הראשון המושפע מחסין הבורא ית' מגיע אל האחרון שבנבראים והוא משפיע לו מציאות p. 35 Z. 22 ff. Zu Batlajûsi's Worten ib. Z. 15: ומה שהתקבין וכ' können Ibn Latif's Äusserungen a. a. O. p. 5 als ausführlichere Erläuterung dienen.

[1]) Vgl. hierüber die Nachweisungen von S. Sachs in seinen Zeitschriften התחיה I, 34 n. ** — über die Abhängigkeit von Mose b. Nachman s. היונה p. 81 f. — und *Kerem Chemed* VIII, 90 ff. S. auch Grätz a. a. O. VII, 222 n. 3.

[2]) כד הקמח ed. Venedig 1505 f. 42[c] s. v. מציאות Z. 19 v. u. — 42[d] Z. 3 ist mit wenigen und unerheblichen Varianten = Batlajûsi p. 33 Z. 19 — p. 35 Z. 10. Das Fehlen von Zeile 3 auf p. 34 scheint eine absichtliche Auslassung zu sein, dagegen dürfte das Wegbleiben des fünften Vergleiches von p. 34 Z. 25 ff. durch den Ausfall einiger Zeilen sich erklären, den das Homoiteleuton von וכשם veranlasst haben dürfte. Einige Fehler im Texte Bachja's können nunmehr aus meiner Ausgabe berichtigt werden; so muss es Z. 4 v. u. heissen: ולא יצטרך und f. 42[d] Z. 2: ולא רבוי בעצמותו. F. 41[a] s. v. לולב hat Bachja die drei ersten Vergleiche Batlajûsi's selbstständig wiedergegeben und als vierten gleichfalls einen Gedanken der *bildlichen Kreise* p. 8 Z. 9 ff. in fast wörtlicher Entlehnung hinzugefügt. — Über den Pentateuchkommentar Bachja's und die in ihm genannten Autoren s. Kirchheim in Geiger's *Jüd. Zeitschrift* IX, 142 ff.

[3]) חכמי המחקר מוכיחין מחכמת המספר ואומרים ib. Bei Ibn Adereth a. a. O. wird das Citat durch die Worte eingeleitet: וגם ראיתי לפילוסופים שאמרו.

chung aufführt, haben wir also ähnlich wie bei Ibn Addereth, Baṭlajûsi zu verstehen.

Josef Ibn Kaspi geb. um 1280.

Wie sehr die Übersetzung Ibn Tibbon's zur Verbreitung der *bildlichen Kreise* beigetragen, das zeigt am Besten die Vergleichung des Spaniers Schemtob Ibn Falaquera mit dem Südfranzosen Josef Ibn Kaspi aus Argentière in Languedoc. Während sonst jener für diesen zumeist die Quelle [1]) für Anführungen aus arabischen Philosophen bildet, scheint Baṭlajûsi Ibn Kaspi allein [2]) bekannt zu sein. Ihn benutzt er selbstständig und in ausgedehnter Weise, ohne dass Ibn Falaquera die Mittelquelle bildete. Baṭlajûsi ist ihm ein Philosoph, der neben Alfarâbi und Averroës [3]) genannt zu werden verdient und für ihn sogar in die Reihe der Aristoteles-Kommentatoren [4]) gehört. Mit Maimûni findet er ihn so verwandt, dass er das Haupt der jüdischen Denker sogar von dem Verdachte eines Plagiates [5]) reinigen zu müssen vermeint. Zur Erklärung des *Führers* [6]) glaubt er jedoch jedenfalls die *bildlichen Kreise* mit Erfolg heranziehen zu können,

---

[1]) Vgl. Steinschneider in Ersch und Gruber's *Encyclopädie* II. 31; p. 67 n. 49[c] und *Cat. Bodl.* 2546. Die von Kaspi citirten Autoren s. bei Delitzsch a. a. O. p. 304, wo Ptolemäus unseren Baṭlajûsi zu verbergen scheint.

[2]) Selbst Ibn Falaquera's encyclopädisches Werk דעות הפילוסופים — s. Zunz, *Ges. Schr.* III, 277 = H. B. IX, 135 — scheint nach Steinschneider's Analyse *Cat. mss. Lugdun. Batav.* p. 61 f. keine Spur einer Benutzung Baṭlajûsi's zu enthalten.

[3]) S. עמודי כסף p. 58 Z. 12: לאבן רשד אבונצר ובטלמיוס Baṭlajûsi erscheint hier als gleichwerthig mit den Häuptern der arabischen Philosophie.

[4]) In der Vorrede seines מנורת כסף cod. Monac. 265[7] f. 107[a] — auch die Anführung aus dieser Handschrift sowie die Berichtigungen zu עמודי כסף nach dem MS. verdanke ich Dr. Bernhard Ziemlich — äussert Kaspi: פרק אבן בססי׳ ט״ם החל בהתר השאלה הב״ח שאקרים הקדמה קראתיה אלים והוא שנודיע בבאן כלל גדול מעניין כלל המציאות אשר התבאר במופתים הב״היים בספרי הטבע האלהות מארסטו ומפרשי ספריו כאבן רשד ואלכסנדר ואבונצר ובטלמיוס ווולהם הנובים ממני ואומר כי הם חלקו המציאות בכללו לשלשה עולמות ואם בכלל כלו הוא מונה עולם אחד או איש אחד כמו שיחד לזה המורה פרק ע״ב מראשון. Vgl. Steinschneider, Al-Farabi p. 242. Den Ausdruck נבוני הכמתנו hat bereits Mose b. Esra, s. Dukes, Salomo ben Gabirol p. 36.

[5]) Vgl. oben p. 34 n. 2 und Steinschneider in *Ersch* und *Gruber* II, 31; p. 67 n. 54.

[6]) Gleich der Eingang des *Führers* giebt ihm Veranlassung, auf Baṭlajûsi hinzuweisen. s. עמודי כסף p. 1 Z. 6. v. u.: כמו שאמר ארסטו בספרי:

Neben dem Commentar zu Maimûni's *Führer* scheint es besonders der *silberner Leuchter* [1]) gewesen zu sein, in dem Kaspi mehrere Beweise für seine Benutzung Baṭlajûsi's uns hinterlassen hat. Auch hier verweist er auf die *bildlichen Kreise* und auf Alfarâbi's *Principien*, indem er beide [2]) unmittelbar neben ein-

---

האלהות ובאר בטלמיוס בספר העגולות. Gemeint ist p. 19—20 über die Stufenfolge des Erkennens, das von der Wissenschaft der Zahlen bis zur Höhe des thätigen Intellekts sich erhebt. Die von Maimûni I, 5 getadelte unvollkommene Gotteserkenntniss der „Erlesenen Israels“ (Ex. 24, 11) erklärt er p. 19 Z. 5 : שלא השיגו מן השכל הנפרד כל חלקו רק השיגו עד העליון מן השנים לבד כמו שעשו הפילוסופים האמגיסטיים שזכר בטלמיוס בספר העגולות. Es ist dies ein Hinweis auf p. 10 Z. 18. M.'s Bemerkung über die Jakobsleiter I, 15 veranlasst ihn p. 31 zu einem Ausfall gegen B.: יש משל נמצא בס' בטלמיוס כי גנב זה מן התורה. Vgl. unten p. 46 n. 1. Zu I, 69 bemerkt er p. 70 Z. 24 über die Bezeichnung Gottes als Ursache : והשם ית' שהוא הסבה הראשונה עלה משולשת לכל וכל ויותר מכלם הפליג בזה בטלמיוס סוף השער הרביעי מן ס' העגולות ובאר כי משלשה צדדים היה האל יה' צורה לעולם. Über diese Äusserung B.'s p. 37 f. vgl. oben 38 n. 1. In Betreff der Vielheit, die nach II, 4 (*Guide* II. p. 61 n. 4) in allen separaten Intelligenzen vorhanden sein soll, führt er p. 91 Z. 11 v. u. nach Alfarâbi und Averroës auch Baṭlajûsi an : וכן בס' העגלות. Vgl. B. p. 3—4. Hinsichtlich des Denkens der Sphärenbeweger II, 22 (Guide II, 175 n. 1) beruft er sich p. 107 Z. 6 nach den Anführungen aus Alfarâbi's *Principien* auf die *bildlichen Kreise* : בספר העגלות יאמר כי השנים לא ישכיל אחד מהם הראשון ולא [l. אלא] באמצעות השינו השני או השניים שהוא למעלה ולכן השני הקרוב לו הוא יותר מעולה מיתר השנים הבאים אחריו. Es ist dies ein kurzer Auszug aus p. 22—23.

[1]) Vgl. Steinschneider a. a. O. p. 62 Nr. 8 und Kirchheim, Einleitung zu עמודי כסף p. IX f.

[2]) In Betreff der Kenntniss Gottes von allem ausser ihm Befindlichen beruft er sich hier nach עמודי כסף p. 85 n. 2 auf Averroës, Alfarâbi und Baṭlajûsi : והנה במאמר הרביעי מהאלהות האריך אב"ר בזאת החקירה וכן בטלמיוס יחד לזה פ"ז [l. פ"ו] מספרו גם אבונצר דבר מזה. Dass nicht der thätige Intellekt der Beweger der Mondsphäre sei, hätten Alfarâbi u. Baṭlajûsi [s. p. 5 Z. 24 ff.] gelehrt, a. a. O. p. 87 n. 2 : הנה אבונצר ובטלמיוס לא אמרו כן — so lautet die LA. in cod. Monac. 265^7 f. 108^a —. Vgl. ib. p. X. F. 106^b seines מנורת כסף bemerkt Kaspi über den Wechsel der Gottesnamen am Anfange der Genesis : ואל יחשוב אדם שאנחנו אומרים זה ראשונה כי החכמים ואבונצר אלפראבי בספרו בהתחלה הנמצאות בדבריו בראשון שהוא האל ית' וכן בטלמיוס בשער החמשי בספר העגלות החמירו ודקדקו מאד בהנחת שמות באל באי זה לשון כי איך נניח שם למה שלא נדע א"כ אם האל עצמו ית' יניח לעצמו שם בלשון עברי שבתרבו [l. שבכתבו] אז בתתו הדת למשה הנה הוא יודע נפשו ועצמו יותר ממה שנדע אנחנו א"כ ראוי לנו שנגיע לחקור אם

ander stellt. Die Lehre von der Allseele [1]) dürfte ihm nur aus BAṬLAJÛSI bekannt worden sein, da er stets seinen Namen erwähnt, wo von ihr bei ihm die Rede ist.

Kalonymos b. Kalonymos geb. 1287.

Von einem Kenner der arabischen Philosophie wie KALONYMOS b. KALONYMOS [2]), der selber ein hervorragender Übersetzer war, kann mit Sicherheit angenommen werden, dass ihm die *bildlichen Kreise* schon durch IBN TIBBON's Übersetzung geläufig waren. Vielleicht darf, wenn wirklich sein *Königsbuch* [3]) sich erhalten haben sollte, in einer zusammenhängenden Äusserung desselben über die vorbildliche Bedeutung der Eins [4]) sogar eine Spur von diesem Einflusse BAṬLAJÛSI's gefunden werden.

נוכל להביא טעמי שמותיו ששם לעצמו כי מצד זה נדע עצמו. Es ist hier besonders ALFARÂBI p. 15 (ס' האסיף ed. FILIPOWSKI) und BAṬLAJÛSI p. 29 – 30 gemeint.

[1]) So bemerkt er f. 113ᵇ über die Himmelsleiter: ובן יזכר בסלמיום בראשון מס' העגולות נגנב מספר התורה סולם ההגורות ואמר שם ובו הדבק הנבואה בנפש הפרטית המהורה ובן [l. ובו] יעלו הרוחות הנקיות אל העולם העליון ובו ירדו המלאכים לכן נאות לי אצלי מאד שזה היה ענין ציור יעקב עד שצייר הנפש התמה שוכר בסלמיום ואמר והנה ה' נצב עליו על הסבה הראשונה או על כלל השכלים הנפרדים שהוא האל והשניים והשכל הפועל ויהיה טעם השמימה על גבנונית הכדור היומי כי שם הנפש הכללית כמו שוכר בסלמיום יעויין שם. Dies ist eine wörtliche Anführung von p. 17 l. Z. — p. 18 Z. 2, auf welche Stelle KASPI auch f. 133ᵇ in den folgenden Worten hinweist: אלא א״כ נאמר שדעת יחזקאל היה שיש שם נפש כללית כמו שגיחה בסלמיום שהוא תחת אופק השכל הפועל והשכל מקיף בה מכל צדדיה והיא מקפת בכדור הגלגל עד שקרא ואת הנפש אבן ספיר והנה אני מרחיק זה כי רבים מהפילוסופים הקודמים היה זה דעתם ויעויין ספר העגלות ויובנו הדברים.

[2]) Vgl. die Aufzählung der von ihm in einem einzigen Schriftchen angeführten Autoren bei PERLES, KALONYMOS BEN KALONYMOS, Sendschreiben an JOSEPH KASPI p. II.

[3]) Nach einer Vermuthung STEINSCHNEIDER's in GEIGER, *Jüd. Ztschr.* VIII, 118 ff. enthält cod. München 290³ KALONYMOS' ס' מלכים. Vgl. GROSS a. a. O. p. 555 n. 1.

[4]) Die Anfangsworte der Stelle, die ich hier nach einer Mittheilung Dr. BERNHARD ZIEMLICH's zum ersten Male veröffentliche, hat STEINSCHNEIDER bereits a. a. O. mitgetheilt: ונשוב למה שהיינו בו ונאמר שמי שידע טבעי המספר וסגולותיו ידע הרבה מטבעי המציאות אין ראוי שיוסכלו לעולם ועל הכונה השנית יקח מהם כמה הערות יקרות בעולם באלוה ית' ובמלאכים ובגלגלים ובנפש ובנמצאות השבולות [l. השפלות] ואנחנו בלא ספק נדע מהם מעט ונסכל הרבה [cf. B. p. 16 Z. 13] ואף גם זאת במעט אשר נודע להכמים נאמרו בו כמה דמוים יקרים משמחי לב ומאירי הנפש ודע שכן בענין בהנדסה ר״ל שיש בו כמה סגלות נפלאות יעירו על סודות נכבדות וכאלו שני אלו הטבעים שמם האלוה ית' על הכונה השנית דמיון ודוגמה למציאות כלו ואחר שהקדמנו זה נתחיל

Dass um die Mitte des vierzehnten Jahrhunderts BAṬLAJÛSI's Buch auch unter den Juden Bulgariens bekannt gewesen, könnten wir leicht durch das Zeugniss JEHUDA MOSCONI's aus Ocrida [1]) vermuthen. Allein wahrscheinlich dürfte dieser fahrende Gelehrte, der fast die gesammte alte Welt [2]) kennen gelernt zu haben scheint, die Bekanntschaft mit den *bildlichen Kreisen* auf seinen Wanderungen erworben haben. Sehr gründlich wird dieselbe übrigens kaum gewesen sein, wenn wir nicht lieber annehmen sollen, dass ihm das Buch bei der Ausarbeitung seines Super-Commentars zu IBN ESRA's Pentateuchcommentar nicht zur Hand gewesen sei; wenigstens machen die Anführungen [3]) ganz den Eindruck völlig

Jehuda Mosconi 1363.

לדבר במה כפי מה שמצאנו לחכמים לפנינו ומעט שהושקף לנו מבלתי שנעיין
ונשה אל קצת הערות והוקות זכרם קצת אנשים מצורף למה שהסכמנו לקצר כפי
כחנו מבלתי שנשימנו ההכרחי ומעתה נתחיל ונאמר שמהאחד המספרי נוכל להכיר
כמה ענינים בבורא מהם שכמו שהאחד המספרי מצד שהוא אחד לא מתרבה
ולא מקבל חלוק ושנוי ולזה לא יתרבה בהכפלו בעצמו כן הבורא ית' שהוא
אחדות יותר פשוט לא יתואר בצד מן הצדדים בריבוי בעצמו רק ביחס השלמויות
אליו או בצרוף פעולתו במציאות וכמו שהאחד המספרי הוא בעצמו בפועל
ובמספר בכח כן האלוה ית' הוא בעצמו בפועל גמור אחר שהוא עלת הכל ונבדל
והוא בכח בכל אחד מן הנמצאות ומזה הצד אמרו החכמים שהבורא בכל
[cf. B. p. 36 Z. 5 u. 14] ולזה אחד מן החכמים כששאלו תלמידו אנה הוא האלוה
השיבו ואנה אינו ר"ל שהכח האלהי מצוי בכל נמצא כפי מה שבטבעו שיקבל
ממנו וזה הוא מה שאמר אחד מחכמי הנצרים שהאלוה מתנדב עצמו לכל מצוי וכו'.
וכמו האחד המספרי עלת המספר והתחלתו ואינו מספר ולא יצרף בו גדר המספר
ובו קיום המספר עד שיסולק המספר בסלוקו והוא לא יחולק בהסתלק המספר
כן האלוה האחד הוא עלת הנמצאות כלן והתחלת היותן וקיומן ואינו משאר
הנמצאות ולא חלק מהם אבל הוא נבדל מעלוליו עם היותו עלה ובהסתלקו
יסתלקו שאר הנמצאות ולא יסולק הוא בהסתלקן וכמו שהאחד המספרי אין
לו רק פיאה אחד לפי שהוא גדול הספירה וממנו ימשך הרבוי עד לאין תכלית
בכח וכל הבא אחריו מתילד מכחו כן האלוה ית' הוא גדול הנמצאות אין
אחריו כלום לא בפועל ולא במחשבה וזה שאפי' המחשבה אינה הולכת לאין
תכלית אבל מכח אלהותו יורדין וישתלשלו הנמצאות ויאצלו עד תכליתן
בהדרגה · · ולאין תכלית באישים באים זה אחר זה בכח Den Ausdruck רמזים vgl. auch bei BAṬLAJÛSI p. 32 Z. 21. Über den letzten Vergleich bei IBN ESRA s. FRIEDLÄNDER a. a. O.

[1]) Vgl. *Magazin für die Wissenschaft des Judenthums* III, 41 ff. und STEINSCHNEIDER's Nachtrag ib. p. 94 ff.

[2]) Über seine Reisen vgl. a. a. O. p. 45—47 und 96. Vielleicht hat er auf seinen Reisen in Südfrankreich die Übersetzung MOSE IBN TIBBON's kennen gelernt, von dem er auch sonst Erklärungen anführt, s. ib. p. 47.

[3]) Ich verdanke den Wortlaut dieser Stellen, auf die STEINSCHNEIDER in seiner Übersicht der von MOSCONI angeführten Autoren und Bücher

ungenügender Kenntniss des angeführten Werkes und des darin behandelten Grundbegriffes.

Samuel Ibn Zarzah 1368.

Die unzweifelhafte Verwandtschaft, die im Hebräischen zwischen den Bezeichnungen für Kreis und Wagen [1]) besteht, hat dem philosophisch gefärbten Schrifterklärer Samuel Ibn Zarzah Veranlassung gegeben, der geistigen Kreise da zu gedenken, wo es die von altersher als auffällig und räthselhaft bezeichnete Wirkung zu erklären galt, welche Josef's [2]) Wagen auf den umnachteten Geist des Patriarchen Jakob geübt haben sollen. Eine Beziehung zu Baṭlajûsi dürfte hier kaum anzunehmen sein. Nicht bildliche Kreise, sondern geistige Sphären werden es sein, an die Ibn Zarzah gedacht hat.

---

a. a. O. p. 204 hingewiesen hat, der Freundschaft Halberstam's, des Besitzers dieses Unicums. F. f. 4b bemerkt Mosconi bei der Erklärung von Ibn Esra's Einleitung: זאת הדרך בקו הרחב ר״ל שאינו חוץ מהעגולה הרעיונית מכל וכל אמנם הוא במקום היותר רחוק שהיא מנקודת האמת והוא הקו כי קו העגולה הוא המקום היותר רחוק מהנקודה מהמקום המוגבל בעגלה. Hier ist der Ausdruck bildlicher Kreis völlig typisch geworden und ohne alle Beziehung zu Baṭlajûsi; im Grunde besagt er nicht mehr als Ibn Esra's עגלה, der Kreis der über einen Gegenstand möglichen Erklärungen, unter denen die Wahrheit den Mittelpunkt bildet, die am weitesten davon entfernten dagegen in die Peripherie fallen. F. 114a erklärt er: ירדת המשחית מגלגלי הכבוד להרוג הבכורים וכו׳ ואמנם קרוא אותם הא״ע ז״ל גלגלי הכבוד מבואר מאד למי שעיין בספר העגולות הרעיוניות וזה שהשכלים השלמים ציירם בהקפה ורעיון עגול להיות התמונה המעוגלה והסבובית ובעלת ההקף התמונה היותר משובחת מכל התמונות והיותר שלמה וגדולה בשעוריה כמבואר למי שעיין בעיון ידיעי בס׳ אקלידס. Eine Erklärung dieser Art wird man in den *bildlichen Kreisen* vergeblich suchen.

[1]) So haben die Alten bereits in Num. 7, 3 עגלות צב eine Beziehung zu den Sphären erblickt. Vgl. Bachja b. Ascher's Commentar z. St. und Ibn Zarzah מקור חיים f. 93c. והוא רוכב על עגלות singt Mose Ibn Esra in sinnigem Wortspiel (*Ginse Oxford* p. 30, 63). Auch Maimûni hat *Moreh* III, 2 (*Guide* III, 11 n. 2) selbst in dem Worte עגל Ezech. 1, 7 eine Anspielung auf die Kreisform gefunden. עגלה יפהפיה Jer. 46, 20 braucht Moscato musivisch für die Schönheit der Kreisform, deren Bezeichnung sphaera nach seiner Ansicht vom hebr. שפר schön sich ableiten dürfte (נפוצות יהודה f. 137a).

[2]) Gen. 45, 27. Ibn Zarzah bemerkt f. 26c: וחכמי המחקר זכרו בכלל דבריהם העגלות הרוחניות. Schon an der nur flüchtig hingeworfenen Art der Bemerkung zeigt es sich, dass er nur in seiner rationalistisch andeutenden Weise auf die Beziehung der beiden Begriffe habe hinweisen wollen und nicht etwa des gleichen Missverständnisses zu bezichtigen sei, wie der Urheber der Übersetzung plaustra cogitationum, durch die in cod. Add. 21140 des britischen Museums עגלות רעיונות wiedergegeben wird.

Auch dürfte dies nicht BAṬLAJûSI's, sondern IBN GABIROL's Ausdruck sein, der durch die Vermittlung IBN FALAQUERA's [1]) seinen Weg in den Commentar IBN ZARZAH's gefunden haben wird.

Samuel Ibn Motot 1370.

Von den sechs Abschnitten, die SAMUEL IBN MOTOT seinem Commentare zum Buche Jezira als ersten Theil vorausgeschickt, hat er die vier ersten fast völlig und wörtlich den *bildlichen Kreisen* BAṬLAJûSI's entnommen. Doch hat er sich wenigstens das Verdienst einer selbstständigen [2]), wenn auch IBN TIBBON benutzenden Übersetzung der entlehnten Abschnitte erworben. Als Plagiat kann diese Entlehnung darum nicht aufgefasst werden, weil IBN MOTOT selber sie als Eigenthum der Philosophen [3]) hinstellt. Für die Verschweigung von BAṬLAJûSI's Namen hat ihn in dem Buche ELIESER b. ABRAHAM's [4]) die Strafe ereilt, der von IBN MOTOT entlehnt, ohne ihn zu nennen. In seinem Commentar [5]) zu IBN ESRA's Pentateucherklärung scheint IBN MOTOT sich jedoch BAṬLAJûSI's noch nicht bedient zu haben.

Schemtob Schaprut um 1385.

Den Gedanken von der im Bilde der Himmelsleiter angedeuteten Allseele hat auch SCHEMTOB SCHAPRUT [6]) dazu verwerthet, die bei den Alten vorhandenen Äusserungen über die Jakobsleiter [7]) zu rationa-

[1]) Über den Ausdruck העגולות הרוחניות bei IBN GABIROL in den Excerpten IBN FALAQUERA's s. oben p. 24 n. 4. Auf demselben Wege ist auch eine andere namentlich angeführte Äusserung IBN GABIROL's zu IBN ZARZAH gelangt f. 4^c, ebenso wie f. 92^d die poetische. Die von STEINSCHNEIDER, *Cat. Bodl.* 2512, jedoch nur c. g., gegebene Übersicht der in IBN ZARZAH's Commentar vorhandenen Anführungen IBN FALAQUERA's bedarf der Ergänzung durch die folgenden Stellen: f. 3^c, 4^a, 6^c, 10^a, 10^d, 11^a, 11^c, 28^c, 29^c, 40^c, 66^c.

[2]) Vgl. p. 15 n. 2.

[3]) משובב נתיבות cod. HALBERSTAM 219^1 f. 1^a: וקדמתי לביאורו מדברי חכמי המחקר ארבעה פרקים כראי מוצק הוקים. Die auf das Einleitungsgedicht folgende Vorrede hat ELIESER ben ABRAHAM in cod. Halberstam 220^1 selbstverständlich weggelassen.

[4]) Vgl. oben p. 18.

[5]) מגלת סתרים Venedig 1553. Über die in der Handschrift 49 Cambridge vorkommenden Citate s. SCHILLER-SZINESSY a. a. O. p. 138 ff.

[6]) Vgl. STEINSCHNEIDER, *Cat. Bodl.* p. 2553, *Al-Farabi* p. 131, *Cat. Berol.* 105 n. 5.

[7]) פרדס רמונים ed. ZWEIFEL (Sytomir 1866) p. 117 bemerkt SCHAPRUT zur Talmudstelle Chulin f. 105^b: רמז בזה שהסולם רומז לנפש הכללית אשר היא ראשה תחת השכל הפועל וסופה מצבת ארצה מגיע עד נפש האדם ובסולם הזה כלומר באמצעותה עולות נפשות הזכות לידבק בשכל הפועל ויורד שפע השכל הפועל עליהן וכן קראו אותו הפילוסופים סולם השכל הפועל העליה כמו שבארתי בצפנת פענח. Selbst die Bezeichnung סולם העליה — die Worte

lisiren. Ob hier jedoch eine Entlehnung aus Baṭlajûsi oder aus Gazzâli vorliegt, das lässt sich aus der nur den Gedanken und nicht die Worte wiedergebenden Darstellung bei Schaprut nicht entscheiden.

Frat Maimon um 1420. Die Kommentatoren des *Kusari* Jakob b. Chajim, genannt Comprad Farissol (1422), und Natanael Kaspi, genannt Bonsenior Maçif aus Argentière (1424), haben uns in ihren Anführungen das Zeugniss erhalten, dass ihr Lehrer Salomo b. Menachem, genannt Frat Maimon [1]), bei seinen Vorträgen über Jehuda Halewi's Buch der *bildlichen Kreise* sich bedient habe. Salomo, der auf diese Schrift schon durch Lewi b. Abraham's philosophisches Lehrgedicht, das er commentirte,[2]) aufmerksam werden musste, scheint es zur philosophischen Auslegung des Jezirabuches[3]) herangezogen

---

היש״כל הפו״על waren offenbar schon im Manuscript gestrichen, was jedoch den Drucker nicht verhinderte, sie sammt dem Streichungszeichen in den Druck herüberzunehmen — beweist Nichts für die Abhängigkeit von Baṭlajûsi, da auch hier p. 17 l. Z. in der Mehrzahl der Handschriften wie bei Gazzâli c. 11 Ende die LA. סולם ההגרות sich findet. Über die Allseele äussert sich Schaprut auch p. 21. Einen Anklang an die Stufenreihe bei Baṭlajûsi p. 10 enthält auch p. 77.

[1]) Vgl. Steinschneider, *Cat. Berol.* 108 n. 1, 111 ff. und *Hebr. Bibl.* XVI. 126—29.

[2]) Vgl. oben p. 40 n. 3. Über diesen Commentar s. H. B. XVI, 127.

[3]) Ich verdanke den Wortlaut dieser Anführungen S. J. Halberstam nach seinen codd. 6 und 214. Da der Text bis auf wenige Abweichungen bei beiden Schülern identisch ist, so genügt Eine Mittheilung, in der die runden Klammern die bei Farissol fehlenden Worte, die eckigen dagegen die bei ihm vorhandenen Zusätze und Varianten bezeichnen. Cod. XIX der jüd. Gemeindebibliothek zu Mantua enthält, wie mir eine Vergleichung Prof. G. Jaré's gezeigt hat, an dieser Stelle einen mit cod. Halberstam 6 gleichlautenden Text. In der Beschreibung dieser Handschrift bei Mortara, *catalogo dei manoscritti ebraici della biblioteca della communità israelitica di Mantova* p. 20 lautet der Name fälschlich Daniel statt Natanael. Auch ist — p. 21 n. 1 — bei Zunz, addit. 324 col. 1 kein achter Kaspi nachzutragen, da En Bonafoux den provençalischen Namen Josef Kaspi's darstellt, dessen כ׳ הסוד bereits aufgehört hat, ein Geheimniss zu sein, vgl. Perles a. a. O. p. 1, X, XV f. Die in diesen Commentaren am Schlusse von *Kusari* IV auf Baṭlajûsi bezüglichen Worte lauten: האמנם אדוני מורי ביאר זה הלשון באמרו נעוץ סופן בתחלתן וכו׳ וז״ל: אמר שלמה [הוא מורי ר׳ פרט] לפי שראיתי פירושים רבים כזאת ההלכה ולא ישרו בעיני לכן אחוה דעי אף אני לפרשה בדרך עיון פילוסופי מתיישב בנפש ואומר כבר התפרסם מאבן רשי״ד [מדברי ב״ר] ומיהר הפילוסופים כי המציאות (באיש אחד) נקשר קצהו בקצהו וזה כי ראשית הצורה אשר לבשה החומר היא צורת היסודות ואחריה צורת הדומם ואחריה צורה

zu haben, für das wir es auch bei Ibn Motot haben verwenden sehen. Der von Baṭlajûsi oder, wie es bei diesen Autoren beharrlich heisst, Ibn Roschd[1]) aufgestellte bildliche Kreis alles Geschaffenen ist für Frat Maimon so sehr bereits gleichsam kanonisch und zur Wahrheit geworden, dass er sich alle Mühe gibt, diese philoso-

הצומח ואחריה צורת הב״ח ואחריה צורת האדם. והנה זאת הצורה נכבדת מכל הצורות הקודמות ואין מדרגה אחריה אלא שאם יטהר האדם נפשו יגיע במדרגת המלאכים עד שבאה בדפוס ״ל השכל הפועל שהוא דפוס הנפש המשכלת. והנה ראשית מדרגת הצומח מחוברת בתכלית מדרגת המחצבים וסוף מדרגת הצמחים מחוברת בראשית מדרגת הב״ח וסוף מדרגת הב״ח מחוברת בראשית מדרגת האדם וסוף מדרגת האדם מחוברת בראשית מדרגת המלאכים ולזה אמר במאזני העיונים דז״ל והיו הנמצאות בזאת התקירה בעגולה סובבת עד שדבקו קצותיה והיה האדם שהוא סוף העגולה מתדבק אל ראשית העגולה שהיא השכל הפועל נמצא שהאדם אמצעי בין השכל הפועל והב״ח הבלתי מדברים. נמצאות המדרגות עשרה והם עולם העליון והחומר הראשון והד׳ יסודות ושלשה [וד׳] מיני ההויות שהם הדוממים והצמחים והב״ח והאדם נחלק לשני מדרגות כי תחלת מדרגת האדם והם החסרים מדובקת בסוף מדרגת הב״ה וסוף מדרגת האדם והם החכמים מדובקת בראשית מדרגת העליון [העולם העליון] והוא השכל הפועל ואמרו בשלהבת ירמזו אל השכל הפועל ואמרו בגחלת ירמזו אל הדבר הגשמי. ולמען יהיו דברי אלה מצויירות בלב כל הכם אצייר העגולה כפי מה שביארה אבן רשד בספר עגולה רעיונית וזה היא הצורה [וזה תופס הצורה שצייר אבן רשד בספר עגולה רעיונית]

(וכן תמצא בכאן אדם בין בעל חי בלתי מדבר ובין עולם השכל אם ירצה לשים נפשו בתענוגים הגופנים יחזור לאחוריו ויהיה בהמה בצורת אדם והוא ב״ח בלתי מדבר ואם ירצה להתעסק בענינים שכליים אלהיים ויסיר נפשו מהתענוגים הגופניים יתדבק בעולם השכל). Das Citat aus Gazzâli findet sich am Schlusse von c. 13 (14) ohne Variante nach der Übersetzung von Jakob b. Machir. In der Aufzählung der zehn Stufen fehlen bei Kaspi in cod. Halberstam die Worte והד׳ יסודות, die ich aus cod. Mantua und aus Farissol ergänzt habe.

[1]) Vgl. oben p. 19 n. 3 und Steinschneider, *Cat. Berol.* 107 n. 7 und p. 115.

phische Lehre auch in der h. Schrift, u. z. aus einem Psalme [1]) nachzuweisen.

Simon Duran 1423. Aller Wahrscheinlichkeit nach hat ein in der philosophischen

---

[1]) Ibid. : ולמען לא יאמרו בעלי ריבינו מהפילוסופים כי תורתנו הסרה
מלה הסרה תבלין אראה להם מדברי נביאנו ציור זאת העגולה על דרך האמת
כאשר צייה אבן רשיד [בספר עגולה רעיונית] הנה דוד המלך ע״ה סדר היסודות
והמורכב מהם וההדבקותם אחד באחד עד הגיעם אל המעלה אשר מהם (!)
נסתעפו [נשתלשלו] ואמר תהלה הללו את ה׳ [Ps. 149, 7] רמז אל הפועל
הראשון אשר ממנו נסתעפו [ונשתלשלו] כל הנמצאות על הסדר הטבעי אח״כ
דבר ביסודות והתחיל בסוד הארץ היותר מורגש אצלנו ואמר מן הארץ כי
הסדר הראוי למעיין לבא מהמאוחר אל הקודם זכר אח״כ יסוד המים והוא
אמרו וכל תהומות. זכר אח״כ יסוד האש והוא אמרו אש וברד זכר אח״כ יסוד
האויר והוא אמרו רוח סערה וגו׳ אח״כ הודיענו סדר המורכבים ודבר בהרכבה
הראשונה והיא הרכבת הדוממים והוא אמרו ההרים וכל גבעות כי הרכבת

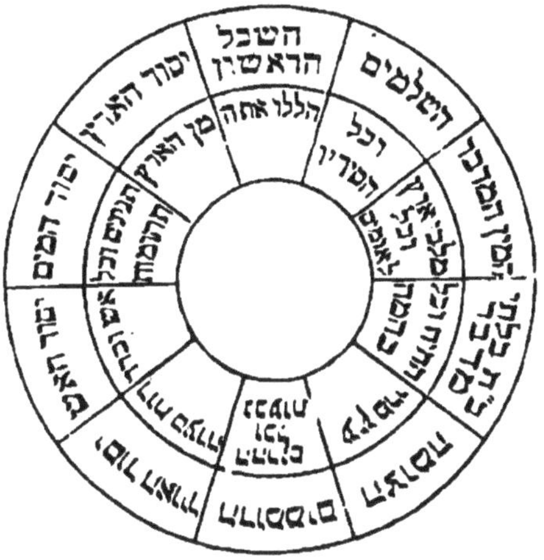

הדוממים בבטני ההרים. הודיענו אח״כ ההרכבה השנית מהיסודות והוא הצמחים
והוא אמרו עץ פרי וגו׳ הודיענו אח״כ ההרכבה השלישית והיא הרכבת הב״ח ב״מ
והוא אמרו החיה וכל בהמה וגו׳ הודיענו אח״כ ההרכבה הרביעית והוא הב״ח
המדברים והוא אמרו מלכי ארץ וכל לאומים וגו׳ וכאשר תבין בזה תמצא בכאן
הכל מסודר כסדר ההוויות ואם שם יסוד האש קודם יסוד האויר לא דקדק
בזה כי שם היסודות ההפכיים בטבעם תחלה ואח״כ המורכב משניהם ולהיות
ענין האדם באפשרות שאם ירצה יהיה כסוס כפרד אין הבין ואם ירצה ישעה
האדם אל עושהו וידבק בו לכן אמר אח״כ וירם קרן לעמו תהלה לכל חסידיו
וגו׳ נכלל בזה המדרגות הנכבדות שבמין האנושי והוא מדריגת החסידים והחכמים
אשר בעם נבחר והוא אמרו לבני ישראל שר״ל בני אדם השלימים כמבואר
בזאת העגולה [וגם בזאת העגולה השכל הוא קרוב לעם קרובו ולמען תבין דברי
דוד ע״ה ציירתי לך דמות העגולה הרעיונית כאשר הקקוה חכמי הפילוסופים].

Literatur der Araber so ungewöhnlich bewanderter Gelehrter wie SIMON b. ZEMACH DURAN auch BAṬLAJÛSI's *bildliche Kreise* gelesen. Während er jedoch GAZZÂLI's plagiatorische Schrift namentlich [1]) anführt, ist der Arbeit des Beraubten nicht diese Ehre widerfahren, und nur der abweichende Wortlaut in einer scheinbaren Entlehnung [2]) aus GAZZÂLI lässt vermuthen, dass DURAN daneben auch die hebräische Übersetzung der *bildlichen Kreise* von MOSE IBN TIBBON zu Rathe gezogen habe.

Joël Ibn Schoeib 1469.

Mit JOËL IBN SCHOEIB sehen wir Gedanken BAṬLAJÛSI's in die philosophische Predigt eindringen. Der Mensch als Endglied der niederen Schöpfung und als Anfangsglied der höheren ist für ihn das Mittel- und Bindeglied [3]) zweier Welten, die zusammen jenen

---

[1]) מגן אבות fol. Livorno 1785 f. 2b. Vgl. meine *Attributenlehre* p. 204.

[2]) Da auch die namentliche Anführung aus GAZZÂLI dem c. 11 (12) der מאזני העיונים entlehnt ist, so würden auch die eben daselbst vorhandenen Sätze f. 2b: ואריסטו היה מצוה לשמוע את כל דברי התורה דרך קבלה וליסר הבאים לתת טעם לאזהרותיה ומצותיה ולנעור בפי שמלאו לבו להקשות עליה ואמר אפלטון אנחנו נלאים מלהבין דברי התורות אבל נבין מעט ונסכל הרבה als Entlehnung aus GAZZÂLI gelten können, wenn nicht der Wortlaut erhebliche Abweichungen aufwiese. Wohl will DURAN hier nicht gerade citiren, wie schon die Umstellung von PLATO und ARISTOTELES beweist, allein die Übereinstimmung mit den Worten BAṬLAJÛSI's bei IBN TIBBON p. 16 Z. 18 ולנעור מי שיקשה בה ist um so auffälliger und für die Behauptung einer Abhängigkeit beweiskräftiger, als die Übersetzung GAZZÂLI's hier völlig abweicht. Die fraglichen Worte lauten nemlich in cod. Paris 893a (*Osar Nechmad* II, 197): והתנשא לישאת ולתת בהם, in cod. Uri 392, mit dessen Wortlaut das Citat bei DURAN sonst fast durchaus übereinstimmt, dagegen ונושא ונותן בהם. Die Abweichung DURAN's ist um so beachtenswerther, als der arabische Text وتعاطى الخوض فيها für die Übersetzung והתנשא zu sprechen scheint. Die bei DURAN folgende Äusserung über PLATO dürfte aus IBN FALAQUERA's *More Ha-More* p. 7 stammen. JAKOB BARUCH שער החשק f. 56b hat sie aus ALEMANNO's חשק שלמה entnommen, wo sie, wie mich STEINSCHNEIDER belehrt hat, in seiner Handschrift f. 52 völlig mit dem Texte IBN FALAQUERA's übereinstimmt und nur die Variante ובשנכנסתי עמו zeigt. Vgl. auch ABRAHAM BIBAGO דרך אמונה f. 46c und STEINSCHNEIDER, *Jewish Literature* p. 275.

[3]) עולת שבת (Venedig 1577) f. 107d heist es: הנה בכאן ב׳ חלקים רחוקים האחד אלוה ית׳ והוא שלם שבנמצאים ב׳ החומר הא׳ והוא החסר שבהם ומה שבין זה וזה יתחלף במעלה ושלמות כפי קורבתו ורחוקו מהש״י להיות המין האנושי הוא השלם שבנבראים השפלים היה הוא המקשר העולם השפל עם העליון כי כמו שירד השתלשלות עד החומר כן ישוב יעלה על אלוה.

Kreis [1]) darstellen, dessen Hochpunkt durch den Schöpfer, dessen Tiefpunkt durch die Materie gebildet wird. Bei der freien und selbstständigen [2]) Wiedergabe dieser Grundgedanken Baṭlajûsi's ist es jedoch nicht zu entscheiden, ob sie den *bildlichen Kreisen* oder der ungerechten „Wage" Gazzâlî's entnommen sind.

Jochanan Alemanno um 1470.

Jochanan Alemano, der reichbelesene Lehrer Pico de Mirandola's, muss wohl als derjenige philosophische Autor bezeichnet werden, der in der jüdischen Literatur von der Schrift Baṭlajûsi's den reichsten Gebrauch gemacht hat. Wie erst die jüdische Wissenschaft [3]) dieses Jahrhunderts den Namen dieses Polyhistors zu neuem Leben erweckt hat, so erwartet freilich auch die Fülle seiner Gelehrsamkeit noch ihre Erlösung aus der Haft der Handschriften, allein auch so kann heute bereits die Behauptung ausgesprochen werden, dass er in fast allen seinen Werken mit Vorliebe der *bildlichen Kreise* gedenkt, deren Urheber er aus dem in seinem hebräischen Namen vermutheten Ptolemäus zu Tolomeo italianisirt hat.

Schon die durch Jakob Baruch 1790 zu Livorno mehr verunstaltete als veranstaltete Ausgabe der grossen Einleitung [4]) von

---

Vgl. Baṭlajûsi p. 27 Z. 15–22. Ähnlich äussert Abraham Bibago דרך אמונה f. 61ᵇ: האדם ממוצע בשכלו זה בין העולם העליון והתחתון אשר בזה ישלם והתקשר oder: הקישור לחלקי העולם · · הוא מקשר העליונים עם התחתונים f. 34ᶜ Z. 3. v. u העולם העליון עם העולם התחתון באמצעות האדם.

[1]) ib. f. 108ᵃ: בהיות המין האנושי שלם במדותיו ומעשיו הנה אז יתקיים הקשר הזה וידמה המציאות העגולה יהיה הרום ממנה הוא הש״ית וממנו יתחיל ההשתלשלות ואליו ישוב ומקום השפלתה הוא החומר אח״כ יעלה מעלה מעלה לעלה עד האדם הנדבק עם הנבדלים וישוב אל האלחים Vgl. Baṭlajûsi p. 10 und über die Hyle p. 24 Z. 17. f. In der Reihe der Creaturen ist der Mensch das achte Glied von unten auf f. 109ᵇ: אילם חג השבועות יורה על הצורה האנושית שעל דעתי שעם מספר הז׳ קודם השבועות להורות על ז׳ הצורות הקודמות לצורת האדם והם ד׳ צורות היסודות וצורת המחצבים והצמחים והחיים וצורת האדם היא השמינית המשלמת אותם

[2]) Die Abweichung von der Darstellung Baṭlajûsi's liegt, abgesehen von der angegebenen Reihe, besonders darin, dass Gott als Ausgangs- und Endpunkt der Welt betrachtet wird, was der Neuplatoniker Baṭlajûsi vermeidet.

[3]) Vgl. Die Mittheilung Steinschneider's bei Salfeld, *das Hohelied Salomo's* p. 116 n. 2 und *Cat. Bodl.* 1397.

[4]) ס׳ שער החשק S. H. B. V, 28 f. Über f. 45ᵇ und f. 48ᵃ⁻ᵇ vgl. oben p. 27 n. 1. Der unvergleichlichen Bereitwilligkeit Steinschneider's verdanke

Alemanno's weitausgreifendem Commentar zum hohen Liede zeigt einen ungewöhnlichen Reichthum an Citaten aus Baṭlajûsi. Für die Bedeutung der Mathematik als Hülfswissenschaft [1] der Theologie, für die Lehre von dem im Höhenpunkte des bildlichen Kreises unserer Schöpfung, im thätigen Intellekt sich vollziehenden Aus- und Rückströmen [2] alles Geschaffenen, für Plato's [3] Ausspruch über die tiefen Geheimnisse der Offenbarungen sehen wir Alemanno sich auf die Ausführungen Baṭlajûsi's berufen. Die Überlegenheit der trotz oder gerade wegen ihrer niedereren Stufe selbst die Engel überragenden Weisheit des Menschen leitet er aus einer dem Baṭlajûsi [4] ohne Angabe der Quelle entlehnten Erwägung ab.

Auch im Commentar zum hohen Liede selber erscheint Baṭlajûsi als Quelle für die Lehre von der Vervollkommnungsgrenze [5]

ich die Collation der im Texte Jakob Baruch's zuweilen entstellten Anführungen mit der Handschrift, aus der diese Ausgabe veranstaltet wurde, sowie die Citate aus dem Commentar zum hohen Liede selbst.

[1] f. 6a = Handschrift f. 5b : חלקי הלמודיות ··· אשר ראשון מהם הוא המספר כי עם היותו משרת לעניינים רבים בענין חשבונות בני אדם כמבואר בחכמת המספר מקבוין והלוק ושאר הלקים ובענין החכמה המוצאת ממנו בחכמת האלהות כמבואר מ ד ב ר י א״ח במ״ה [= אבו חאמד במאזני העיונים] ומדברי בטלמיוס בעגולות רעיוניות. Die aus den Zahlen für die Theologie „abgeleitete Weisheit" findet sich bei Gazzâli und Baṭlajûsi c. 1 und 4. Vgl. p. 57 n. 2.

[2] f. 38b—39a = HS. 35 : כח וגבורה נתן לזה החומר לעלות מעט מעט ומדרגה אחר מדרגה עד יעלה לשמים ישאו ··· עד כי כה ה׳ וישפעתו לא יסוף בעולם התחתון ומרכזו אבל ירד ישאול ויעלה כי לא יכלה (ה)רוח ה׳ והשפעתו אבל סובב סובב הולך האלהי ממנו ואליו כמו שמבואר באר היטב בעגולה רעיונית לבטלמיוס. Vgl. Baṭlajûsi p. 9—10.

[3] f. 51a = HS. 44b : מפני סודות התורה הנעלמות מעיני כל אומה ומכל חכמי העיון כמו טולמיוס בשם אפלטון באמרו אנחנו לואים מהבין מה שבא בתורות על ידי הנביאים ואמנם נדע ממנו מעט ונסבל הרבה. S. Baṭlajûsi p. 16 Z. 11 ff. und oben p. 53 n. 2. F. 56b hat Jakob Baruch die Worte wiederholt und in das Citat aus f. 52 der Handschrift eingeschoben, indem er die Anführungen aus Ibn Roschd und Plato willkürlich umstellt.

[4] f. 13a = HS. 12 : אבל האדם מצד שהוא מורכב מהומר וצורה אין ידיעתו נשלמת כי אם בידיעתו ראשונה את אשר למטה ממנו וידע מפני זה את אשר הנה ואחר ידע את אשר שם כמבואר לאלקיים. Vgl. Baṭlajûsi p. 23 Z. 15 ff.

[5] Handschrift f. 86b : וכן הביא טולומיאוס בעגולות רעיוניות כי יש דעות שנפש האדם לא תעבור להדבק כי אם בנפש הכללית ויש דעות שתעבור הנפש הכללית עד השכל הפועל שהוא למעלה מהנפש הכללית ויש דעות שהיא

der menschlichen Seele, ihrem eingeborenen Verlangen zur Leitung und Hebung aller mangelhaften Creatur, wie es in der Prophetie [1]) zu Tage tritt, sowie auch als Urheber des Bildes von den Zahlen und der Eins [2]) für den Hervorgang der Dinge aus Gott, und endlich des Vergleiches zwischen der philosophischen und der prophetischen [3]) Seele.

Auch das im Alter von 35 Jahren unternommene encyclopädische Hauptwerk Alemanno's, dem er den beziehungsreichen und darum nicht wiederzugebenden Titel : חיי העולמים [4]) beigelegt hat,

עוברת כל השכלים הנבדלים עד העלה הראשונה באמרו שם ויתנשל [l. ויתחיל] בעליה אל הצורה ואחר אל הנפש ואחר אל השכל הפועל ואחר אל התשעה שניים שהם המלאכים הקרובים ואחר אל הבורא ית' אבל שהוא כאשר הגיע לשכל הפועל נשלמה עגלת העיון ולא יצטרך אל שלמותה שיעבור השכל הפועל כי כחו הדברי ממנו התחיל ואליו ישוב ואמנם יצטרך לדעת מה שלמטה [l. שלמעלה] מהשכל הפועל להשלים עצמותו והתעצמו בו ית' לא להשלמת עגולת ידיעתו ועיונו וכמו אמר שלמה והנפש (!) תשוב אל אלהים (Eccl. 12. 7) Dies ist ein wörtliches Citat von p. 24 Z. 19—24 und in den ersten Zeilen eine freie Benutzung von p. 10.

[1]) HS. f. 152a : הנפש החושקת היא תמיש המגעים אותה מהדבק בנפרד . . . על היותו בין שני הפכים מצד סגולה נפשו ההפכיות. האחת כי מסגולת הנפש מצד שלמותה והאצלה מהמקור העליון ומעולם הספירה הנבדל מהחומר היא דורשת ההפרד מעולם החומר להדבק בנפרד. והשנית כי מסגולתה מצד שהיא מושרת מעולם העליון היא חושקת להיישיר ולהשלים הבריאה החסרה ולהתעסק באותה ההנהגה כמבואר מכל הנביאים ומסגולת הנפש הנבואית לטולמיאים בעגולות רעיוניות וא"ח במאזני העיונים. Gemeint ist die Abhandlung Batlajûsi's p. 16 und Gazzâli's c. 11 (12) über die prophetische Seele.

[2]) HS. f. 208a : וזהו מסודות התחלת התורה בבי"ת להורות כי הראשית העלול הראשון הוא מציאות שני למצא האחד האמתי וכי כל הנמצאות נאצלות ממנו כאשר כל המספרים נאצלים מהאחד כמו שכתב א"ח במ"ה ובטלמיום בעגולות רעיוניות. Vgl. Batlajûsi p. 3 Z. 5 ff. und Gazzâli c. 3. Über das 'ב zu Anfang der h. Schrift vgl. auch Ibn Latif (*Kochbe Jizchak* XXXI, 10), der sich in gleicher Weise äussert.

[3]) HS. f. 247a am Rande : בגליון : זכור כי הנביא מתדמה לשכל הנבדל הספיריי והמשכיי לשכל הפועל והמעיין לשכל ההיולאני והמכהן לרפיון [לדמיון? Steinschneider] א"כ הנביא מתדמה בכל פעולותיו אל השכל הנבדל ובזה יבדל מהנ' אחרים הנז' שהם אנושיים : וזכור כי הפילוסוף לא ידע בדברים העיוניים כי אם הכללים והנביא ידע הפרטים מ"ה לא"ח ולטולומיאו (sic) Vgl. Batlajûsi p. 16 Z. 9—10 und Gazzâli c. 11 (12). Über ההמשכיי s. Bibago דרך אמונה f. 42b. Vgl. auch Batlajûsi p. 14 Z. 14—15, wo Ibn Motot für והבשוק übersetzt : והבהון.

[4]) Vgl. Mortara a. a. O. p. 26, Steinschneider bei Salfeld a. a. O. p. 116 n. 2b, *Cat. Ghirondi* p. 1 und *Al-Farabi* p. 244.

trägt die Spuren seiner Beschäftigung mit den *bildlichen Kreisen*. Auch hier nennt er Gazzâli und Baṭlajûsi einträchtig zusammen, ohne jedoch den Wortlaut des ersteren anzuführen, gerade so wie er es im Commentar zum hohen Liede thut. So bei der Mittheilung über die Natur der philosophischen Seele[1]), in der er die hebräische Übersetzung des Baṭlajûsi allein anführt, obwohl auch auf Gazzâli verwiesen wird. In dieser Übersetzung hat er auch fast die Hälfte des ganzen vierten Abschnittes von Baṭlajûsi's Schrift in seine Darstellung aufgenommen, in der er in der Übersicht[2]) der propä-

---

[1]) Ich verdanke die Mittheilungen aus der Handschrift von Mantua meinem unermüdlichen Freunde Rabb. Prof. Giuseppe Jaré. F. 14ᵃ bemerkt Alemanno : ובספר מאזני העיונים ועגולות הרעיוניות כתוב בסגולות הנפש הפילוסופית כי היא תדע כל חקירות המדעים קצתם על צד הציור וקצתם על צד האמות וקצתם על צד האמונה אבל אין כל נפש נתונה לה הפילוסופיה ומוכנת לדעת זה כלו אבל תדע קצתו ואמנם יתכן ידיעת אלו הדברים בשלמותם בנפש אשר קרה לה בבריאתה והייתה שנבראת זכת ההבנה [l. ובה הכנה] לקבל אותו ושהיה [l. ושהיא] מואסת הגאות, ממיתה התאוות, גועלת הכסף והזהב, אוהבת הטוב ועושי הטוב. שונאת הרע ועושיו, נקשרת בנימוסים והדתות קונה המדות הטובות. מרחקת הרעות, כבר נתחבר בה החכמה והמעשה וזהו הפילוסוף האמתי אצל אריסטו ופלטון וחכמי הפילוסופיה הקדמונה ומי שאינו בתאר הזה אינו אצלם פילוסוף אמתי. Dies ist eine wörtliche Entlehnung von p. 14 Z. 24 bis p. 15 Z. 14. Vgl. Gazzâli c. 11 (12).

[2]) f. 211ᵃ : אמר האיב [= הדובר אמת בלבבו] חכמה אחד מלומדה חצבה עמודיה שבעה, מספר, חשבורת, מבטים. תכונה, מוסיקא, משקולות, תחבולות. המספר הוא קבוץ האחדים ספורים נאחזים בגשמים כמספר בני האדם אשר יספרו וימנו את נשמיהם. ומספר ומפקד אשר לא ימנה ולא יספר על כל דבר נשם על שה ועל שלמה ועל כל דבר כי אם במחשבה אשר לא נגשמה והיא חכמה או מלאכה אשר מפני זה היתה לשני ראשים האחד מעשי והאחד עיוני, והמעשי יחלק לשבעה ראשים, הא׳ הוא קבוץ הנפרדים; הב׳ הוא כפל המספר על עצמו או זולתו; הג׳ הוא דלוק [l. חלוק] הנקבצים על מספר צעיר ממנו, הד׳ הוא מגרעת לנדוע מספר צעיר מרב, החמישי הוא ערכים להערך מספר אל מספר בחלק מחלקיו. הששי הוא שברים לשבר האחדים אל חלקים שניים שלישיים ורביעיים; השביעי הוא שרשים להוציא שורש מגוע מספר או קרוב לו. והעיוני יפרד אל סגולות רבות נמצאות בו מפני הבדליו הראשונים בהיותו זוג או נפרד, פשוט או מורכב. ובהמצאו מרובע או משושה, מגושם או מעוקב. לבני או אריחי, מחודד או שטחיי, נוסף או חסר או שלם, או נאהב וכמו אלה הסגולות הרבות הנמצאות בו. ופרסומי זאת המלאכה וסגולותיה יתבארו באמרות צרופות ומזוקקות.

מאמר א׳ יבאר סגולות המספר איך ממנו יצא חכמה בחכמת האלהות ויהודו. כתוב בס׳ עגולות הרעיוניות לטולומיאוס כי המספר לו עגולות הרעיוניות וכ׳. Hier lässt Alemanno den Beginn des 1. Abschnittes folgen bis p. 32 Z. 20 : ואנשי הודו וזולתם באלו העגולות המספריות רמזים וחידות נעלמה ידיעתם מבני אדם.

deutischen Wissenschaften ein Bild von der Bedeutung zu entwerfen sucht, welche der Zahlenlehre für die eigentliche Theologie zukommt.

An dem zweiten Abschnitt der *bildlichen Kreise* scheint Alemanno so viel Gefallen gefunden zu haben, dass er ihn in seine noch vorhandenen Collectaneen [1]) aufgenommen hat.

Mose Ibn Chabib um 1400.

Einer der gründlichsten Kenner der *bildlichen Kreise* war Mose Ibn Chabib, der berufene Erklärer von Jedaja Penini's *Prüfung der Welt.*[2]) Wie Alemanno sehen wir auch ihn Gazzâlî's *Gedankenwage* und Baṭlajûsî's Schrift, wo es nur angeht, einträchtig neben einander anführen, ohne dass die häufige Benutzung ihn zu einer Bemerkung über das Abhängigkeitsverhältniss der beiden Bücher veranlasste. Doch nimmt auch er, wo er auf Beide sich beruft, wie aus einem richtigen Gefühle von Baṭlajûsî's Ursprünglichkeit, den hebräischen Wortlaut der *bildlichen Kreise* in seine Darstellung auf. Neben den Hinweisen, durch die für manche Gedanken Maimûni's[3]) die Quelle oder nur eine Parallele angegeben

---

Der nur an wenigen Stellen fehlerhafte Wortlaut dieses Citates hatte bei der Textesdiorthose dieses Stückes für mich den Werth einer zuverlässigen Handschrift.

[1]) Den Hinweis auf die Collectaneen und die Stellenangabe verdanke ich Steinschneider, die Mittheilung des Wortlautes, so weit es nöthig schien, aus der Handschrift der Bodlejana (ehemals cod. Reggio 23, s. bei Salfeld a. a. O. p. 116 n. 2) Adolf Neubauer. F. 28^{b} heisst es in diesen unzusammenhängenden Lesefrüchten : מס' העגולות רעיוניות פ"ד [l. פ"ב] וז"ל אמרו הפילוסופים שחכמת האדם תראה מחשבית ושעצמות האדם יגיע אחר מותו אל מקום שהגיע חכמתו בחייו ובאור הדבר הזה בשני פנים הא' שהאדם ואמנם יצטרך לדעת יתחיל עיונו· Das Excerpt reicht bis zu den Worten : מה למעלה מן השכל הפועל לתשלום עצמותו והתעצמו לא לתשלום עגולת חכמתו ועיונו, umfasst also den ganzen zweiten Abschnitt bis p. 24 Z. 24, jedoch in freier, kürzender Wiedergabe. Dagegen scheint mir f. 23^{a} Nichts mit Baṭlajûsî zu thun zu haben, denn die Worte : מספ' ס' יצירה שהוא בסוף ספר עגולה רעיוניה הפרק החמישי כבר ראית כי מרושם העשר נתיבות נמצא באדם העשר האצבעות ובעולם העשר הגלגלים והעשר הרוחניות שהם הספירות הנבואיות וכ' betreffen ein Excerpt aus einer Handschrift, die zufällig auch Baṭlajûsî's Schrift enthielt, also eine rein bibliographische Angabe. Cod. Paris 270, Alemanno's עיני העדה zu Gen. 1—5 enthaltend, hat Dr. Isidore Loeb vergeblich auf Citate aus Baṭlajûsî für mich untersucht.

[2]) ס' בחינת עולם Ferrara 1551. Vgl. *Cat. Bodl.* p. 1786.

[3]) Vgl. die Nachweise der bei Ibn Chabib auf Maimûni bezüglichen Stellen oben p. 34 n. 2.

werden soll, beruft Ibn Chabib sich noch an zahlreichen Stellen auf die Äusserungen Baṭlajûsi's. So, wenn er die Behinderung des Geistes durch die Materie [1]) oder die Bedeutung der religiösen Praxis nach Aristoteles [2]) zeigen will, und ebenso in den Ausführungen über die unabhängige Existenz [3]) Gottes, den Charakter des Möglichen [4]) in der Natur des Menschen, über den Vorrang der prophetischen [5]) vor der philosophischen Seele und endlich über den bekannten Vergleich der Gottheit mit der Eins.[6])

Isak Abravanel um 1495.

Auf die Frage, warum in der Reihe der Schöpfung der Mensch das Endglied gebildet habe, gibt Isak Abravanel in seinem *Pentateuchcommentar* zwei Antworten, die beide auf Äusserungen Baṭlajûsi's beruhen. Auf ihn geht der Gedanke zurück, dass dem Menschen als der Krone und höchsten Form der Schöpfung die niede-

---

1) f. 8b: וכן אמר החכם בספר עגולות רעיוניות Dies ist ein knapper Auszug des ersten Beweises im VII. Abschnitt.

2) f. 37b: ונזכר בספר עגולות העיוניות בשם ארס' אין הכונה שתדע לבד אבל שתדע ותעשה וכן אמר החכם במאזני העיונים. Die Stelle ist p. 15 Z. 15 entlehnt; s. Gazzâli c. 11 (12). Wohl identisch mit diesem Satze ist die freie Anführung f. 98a: ובכר אמר הפילוסוף אין הכונה שתראה אלא שתראה ותעשה.

3) f. 79b: כמו שהתבאר בספר מאזני העיונים ובספר עגולות רעיוניות וכן כתב הרב בראשית ספר המדע. Vgl. p. 33 Z. 22 ff. und Gazzâli c. 1 Ende. Selbst in dieser freien Wiedergabe ist der Wortlaut eher Baṭlajûsi als Gazzâli entnommen.

4) f. 83a: וכן מצאתי בס' עגולות רעיוניות בסוף שער ג' זה לשונו וענין היות האדם מן האפשר כי היא [l. הוא] צורה מהצורות אשר נושאה ההיולי ובהיולי עמד טבע האפשר כי הוא ילבש הצורה פעם בכח פעם בפעל ולולי ההיולי בטל טבע האפשר ולא היה נמצא לדברים כי אם שני יסודות מחוייב ונמנע עד כאן. Die Vergleichung mit p. 23 Z. 3 ff. ergiebt, dass im Texte Ibn Chabib's durch das Homoioteleuton von פעם sechs Worte ausgefallen sind. Er vergleicht hier die Äusserungen Baṭlajûsi's mit den Lehren einer Schrift, von der er sagt f. 82b: ואני אומר לך עניין נחמד ונפל' בטבע האפשר מצאתיו לאחד מחכמי ישראל הראשונים בחבור קצר לא ידעתי שמו.

5) f. 92a: ואתה יודע שכבר הורו החכמים שהיתרון אשר לנפש הנבואיית על הנפש הפילוסופית גדול עצום כמו שהתבאר בספר החוש והמוחש לאריסטו' ובמאזני העיונים לאבוחמד ובספר עגולות רעיוניות. Vgl. p. 16 Z. 18 ff. und Gazzâli c. 11 (12.)

7) f. 118b: ומזה יתבאר שאין מציאותו כשאר הנמצאים כמו שהתבאר זה במאזני העיונים ובספר עגולות רעיוניות. Vgl. Baṭlajûsi p. 33 Z. 22 ff. und Gazzâli c. 1 Ende.

ren Formen zeitlich so wie logisch vorangegangen [1]) sein mussten. Und vollends an Baṭlajûsi erinnert die zweite Antwort von dem bildlichen Kreise [2]) alles Existirenden, der am ersten Schöpfungstage in dem Anfangsgliede der Himmel oder der abstrakten Intelligenzen aus Gott hervorzugehen begonnen hat, um am sechsten in einem gleich erhabenen Endgliede durch den Menschen in seinen Ausgangspunkt, in Gott sich zurückzunehmen.

Die Vorstellung vom bildlichen Kreise Baṭlajûsi's ist Abravanel so geläufig, dass er die Herrschaft der vier Weltreiche [3]) über

---

[1]) פירוש התורה Venedig 1579 f. 19b : מפני שתי סבות נברא האדם באחרונה הראשונה כפי סדר הצורות · · · ובאור זה כי הנה צורת המציאות ר״ל הגשמות קודמת לצורה הצומחת שלא תמצא כי אם בהנחתה וכן הצומחת להמרגשת והמרגשת לשכלית · · · ומפני זה במעשה בראשית נבראו ראשונה הצמחים ואחריהם הב״ח · · · ונברא א״כ האדם באחרונה להיותו תכלית ההויות וצורתו האחרונה והשלמה מכל הצורות והם קודמות אליה בהכרח כאשר קודם הכח לפעל וההכנה לצורה. Vgl. hiermit die Ausführung Baṭlajûsi's p. 23 Z. 18 bis p. 24 Z. 11 und besonders die Worte Z. 26—28: והיו אלו הדברים יותר קודמים ממנו במדרגת המציאות ואע״פ שהוא יותר נכבר מהם.

[2]) ib. f. 19c : והסבה השנית היא מאופן השתלשלות הנמצאות מהראשון ית׳ וכבר ידעת מאמר הקדמונים שכל הנמצאים יוצאים מהאל ואליו ישובו בדרך העגולה הרעיונית שהתחלתה הוא האל ית׳ וסופה ויסודה הוא ג״כ ית׳ לפי שכמו שזכר הפילוסוף הוא ית׳ פועל וצורה ראשונה לעולם והוא תכליתו האחרון והנה ציירו העגולה ההיא כאלו מחציתה יורדת מלמעלה למטה עד התכלית · ומחציתה עולה מלמטה למעלה אל המקום שהתחילה ממנו והיתה התחלת העגולה האל ית׳ · ואחריו מדרגת השכלים הנבדלים ואחריהם מדרגת הגרמים השמימיים ואחריהם מדרגת ב׳ היסודות הקלים אש ואויר אם הם שנים בצורה · ואחריהם ב׳ היסודות הכבדים מים ועפר שהם סוף ירידת העגולה במעלה ושלמות · ומהם תתחיל לעלות מהפחות שהם היסודות ההם אל המורכבים הראשונים שהם המחצבים כשהם יותר נכבדים מהיסודות · ואחר המחצבים במעלה הצמחים שהם יותר נכבדים מהמחצבים · ואחר הצומחים במעלה הב״ח המרגישים שהם יותר נכבדים מהמחצבים [l. מהצמחים] ואחריהם במעלה בסוף העגולה האדם והוא אם כן הקרוב אליו יתברך והדבק בו מהצד האחר בקורבת [l. כקורבת] השכלים הנבדלים אליו ומהצד [l. מהצד] האחר. הנה התבאר שהיות האדם נברא באחרונה מורה על שלמותו ומעלתו להיותו בסוף העגולה אשר לו אלדים קרובים אליו והוא אצלו יתברך במדרגת השכלים הנפרדים מהומר · · ובו נשלמה העגולה הרעיונית שבה כל הנמצאים שכליים וגשמיים יוצאים ממנו ביום ראשון ושבים אליו ביום הששי. Trotz der in der absteigenden Hälfte des Kreises abweichenden Angabe der einzelnen Glieder, die schon darin von Baṭlajûsi abweicht, dass mit Gott begonnen wird, verräth sich dennoch sowohl in der Neunzahl als in den Äusserungen über die Art des bildlichen Kreises die Abhängigkeit von Baṭlajûsi, besonders p. 24 f.

[3]) ישועות משיחו ed. Karlsruhe f. 8a—b. Vgl. Steinschneider, *Cat. Berol.* p. 109, *Polemische und apologetische Literatur* p. 378.

Israel, die mit dem Aufeinanderschlagen Edoms und Babels oder des Christenthums und des Islâms ihr Ende findet, unter dem Bilde eines Kreises darstellt, in dem das Ende Edom auf den Anfangspunkt Babel stösst.

Die Reihe derjenigen, die in der jüdischen Literatur des sechzehnten Jahrhunderts ausdrücklich der *bildlichen Kreise* gedenken, möge Abraham Gavison beschliessen. Wohl macht er irrthümlich Gazzâli [1]) zum Urheber dieses Buches, aber das Buch selbst muss er doch gekannt und gewürdigt haben, da er es neben der *Gedankenwage* in der Reihe der hervorragendsten Schriften des von ihm so hoch verehrten Philosophen anführt. Abraham Gavison gest. 1605.

Und hiermit wäre ich eigentlich am Ende dieser Untersuchung angelangt. Viele der gefeiertesten jüdischen Denker wird man, vielleicht mit Überraschung, in dieser Übersicht vermissen, Bücher, die zu den bekanntesten und geschätztesten der jüdischen Religionsphilosophie zählen, vielleicht für übergangen oder übersehen halten, allein ich habe nur diejenigen erwähnen können, bei denen mir entweder ein deutliches Zeugniss oder die Spur einer Benutzung Baṭlajûsi's vorzuliegen oder auch nur vermuthet werden zu können schien, die eine Besprechung in diesem Zusammenhang rechtfertigte. Der Felder zu gedenken, die ich erfolglos abgeschritten, die Stellen aufzuzählen, an denen ich vergeblich gegraben, hätte wohl ein persönliches, aber kein wissenschaftliches Interesse. Um so eher galt es von denen zu schweigen, die keinerlei Beziehung zu diesem Gegenstande verriethen, als ja nicht einmal das aus dieser Thatsache zu schliesen ist, dass sie Baṭlajûsi's Schrift nicht gekannt haben; was ein Autor nicht gelesen hat, herausrechnen zu wollen, das scheint fast ein aussichtsloses Unternehmen.

Gleichwohl will ich auch ein Beispiel eines Autors anführen, bei dem es mir mit ziemlicher Sicherheit festzustehen scheint, dass er die *bildlichen Kreise* nicht gelesen habe, Jehuda Moscato. Weder Jehuda Moscato gest. um 1590.

[1]) עומר השכחה Livorno 1748 f. 135a : לא נעלם מעיני כל יודע ספר הפלאת עוצם חכמת הפילוסוף הגדול אבו המאר [l. האמד] אלגזאלי בעל הכוונות ומאזני העיונים וס׳ עגולות רעיוניו׳ וס׳ הפלת הפילוסופים.
Vgl. Zunz, *Zur Geschichte* p. 384[d] und Steinschneider, *Jeschurun* IX, 75.

in seinem gelehrten Commentar zum *Kusari* noch in seinen philosophischen Predigten scheint eine Spur solch einer Kenntniss oder Benutzung vorzuliegen. Ja, er hat sogar eine ganze Predigt [1]) dem göttlichen Kreise gewidmet, in der er Gott abwechselnd unter dem Bilde des Mittelpunktes oder der Peripherie des allumfassenden Kreises darstellt und für diese Vergleichung Bilder aus der alten und mittelalterlichen Literatur heranbringt, aber an der Vorstellung des in Gott zurücklaufenden Alls, des sich in sich selbst zurücknehmenden Kreises scheint es ihm ganz zu fehlen. Durch Gazzâli's *Gedankenwage* [2]) hat jedoch auch er von Baṭlajûsi's Geiste „einen Hauch verspürt“.

Die Elemententafel der jüdischen Religionsphilosophie ist um ein neues Element bereichert worden; dass es in schwachen Spuren oder in erheblicheren Gewichtsmengen selbst in Verbindungen vorhanden ist, in denen man es nicht erwartet haben würde, wird schon diese mehr einführende als abschliessende Untersuchung gezeigt haben. Es genüge, die Verbreitung dieses Elementes gekennzeichnet, die Bedeutung Baṭlajûsi's für die jüdische Literatur im Umriss dargestellt zu sehen.

Jetzt, wo sein Buch in der Gestalt vorliegt, in der es von den jüdischen Denkern und Autoren des Mittelalters gelesen wurde, wird es auch leichter sein, reichere Belege seines Einflusses herbeizubringen. Es werden zuversichtlich Spuren dieser Einwirkung sich in Werken zeigen, die bisher nur handschriftlich vorhanden sind oder zu denen ich sonst nicht gelangen konnte. Übrigens ist das Muthungsrecht selbst auf durchschürftem Boden Jedermann eingeräumt; „Glück auf“ lautet der Bergmannsgruss.

---

[1]) נפוצות יהודה Venedig 1589, Pr. XXXI. Den Ausdruck מחוגה אלהית s. z. B. auch בחינת עולם f. 19^{b}.

[2]) קול יהודה f. 232^{c}. Moscato kann auch dieses Buch, das er freilich dem Averroës zuschreibt —, s. oben p. 19 n. 3—, aus Aufführungen kennen gelernt haben, vgl. *Jeschurun* IX, 74.